Tromso Museums Aarsberetning

Troms# museum

Tromsø Museums

Aarsberetning

for

1884.

TROMSØ.

Trykt i Tromsøpostens Bogtrykkeri ved M. Astad.

1885.

Tromsø Museums

Aarsberetning

for

1884.

TROMSØ.

Trykt i Tromsøpostens Bogtrykkeri ved M. Astad.

1885.

Museets Samlinger har i aaret 1884 ligesom tidligere været holdt aabne hver Søndag fra kl. 3—5 e. m. i tidsrummet fra begyndelsen af marts maaned til ud i begyndelsen af november maaned. Antallet af besøgende i disse reglementerede aabningsdage har udgjort 10060, og med tillæg af dem, der har været givet anledning til at bese samlingerne udenfor de almindelige aabningstimer, vil antallet af besøgende naa op til omkring 11000.

Fra begyndelsen af marts til ud imod sluten af juni maaned var konservator fraværende paa en videnskabelig rejse sydover, hvorunder han blandt andet besøgte museerne i Trondhjem, Bergen, Kristiania, Stockholm og Helsingfors. Efter hjemkomsten har han foretaget enkelte excursioner saaledes blandt andet til den ofte saa vanskelig tilgjængelige Fugløø, som stiger op ved udmundingen af Fuglesundet, der skjær sig ind mellem Van-ø i Karlsø og Arnø i Skjærvø-præstegjeld. Forøvrigt har den væsentligste del af sommeren været anvendt til mere omfattende undersøgelser af havfaunaen langsefter sundløbene i Tromsø nærmeste omegn.

I sidste uge af maj maaned foretog museets præparant ledsaget af skolelærer Pedersen en rejse til Tranøbotten ved den sydlige side af den store Senjen-ø, for der nærmere at undersøge fuglefaunaen og derunder indsamle exemplarer til udstopning for samlingen.

Den antikvariske samlings bestyrer har i sommer under et 5 ugers togt udstrakt sine gjennem flere aar fortsatte antikvariske undersøgelser til Øst- og Vest-Vaagø samt Flakfladø i Lofoten. Resultatet af disse undersøgelser har han nedlagt i en længere indberetning, der er oversendt til direktionen for foreningen for norske fortidsminders bevaring og vil denne beretning antagelig blive aftrykt i nævnte selskabs aarsskrift for 1884.

Anstaltens samlinger har ogsaa i aar været i rask tilvekst dels ved gaver, indsendte fra de forskjelligste distrikter inden stiftet, dels ved bytteforbindelser med inden- og udenlandske videnskabsmænd og videnskabelige anstalter og dels ved indsamlinger af museets funktionærer under deres forskjellige excursioner. Ved den foretagne fordeling af jernværksejer Aalls samlinger, til hvis indkjøb Storthinget bevilgede de fornødne midler, tilfaldt ogsaa vort museum en smuk samling af forskjellige udstoppede pattedyr og fugle. Ved indkjøb er Finne-afdelingen bleven yderligere suppleret. Nærmere oplysning om de enkelte afdelingers tilvækst vil hentes i efterfølgende af vedkommende bestyrere affattede oversigter.

Gjennem den bestaaende bytteforbindelse med inden- og udenlandske videnskabsselskaber har museets bibliothek ogsaa i aar vundet en ret betydelig tilvækst. I løbet af aaret er man endvidere traadt i literær bytteforbindelse med følgende selskaber: Academia nacional de Ciencias de Cordoba (republica Argentina), Society of natural-history, Boston samt med Naturwissenschaftlicher Verein, Elberfeld.

I henhold til derom indsendt andragende har Nordlands Amtsformandskab forhøjet sit aarsbidrag til Museet fra 120 til 200 kroner.

Ved den i 1884 afholdte generalforsamling indvalgtes til

medlemmer af bestyrelsen i tvende ledige pladse d'hrr. Overlærer P. Koht og Seminarbestyrer J. Qvigstad. Den sidste har overtaget bestyrelsen af den finske (lappiske) afdeling.

Museet har udgivet sit Aarshefte VII, — 141 pg. og ledsaget af 5 litograferede plader. Det indeholder følgende afhandlinger:

1. Det nordlige Norge nnder den glaciale og postglaciale tid, ved Karl Pettersen.
2. Undersøgelser af dyrelivet i de arktiske fjorde, ved J. Sparre Schneider.
3. Bæverens tidligere forekomst i Søndre Salten, ved Axel Hagemann.

Heftet var ved aarets udgang færdigt til omdeling.

A. De historisk antikvariske samlinger.

a. Finneafdelingen

er i løbet af dette aar bleven forøget med endel gjenstande, indkjøbte i Sydlavangen (Trondenæs præstegjeld) blandt fastboende og i Hatfjelddal en blandt nomadiserende finner. Fremhæves bør de i Hatfjelddalen indkjøbte prøver paa finnernes eiendommelige brodering med tintraad og de til tintraadens forfærdigelse anvendte redskaber. Paa grund af midlernes knaphed har man ikke kunnet indkjøbe hele dragter, men har maattet indskrænke sig til indkjøb af mindre gjenstande (huer, komagbaad, skindarbeider etc.), der er karakteristiske for vedkommende finners industri. Man har paabegyndt udarbeidelsen af en katalog over afdelingens gjenstande; denne vil antagelig blive færdig i marts 1885 og blive udgivet i trykken til veiledning for dem, der besøger samlingen.

b. Oldsamlingen

er i aarets løb forøget med 49 gjenstande. Heraf tilhører 4 nr. den arktiske stenalder og bestaar af 1 knivblad fra Nordlands amt, samt 3 meiselformede redskaber fra Tromsø amt, samtlige af lerskifer.

De øvrige indkomne sager tilhører formentlig den yngre jernalder med undtagelse af 7 gjenstande fra ældre kirker, nemlig: 1 kristusfigur, 2 bedende kvindefigurer, 1 biskopsfigur, 1 skibsfigur samt 1 pung med sølvbjelde (fattigbøsse). Disse gjenstande er indsendte fra Hammerfest kirke, og de 4 førstnævnte har været malede paa kridtgrund. Fra Lenvik gamle kirke er indkommet en større skibsfigur med master, ræer og takkelage fra aaret 1716.

Fra hr. statsraad Arctander er indsendt et større fund bestaaende af:

1 skaalformet broncespænde, 1 kortbladet spyd, 2 pilespidser, brudstykke af et broncekar, 3 kljaastene, 3 knivblade, brudstykker af kleberstenskar m. m. Sagerne er fundne paa gaarden Rabben (Klak) i Hadsel.

Størstedelen af de i aar indkomme gjenstande er fra Nordlands amt, medens i tidligere aar den største kontigent til oldsamlingen er ydet af Tromsø amt. Dette resultat hidrører formentlig fra, at undersøgelser for museets regning er i de par sidste aar foretagne i førstnævnte amt. De fleste af de i aar i denne afdeling indlemmede gjenstande er samlede under den i sommer foretagne undersøgelsesreise. Udgravninger foretoges paa gaarden Grundfør i Hadsel og paa Nap i Flakstad; paa sidstnævnte gaard fandtes i en gravhaug sammen med dele af et menneskeligt skelet: 1 tveegget sverd, 1 spyd, 1 kniv, 1 liden øks samt 4 perler af farvet glas og en mængde rustne klinksøm.

Samlingen bestaar ved aarets slutning af 647 nr.

B. De naturhistoriske samlinger.

a. De zoologiske afdelinger.

I aaret 1884 har museets zoologiske samlinger erholdt følgende tilvækst:

Af pattedyr er tilkommet skelettet af en vaagehval (*Balænopt. rostrata)*, skjænket af rhederiet for ishavsskonnert „Andenæs“, et stort kranium af hvalros *(Tr. rosmarus)*, indkjøbt, hvorhos ishavsskipperne Nils Johnsen, S.

Zachariassen og Joh. Kjeldsen har skjænket et større antal kranier af klapmys (*Cystophora*), storkobbe (*Phoca barbata*), grønlandssæl (*Ph. grønlandica*) og snad (*Ph. annellata*). Ved fordelingen af jernværkseier N. Aalls samlinger, der af staten var indkjøbt til fordeling blandt landets museer, tilfaldt der Tromsø museum 7 stykker pattedyr, hvoraf kan fremhæves en vakker gaupe (*Felix lynx*) og en maar (*Must. martes*), de øvrige bestaar fornemmelig af nogle mindre gnavere. Skelettet af den store han-hvalros, som museet modtog i 1883, er i løbet af december bleven heldigen opstillet og præsenterer sig som en af samlingens værdifuldeste stykker. Endel af de ovennævnte sælkranier er ogsaa udover høsten bleven færdigpræparerede til udstilling i indeværende sæson.

Af fugle er udstoppet 19 stykker fra vor arktiske region, de fleste forat erstatte ældre og mindre gode eksplr.; endel blev erhvervede af museets præparant, som til dette øiemed foretog en tur til Tranøbotn i de sidste dage af mai. Fra landdistrikterne er af og til sendt enkelte eksplr. af fugle, som imidlertid ikke alle har været tjenlige for samlingerne. Ved fordelingen af Aalls samlinger modtog man ikke mindre end 113 stykker skandinaviske fugle i udstoppet stand, hvoraf ialfald endel vil blive udstillede i indeværende aar, for de øvrige haves foreløbig ingen plads i udstillingsskabene.

Af fiske er udstoppet en stør (*Accip. sturio*) fra Tromsø omegn, en liden skate (*Raja*), en berglaks (*Macr. fabricii*) samt en knur (*Trigla*), desuden er nogle eksplr. af mindre fiskearter opbevarede i sprit.

Indsamling af evertebrater har været fortsat som tidligere af konservator, hvorved navnlig er tilkommet et betydeligt materiale af mollusker og crustaceer fra Tromsø omegn. Museets samling af arktiske mollusker, saavel de marine som terrestre, er i høstens løb bleven omordnet og udstillet paa en mere tidsmæssig maade, hvorved saavel publikums som specialistens fordringer vil blive mere imødegaaede end hidtil. Forøvrigt har mollusksamlingen erholdt større tilvækst end nogen anden afdeling, idet bytteforbindelserne er blevne betydeligt udvidede, efterhvert som tilgangen paa dubletter øgedes; man har saaledes modtaget værdifulde sendinger gjennem T. A. Verkrüzen og Rob. Bell i London, Dr. Poulsen og Herm. Lynge i Kjøbenhavn og Dr. A. Krause i Berlin, omfattende arter hovedsagelig fra Nordamerika, Grønland, England, Danmark og Mellemeuropa. Af stort værd er en liden samling mollusker fra den norske Nordhavs-ekspedition modtaget gjennem Herm. Friele, hvoriblandt flere af de nyopdagede *Buccinum-* og *Fusus*-arter; derhos erhvervede konservator under sit ophold i Stockholm fra „høgskolan“ dersteds endel arter fra Spitsbergen og Sibiriens ishav, de sidste fra Vega-reisen. Endelig har frøken B. Esmark og stud. Z. A. Hoyer sendt et større antal land- og ferskvands-arter, saavel fra det sydlige som arktiske Norge. Af andre evertebrater har tilgangen været mindre, størst interesse har en samling *Echinodermer* fra Nordhavsekspeditionen, omfattende 12 *Asterider*, 3 *Holothurier* og 2 *Gephyreer*. Den entomologiske afdeling er ogsaa iaar bleven beriget med et antal *Coleoptera* fra Saltdalen, skjænkede af forstkand. Hagemann, fra Tromsø amt har konservator fra sine ture ogsaa medbragt endel, hvoraf de fra Nordfuglø frembyder størst interesse.

b. Den mineralogiske og geologiske afdeling.

Af den i forige aar ny opdagede bergart Sagvandit har Museet gjennem udbrydningsarbejde paa lejestedet skaffet tilveje et betydeligt materiale, hvoraf prøver efterhaanden kan blive uddelt til de forskjellige videnskabelige anstalter, som fra tid til anden maatte udtale ønske herom. En del heraf er allerede medgaaet til saadan fordeling. I samme øjemed er der gjennem sprængningsarbejde paa Stappen ved Skutvikvandet hentet materiale af den her frembrydende olivinsten. Igjennem bytte med Dr. Th. Schuckhardts mineraliehandel i Görlitz i Schlesien har man erhvervet sig en mindre samling af forskjellige smukke mineralier.

Fortegnelse

over de til Tromsö Museum i Aare 1884 indsendte Skrifter.

Bonn. *Naturhistorischer Verein.*

Verhandlungen 40 Jahrg. 1883.

41 „ 1884 Heft. 1.

Boston. *Society of natural history.*

Proceedings vol. XXII Part. 1, 2, 3.

Braunschweig. *Herz. naturhistorisches Museum.*

Sämereien des botan: Gartens von Dr. Wilh. Blasius

Zur Geschichte der Überreste von Alca impennis, Linn. von Dr. Wilh. Blasius.

Der japanische Nörz do.

Java Vögel do.

Ecuador Vögel do.

Über die letzten Vorkomnisse des Alca impennis do.

Uber Spermophilus rufex do.

Ellobius Tancrei nov: sp. do.

Bremen. *Naturwissenschaftlicher Verein.*

Abhandlungen VIII Bd. 2 Heft. 1883.

„ IX Bd. 1 Heft. 1884.

Bruxelles. *Societé entomologique de Belgique.*

Compte-rendu des seances. Serie III. 1884.

Cordoba. *Academia nacional de ciencias de la* Republica Argentina.

Boletin III. IV. V. $VI._4$

Actis $II._2$ $IV._1$ V_1.

Informe official de la Expedicion al Rio negro (Patagonia) del general d. Julio A. Roca I. II. III.

Danzig. *Naturforschende Gesellschaft*

Schriften 6 Bd. 1 Heft. 1884.

Dresden. *Naturwissenschaftliche Gesellschaft „Isis"*
Sitzungsbericht und Abhandlungen 1884 1, 2.

Edingburgh. *Royal Society*
Proceedings 1881—82, 1882—83
List of members 1883.

Elberfeld. *Naturwissenschaftlicher Verein*
Jahresbericht VI.

Emden. *Naturforschende Gesellschaft*
68 Jahresbericht.

Fraukfurth a. M *Senckenbergische naturforschende Gesellschaft*
Bericht 1882—83.

Freiburg i. B. *Naturforschende Gesellschaft.*
Berichte Bd. VIII H. 2.

Gicssen. *Oberhessische Gesellschaft für Natur nnd Heilkunde*
Bericht XXIII.

Gerlitz. *Naturforschende Gesellschaft.*
Abhandlungen 18 Bd.

Graz. *Naturwissenschaftlicher Verein für Steiermark.*
Mittheilungen Jahrg. 1883.
Haup^t Repertorium I bis XX.

Greifswald. *Naturwissenschaftlicher Verein ‘ür Neu-Pommern und Rügen.*
Mittheilungen Jahrg. XV.

Gröningen. *Naturkundig Genootschap.*
Verslag 1883.

Gustrow. *Verein der Freunde der Naturwissenschaften in Mecklenburg.*
Archiv Jahrg. 37. 1883.

Hamburg. *Wissenschaftliche Anstalten.*
Jahrbuch. Jahrgang I. 1884.

Halle a S. *Kaiserl. Leopold. Carol. Akademie der Naturforscher.*
Leopoldina Heft. XIX.

Jordan: Die Binnenmollusken Halle 1883.

— *Naturwissenschaftlicher Verein für Sachsen und Thüringen.*

Zeitschrift LVII 1884.

Helsingfors. *Societas pro flora & fauna fennica.*

Meddelanden. Hefte 9 og 10.

Notitser. Hefte 9, 10, 11, 12, 13.

Bergstyrelsen. Kartbladet Nr. 7 af Finlands geologiska undersøkning med beskrifning.

Kassel. *Verein für Naturkunde.*

Bericht XXXI. 1884.

Karl Ackermann. Bestimmung der erdmagnetischen Inklination von Kassel.

D. s. Repertorium der landeskundichen Literatur für die Regierungsbezirk Kassel.

Statuten des Vereins für Naturkunde in Kassel.

Kjøbenhavn. *Det Kgl. Danske Videnskabernes Selskab.*

Oversigt Nr. 3, 1883. Nr. 1, 2, 1884.

Skrifter 6 Række. Naturv. og math. Afdelinger

1 Bd. IX, X 1884

2 Bd. VI. do.

Kiel. *Naturwissenschaftlicher Verein für Schleswig—Holstein.*

Schriften Bd 5 Heft. 2.

Kristiania. *Kirke-Departementet.*

Nyt Magazin for Naturv. 28 Bd. 2 Hefte

29 Bd. 1 Hefte.

Videnskabs-Selskabet.

Forhandlinger 1883.

Universitetet.

S. Diedrichson: Antinoos, eine kunstarkæologische Untersuchung 1884.

Den norske Gradmaalings-Komision.

Vandstandsobservationer II H.

Selskabet for Norske Fortids-Mindesmærhers Bevaring.

Aarsberetning 1883.

Norske Nordhavs-expedition.

D. C. Danielssen og J. Koren: Asteroidea.

Meteorologiske Institut

Mittheilnngen der internationalen Polarkomision V. VI.

Jahrbuch des norw. meteorol. Instituts für 1881.

Königsberg. *Physikalisch-ökonomische Gesellschaft.*

Schriften 24 Jahrg. Abth. 1, 2.

Lausanne. *Societé Vaudoise des Sciences naturelles*

Bulletin Vol XIX. XX.

Leide. *Nederlandsche Dierkundige Vereeniging.*

Catalogus des Bibliotheks

Tijdschrift: Suppl. Bd. I. 2.

Leipzig. *Naturforschende Gesellschaft.*

Sitzungsbericht X Jahrg.

Liege (Lüttich). *Societé geologique de Belgique.*

Annales Tome neuviéme 1881—82.

Lund. *Universitetet.*

Bibl. Access. Katalog 1882—83.

Acta Tome XVIII. 1, 2. Tome XIX. 1, 2, 3, 4.

Marburg. *Gesellschaft der gesammten Naturwissenschaften.*

Archiv. 37te Jahrg 1883.

Moscou. *Societé imperiale des Naturalistes.*

Bulletin 1883. 3, 4 1884.,

Bachmetieff: Meteorologische Beobachtungen 1883.

Neuchatel. *Societé des Sciences naturelles.*

Bulletin Tome XV. 1884.

Paris. Le Naturaliste. 1884.

Pisa. *Societa Toscana di Scienze naturali.*

Indice vol I, II, III.

Processi verbali vol. IV.

Riga. *Naturforscher Verein.*

Korrespondenzbladt XXVI.

St. Gallen. *Naturwissenschaftliche Gesellschaft*

Bericht 1881—82.

Stavanger. *Museum*

Aarsberetning for 1882—83.

Stockholm. *Kgl. Svenska Vetenskaps-Akademien.*

Øfversigt 40 Årgang 7, 8, 9, 10,

41 „ 1, 2, 3, 4, 5.

Bihang 8 Bd. 1, 2.

Vega-expeditionens vetensk. iaktagelser 1, 2 Bd.

Meteorologiska iaktagelser i Sverige XXI Bd.

Lefnadsteckningar öfver aflidna ledamoter 2 B. 2 1883.

Byrån for Sveriges geologiska undersökning

Afhandlingar Serie C.

Nr. 53. S. A. Tullberg. Förelöpande redogørelse for geologiska resor på Öland.

„ 54. G. Linnarson. De undre Paradoxislagren vid Andrarum. 1883.

„ 55. S. A. Tullberg. Skånes graptoliter. 1883.

„ 56. Fr. Svenonius. Om olivenstens og serpentinforekomster i Norrland.

„ 57. S. Leonh. Törnqvist. Öfversigt öfver bergbygnaden inom Siljansområdet i Dalarne 1883.

„ 58. Fr. Eichstädt. Om Basalttuffen ved Djupadal i Skåne.

„ 59. D. S. Erratiska Basaltblock ur Tysklands och Danmarks Diluvium.

„ 60. Eugene Svedmark. Mikroskopisk undersökning af de vid Djupadal i Skåne forekommende Basaltbergarter.

„ 61. Fr. Svenonius. Studier vid svenska jøklar.

„ 62. M. Stolpe. Om Siljantraktens sandstenar.

„ 63. J. C. Moberg. Cephalopoderne i Sveriges Kritsystem.

„ 64. Praktisk geologiska undersökningar från norra delen af Kalmar Län.

Nr. 65. S. L. Törnqvist. Undersøkningar öfver Siljansområdets trilobitfauna.

Serie B. geologisk öfversigtskarta öfver Sverige. Södra Bladet. 1884.

Trondhjem. *Kgl. Norske Videnskabers Selskab.*
Skrifter 1883.

Washington. *Smithsonian Institution*
Annual report 1882.

Wien. *Ornithologischer Verein*
Mittheilungen: Blätter für Vogelkunde 8 Jahrg.
Section für Geflügelzucht 1 Jahrg.
Beiblatt 1 Jahrg.

Zoologisch-Botanische Gesellschaft
Verhandlungen XXXIII. 1883.
Aug. v. Pelzen. Brasilische Saügethiere. 1883.

Wiesbaden. *Nassauischer Verein für Naturkunde*
Jahrbücher 36 Jahrg. 1883.

Rouen. *Societé des amis des sciences naturelles*
Bulletin 1881
do. 1882.

Alfred Heneage Cocks. M. A. F. Z. S, London.
notes on the West-Coast af Spitzbergen
An autumn visit to Spitzbergen.

Dr. Rich. Lehmann Halle a. S.
Die Thätigheit der Central-komision für wissenschaftliche Landeskunde. Berlin 1883.
Die neuere Bemühungen um scharfere Bestimmung der Erdgestalt. Von S. Günther Berlin 1883.
Wirchow und Häckel vor dem Forum der methodologischen Forschung. Von Otto Caspari. Augsburg 1878.

W. Liljeborg. Helsingfors.
On the Lysianasse magellanica.

N. M. Schøyen Kristiania.

Coleoptorologiske notitser

Oversigt over de i Norges arktiske region hidtil fundne Lepidoptera.

Om nogle for Norges fauna nye Lepidoptera.

J. M. Tengstrøm, Helsingfors.

Catalogus Lepidopterorum Faun. fenn.

Karl Pettersen, Tromsø.

Bidrag til de norske Kyststrøgs Geologi III. Kristiania 1884.

Den nordlandske Fiskeriforening, Bodø.

Fremstilling vedrørende Ansættelse af en Fiskeri-inspektør i Nordlands Amt.

Norsk Lovtidende Afdeling 1, 2. 1884.

Aug. Joh. Sellevold, Dverberg en del gamle Værker af forskjellige Forfattere.

Amtmanden i Hammerfest: Finmarkens Amtsformandskabs Forhandlinger 1883.

Extrakt
af Tromsø Museums Regnskab for 1884,

Indtægt:

1.	Restancer fra forrige Aar		Kr. 14.00
2.	Bidrag for 1884		
	H. M. Kongen . . . , ...	200.00	
	Tromsø Amtskommune	160.00	
	Nordlands do.	200.00	
	Finmarkens do.	80.00	
	Tromsø Brændevinssamlag	1000.00	
	Private Bidragydende	221.00	
			„ 1861.00
3.	Statskassen		„ 3600.00
4.	Salg af Museets Skrifter		„ 26.00
5.	Salg af den til Londoner-Udstillingen fra Museet sendte zoologiske Samling		„ 109.20

6.	Indvundne Renter i Sparebanken	„	0.53
7.	Kassererens Forskud pr. 31te Decbr. 1884	„	76.48
		Kr.	5687.21

Udgift:

1.	Kassererens Forskud f. f. Aar		Kr. 134.56	
2.	Den historisk-antikv. Afdeling:			
	a. Samlinger	54.25		
	b. Diverse	12.20		
			66.45	
3.	Den naturhistoriske Afdeling:			
	a. Samlinger	331.83		
	b. Inventar	49.66		
	c. Diverse	229.91		
			611.40	
4.	Reiseudgifter vedk. førnævnte Afd.		176.85	
5.	Biblioteket		77.30	
6.	Fælles Udgifter:			
	a. Lønninger	2154.40		
	b. Aarsh. og Aarsberetn.	615.60		
	c. Husleje	1500.00		
	d. Assurance	150.00		
	e. Diverse	186.65		
			4606.65	
7.	Tab paa Restance for 1883 . . .		8.00	
			5681.21	
8.	Beholdning i Restancer		6.00	
				5687.21

Tromsø den 20de Februar 1885.

Chr. Kjerschow. Karl Pettersen. Fr. Bentzon.

J. Killengreen. Paul Koht. J. Qvigstad.

Nordfuglø,
en zoologisk skisse

af

J. Sparre Schneider.

Naar man paa dampbaadsfærden nordover fra Tromsø har passeret Karlsø med sin venlige bebyggelse under de vakkert grønklædte lave aaser og nærmer sig „Lyngstuen", udliggeren for det nordlige Norges stolteste alpekompleks, vil man straks ret i nord blive opmærksom paa et mægtigt mørkeblaat klippeslot, som hæver sig med tilsyneladende lodrette styrtninger, rundt om beskyllet af det lunefulde Nordishav, hvis dønninger man her føler for første gang, siden man fra dækket beundrede Lofot-væggens fantastisk sønderrevne masse. Dette er Nordfuglø eller store Fuglø, vel kjendt af alle Finmarks-farere og frygtet for sine mange farlige baaer og skjær, som allerede i de faa aar, jeg har boet heroppe, har forvoldt 2 stolte seileres totale undergang.

Oftere havde jeg til forskjellige aarstider i vakkert veir med stigende interesse betragtet denne mærkelige fjeldkolos, som ikke lidet minder om „Lovunden" ved Lurø paa Helgeland, uden noget synderligt haab om nogensinde at skulle faa betræde dette terra incognita; rigtignok havde jeg oftere talt om en tur did ud med øens eier, som til denne stund endnu ikke har betraadt sin domaine, men det var altid blevet med tanken, da det nok stedse vil være forbundet med nogle smaa vanskeligheder at gjæste Fuglø.

Da derfor forstmester Norman i afvigte Juli foreslog mig at følge ham did ud paa etpar dages ekskursjon, var dette selvfølgelig for mig en kjærkommen leilighed, og efter turens heldige udførelse fra 16—18 Juli forelægger jeg herved en kortfattet redegjørelse for resultatet af de zoologiske undersøgelser.

At et saa isoleret punkt i den ydre led, paa alle sider udsat for havets kuende indflydelse, maatte frembyde naturforholde af mere end almindelig interesse, var jo paa forhaand givet, saameget mere som den talløse ørække, der skjærmer den arktiske kyst, i zoologisk henseende endnu er saare lidet undersøgt, ja af landdyrene kjender man saagodtsom udelukkende til disse øers fugleverden, og endog af den kun smaa brudstykker. Paa entomologiens og malacologiens omraade har man hidtil neppe kunnet fastsætte endog den svageste karakter for en kystfauna, idet allerede Tromsø, som nu i nævnte retning er ret vel undersøgt, ligger for langt inde i en beskyttet led til at kunne siges at eje en ren kystfauna. Og at en saavidt muligt nøiagtig begrændsning af en indlands- og kystfauna maa være første og vægtigste betingelse for en sand forstaaelse af disse dyrs udbredelses-faser, er altfor indlysende til her at udkræve nogen nærmere begrundelse og udvikling.

At mine undersøgelser i sammenligning med botanikerens kun vilde blive høist mangelfulde, kjendte jeg tilfulde af dyrekjøbt erfaring; men ved at koncentrere opmærksomheden paa etpar grupper haabede jeg dog under etpar dages flittig søgen at skulle indvinde noget af mere interesse, som ved forsigtig behandling maatte kunne tjene som støttepunkter for forstaaelsen af faunaens tilbliven i vor skjærgaard. Hovedvægten tænktes saaledes lagt paa indsamlingen af Coleoptera, af Lepidoptera kunde jo ikke synderligt udbytte paaregnes, desuden ønskede jeg meget at kunne faa indsamle endel landmollusker, som er forholdsvis lette at iagttage og derved i høi grad har vist sig tjenlige i zoogeografiske øiemed. Dette program blev da ogsaa i hovedsagen gjennemført.

Den 16de Juli om morgenen dampede vi da nordover med „Tromsø", ikke just under de gunstigste auspicier, da luften var regntung og veiret uroligt, daarlige udsigter for entomologen. Efter i Kvitnæs paa Vandøens sydostside at have taget ombord 2 kjendtmænd og en baad kom vi ud paa eftermiddagen under den mægtige lodrette ca. 600 m. høie væg „Brusen", som afslutter Nordfuglø mod syd og truende raaber: „Ingen adgang", et sikkert tilflugtssted for de talløse fugleskarer, som er øens fornemste herlighed og har laant den navn. Under nogen sø, her ude at betragte som smult vande, lagde dampskibet bi udenfor gaarden Løkvik, hvor vi skulde forsøge paa at „tage land", et saare vigtigt spørgsmaal paa Fuglø, som ingen havn har og derfor i enkelte slags veir er aldeles utilgjængelig. Landstigningen gik imidlertid heldigt for sig i den lille klipperevne, der tjener som baadstø, vi fik rømmet en liden bod, som ved hjælp af presenninger gjordes nok saa lun og koselig, og da alle vore sager var vel anbragte og en slags slagplan lagt, ilede vi begge med at tage omgivelserne i nærmere øiesyn.

Løkvik, som selvfølgelig bærer sit navn paa grund af den her i mængde voksende *Allium sibiricum*, beboes af en søfinfamilie, som nu i nær 25 aar har siddet her ude, ofte i uge- og maanedsvis afskaaret fra ethvert samkvem med den øvrige beboede verden, og dog under vilkaar, som mangen familie i vore haardere fjeldbygder søndenfjelds kunde misunde dem. Fisk i overflod, saa ofte veiret tillader en at komme nogle baadslængder fra land, fuglekjød til enhver tid i hvilketsomhelst kvantum og æg i sæsonen, og saa et kreaturbeite, jeg neppe nogetsteds har seet mage til, er herligheder man ikke mangesteds finder samlede og saa let tilgjængelige, som de syntes mig i Løkvik Manden sagdes ogsaa ikke blot at være skyldfri men endog at have lagt sig lidt tilbedste, og hvad vi saa tydede ogsaa i mange stykker paa, at familien levede i ret gode kaar, men som sædvanligt her nord ude ved havet bemærkedes lidet til den orden og komfort, man ellers ofte overraskes ved at træffe, og som der i virkeligheden skal saa yderst lidet til for at naa. Vaaningshuset var af godt tømmer, saa tæt og noksaa vel vedligeholdt ud og havde heller ingen skade taget i de svære storme vinteren 1882, medens staburet, som konen forklarede mig, havde flyttet sig adskillige tommer. Jeg kigede ogsaa ind i fjøset, der var langt bedre, end jeg havde ventet det, og gav god plads for deres 5 trivelige kjør og ca. 20 sauer foruden nogle gjeder, som hele sommeren finder rigelig næring i husets umiddelbare nærhed; græsset stod som paa en vakker slaatteeng, men endnu er ingen sten plukket bort eller noget agerdyrkningsredskab nogensinde sat i denne jord. En med kreaturstel bevandret familie maatte sikkerlig her kunne holde en 30 kjør og finde et rigeligt udkomme; men hvordan skal en søfin kunne forstaa, at det er fordelagtigere at lægge arbeide paa jorden end med livsfare at klyve i et bråt berg og tage lunder, saa længe hans norske broder flytter fjøset, naar gjødseldyngerne blir for besværlige, og berger sit hø paa myrer og heislaatter! Et lidet karakteristisk træk fortjener at meddeles. Da vi landede, varede det en god stund, førend der viste sig nogen af beboerne; som konen senere fortalte, blev de nemlig saa bange ved at se en „damp“ komme lige under land og afskibe en baad med 4 barske mænd, at hun med alle børnene gik og gjemte sig; manden var nemlig reist til „Troms“ med en baadfarm fugleskind.

Hvad Fuglø's naturforholde forøvrigt angaar, strækker den sig mellem 70° 13′ og 70° 19′ n. br. og danner en eneste sammenhængende fjeldmasse med steile styrtninger paa alle kanter undtagen ved Gamvik, den anden bebyggelse længere nord paa øen, hvor den har en liden indskjæring fra vest mod øst; ved skar og dalsænkninger deles den i nogle mere isolerede fjeldpartier med tildels skarpe tinder af optil 2500′ antagelig, af hvilke den før nævnte „Brusen" med sine mægtige lodrette vægge mod syd og vest er overordentlig imponerende. Bergarten er en granatrig glimmerskifer med steile fald og let forvitrende. Norman bemærkede ogsaa flere bænke af kalksten. Formationen er saaledes meget gunstig for vækstlivet, som ogsaa viste sig over forventning kraftigt og vekslende, endyderligere begunstiget af det fugtige klima og den fra de talløse fugleskarer faldende gjødning; den yppigste vegetation af vor kystfloras almindelige repræsentanter dækkede overalt de bratte lier og urer, medens tætte matter af alenhøi birk (*Betula odorata*) og vidier (især *Salix glauca* og *lapponum*) bragte den fornødne afveksling. Etsteds bemærkedes ogsaa nogle smaa rognbuske (*Sorbus aucuparia*), som netop stod i blomst neppe fodhøie. Min ledsager vil i sin tid redegjøre for de botaniske resultater; efter anmodning har han imidlertid velvilligt opgivet mig antallet af de noterede *plantæ vasculares* til 190, og tilføier, at der efter al sandsynlighed maa findes mindst 200 arter ja kanske flere, eftersom kun en ringe del af lavlandet blev undersøgt, og han heller ikke kom op paa de høieste toppe.

Den første aften anvendtes til nærmere at undersøge terrænet omkring husene, som efter gammel erfaring ogsaa gav det mest lønnende udbytte; navnlig frembød de talrige løstliggende smaa skiferstykker ypperlige skjulesteder for Coleoptera, især langs bækkeløbene men ogsaa paa de tørre skraaninger. Jeg gik op etpar hundrede meter til et temmelig vidstrakt svagt skraanende græsklædt plataa forat søge Lepidoptera, men bemærkede kun nogle faa *Cid. hastulata* paa en klippeblok, flere arter fangedes derimod i bakken stænks ovenfor husene, talrigst *Cid. montanata*. Den følgende morgen oprandt noget kjølig men klar, og efter endel overveielse hvorvidt vi skulde søge at naa de mærkelige huler eller „hellere“, som findes paa vestsiden, besluttede vi os til at forsøge paa at lande ved en af de to nordre bebyggelser, indre og ydre Gamvik, for derfra over fjeldet at gaa tilbage til vort udgangspunkt; vi ønskede nemlig begge at faa undersøge en saavidt muligt stor strækning tilfjelds, og lod derfor de rent videnskabelige hensyn være bestemmende for anvendelsen af den kostbare tid. Vi roede først nogle kilometer i nordlig retning, saa bøier landet af rét i vest, for atter at stikke ud mod nord, og her henimod vinkelens toppunkt ligger de andre gaarde, kanske endnu mere utilgjængelige end Løkvik. Under nogen sø styrede vi nær under land ved indre Gamvik men vovede ikke at lande, da intet indløb kunde bemærkes til den lille havn, som maatte findes bag de svære blokke, hvorpaa brændingen brød, idet vi saa en baadmast rage frem over stenene. Man bemærkede os imidlertid fra land, en baad kom ud og lodsede os i etpar skarpe bøininger sikkert i smult vand, og atter havde vi den her ude dobbelt beroligende følelse at vide sig paa det tørre. Ydre Gamvik skal frembyde en endnu vanskeligere adgang. Omgivelserne her syntes blidere end ved Løkvik, idet fjeldene træder mere tilbage og giver plads for et af flere store terraser bestaaende lavland med samme frodige vegetation som ved vor station. Manden paa gaarden blev engageret til at bære vor bagage, og uden ophold begyndte vi opstigningen til det let tilgjængelige ca. 300 m. høie skar, som tillands danner den eneste forbindelse mellem Løkvik og Gamvik. Jeg havde gjort mig et begrundet haab om nogen fangst af Lepidoptera, men neppe havde vi naaet høiden, før en kold vind og den i en fart overskyede himmel betog mig enhver udsigt til at fange nogen dagsommerfugl. I skaret stod blomstrende tuer af *Silene acaulis* og *Dryas*, som sikkerlig en varm og klar dag vilde have modtaget besøg af mangen

Argynnis og *Anarta*, nu bemærkedes her kun nogle ret affløine *Cid. hastulata*, hvoriblandt erholdtes en ganske interessant aberration. I etpar smaa vand, hvori der flød isstykker, søgtes forgjæves efter vandinsekter, men her findes visselig nogle *Agabus* og *Hydroporus*, som vel aldrig mangler i nogen vandansamling, hverken tilfjelds eller i lavlandet. Her skiltes vi, idet Norman gik tilfjelds i skodden, medens jeg søgte nedigjennem den bratte og af den yppigste vegetation overgroede ur, som uden tvivl huser en hel del Lepidoptera; i løbet af nogle minutter tog jeg staaende paa samme punkt *Nemeoph. plantaginis*, et puppehylster af *Zygæna exulans*, en larve af *Lygris populata* foruden etpar *Plat. zetterstedtii*. *Helix arbustorum* var her vistnok tilstede i mængde. Senere fortsattes vandringen langs stranden, ret besværlig og trættende, til vor station, hvor jeg endnu udover eftermiddagen og aftenen fik samlet ikke faa Coleoptera, ligesaa om formiddagen den næste dag. Efter bestemmelsen skulde „Tromsø" afhente os om eftermiddagen den 18de, vi pakkede derfor alle vore sager og lod dem bringe et stykke nordover til en liden rorbod, hvor etpar baade fra Sør-Lenangen roede sommerfisket; ved Løkvik er det nemlig ved fjære sø og nogen brænding umuligt at gaa i baad undtagen kanske for den gamle erfarne Henrik, som næsten daglig maa foretage eksperimentet. Det blev imidlertid en lang venten, dagen gik tilende, ideligt gik jeg op paa bakken forat speide indover Lyngsfjorden, derunder ikke forsømmende at vende stene, hvilket fremdeles viste sig lønnende; situationen blev tilslut alt andet end behagelig. Søvnige og forfrosne sad vi time efter time i finnens stue, indtil vi endelig kl. 6 om morgenen reves ud af en kort blund ved det glædelige raab: „Naa kjem dampen", som i en fart gjorde os lysvaagne. Snart befandt vi os paa „Tromsø"s duvende dæk og glemte kort efter i en sød slummer de smaa udstaaendne gjenvordigheder.

Naar undtages de to nedenfor fortegnede insektordener, faldt de øvrige zoologiske iagttagelser temmelig tarvelige ud, men jeg vil dog ikke undlade at medtage ogsaa disse, da de altid tør tjene til en fyldigere forstaaelse af faunaens karakter paa Fuglø.

Af pattedyr opgav beboerne mig, at der skulde findes en art „skjærmus", men om dette skal forstaaes om en *Arvicola* eller *Sorex*, er jeg ikke istand til at afgjøre. Lemæn skulde ikke findes der, saa nævnte „skjærmus" skulde blive den eneste ikke domesticerede firbenede.

Af fugle noteredes: Skjære (*Pica caudata*), ravn (*Corvus corax*), kraake (*C. cornix*), fjeldrype (*Lagopus alpina*), medens dalrype (*L. subalpina*) ikke skal findes, snespurv (*Emberiza nivalis*), graasisik (*Fringilla linaria*), stenskvæt (*Saxicola oenanthe*), desuden saaes i antal en liden spurvefugl, som jeg ikke kunde gjenkjende (maaske *Fring. flavirostris*?), desuden ørn (*Aqvila haliaëtus*) og af søfugle: lunde (*Mormon arcticus*), som hækker i uhyre antal sammen med forskjellige maase-arter, og hvis fangst er en vigtig næringsvei for beboerne. Selvfølgelig kan kun dette være en mindre del af de fuglearter, som i virkeligheden hækker paa en saavidt stor ø.

Antallet af land-mollusker gik op til følgende 6 arter:

Arion subfuscus Drp. krøb i stort antal omkring paa store stene tæt ved Løkvik.

Vitrina angelicæ Beck, tomme skaller.

Hyalinia hammonis Strøm.

Conulus fulvus Mull.

Helix arbustorum L., vistnok meget almindelig.

Clausilia bidentata Strøm.

Nogle af disse, ialfald *Clausilia*, har her sin nordgrændse. Med erfaring fra Vardø tør her vel endnu med sikkerhed kunne paaregnes etpar arter *Pupa*, maaske *Punctum pygmæum* Drp. og en eller anden *Limnæa*-form i de smaa tidligere omtalte vand.

Naar hensyn tages til det lille tiderum, som stod til min raadighed, maa de entomologiske iagttagelser siges at have givet et ret tilfredsstillende resultat, baade hvad antallet af arter angaar og med hensyn til fundenes beskaffenhed overhovedet. Heraf imidlertid at ville uddrage sikre slutsatser skal jeg vel vogte mig for, dyrt belært af egen og andres erfaring; men naar jeg tror at kunne tilnærmelsesvis beregne antallet af de i virkeligheden paa Fuglø forekommende arter af Coleoptera og Lepidoptera, har jeg noget positivt at støtte mig til. Som kjendskabet til Norges insektfauna for tiden staar, viser det sig, at antallet af Col. er omtrent dobbelt saa stort som Lepidopternes antal, og dette forhold synes ikke egentlig at blive forrykket i vor arktiske region. Nu har jeg efter 8 aars undersøgelser af Tromsø med omegn fundet, at antallet af *plantæ vasculares* vil svare omtrent til Coleopternes, idet de første efter opgave af hr. overlærer Nyhuus udgjør omtrent 360 arter, medens jeg af Coleoptera til dato har fundet omtrent 255 og af Lepidoptera 122. Nu kan planterne ikke ventes at faa stor forøgelse, i høiden en halv snes arter, af de nævnte insekter derimod staar vistnok endnu saamange arter tilbage at paavise, at forholdet vil stille sig omtrent som ovenfor anført. Nu har altsaa Norman fortegnet 190 arter *plantæ vasculares* paa Fuglø, som efter hans formening sikkert kan antages at besidde 200, og saaledes tør Coleoptera maaske sættes til 200 (jeg fandt 65), og dens Lepidoptera til 100 (27 blev noterede), en overraskende rigdom for en saa liden ø i det aabne polarhav under mere end 70° n. br., og et talende bevis for golfstrømmens mægtige indflydelse paa vor arktiske region. Op imod dette kan Island kun stille 33 arter Lepidoptera og 82 Coleoptera, Grønland henholdsvis 27 og 21, efter de opgaver, som prof. Chr. Aurivillius anfører i sin interessante afhandling, „Insektlifvet i arktiska länder“, optaget i Nordenskiölds „Studier och forskningar föranledda af mina resor i höga norden“,

Rigt udbytte skulde dipterologen udentvivl have medbragt fra Fuglø, og det var med bedrøvelse jeg maatte skjænke friheden til de talrige eksplr., som samlede sig i haaven, naar jeg med dette ellers saa lønnende redskab her forgjæves søgte efter Coleoptera. Der manglede mig nemlig tilstrækkelig fine naale for de smaa arter, desuden maatte den kostbare tid anvendes paa de grupper, som var formaalet for mine efterstræbelser, hvorfor der af Diptera kun blev medbragt et ganske lidet antal.

Hvad som af andre insektordener indsamledes gaar neppe op til en halv snes arter, som jeg heller ikke har været istand til at bestemme. Deriblandt er en *Perineura* foruden en ganske liden Tenthredinid, 2 vingeløse smaa parasithvepse og en Ichneumonid klækket af puppen til *Sciaphila osseana*, desuden indeholdt en *Charæas graminis*-puppe en stor *Ichneumon*-larve, som endnu ikke er bragt til forvandling. Flere kolonier af en sort myre bemærkedes. Naar jeg til den nedenfor givne opregning af de indsamlede Coleoptera og Lepidoptera kun sparsomt og leilighedsvis har tilknyttet orienterende bemærkninger om forekomst etc., er grunden den, at jeg nu i flere aar har arbeidet paa etpar udførlige oversigter over disse grupper, forsaavidt den norsk-arktiske region angaar, og derfor ikke har villet foregribe resultaterne, som til fuld forstaaelse trænger en sammenhængende og saavidt muligt fyldig fremstilling.

Nogle Arachnider medbragtes ogsaa, desuden en Myriopod, men heller ikke disse har jeg faaet anledning til at bestemme.

Tilsidst skylder jeg at aflægge min tak til d'hr. professor J. Sahlberg i Helsingfors og bergkandidat Th. Münster paa Kongsberg, som med sædvanlig imødekommenhed har bestemt for mig alle tvivlsomme eksplr. af Coleoptera.

Tromsø i Januar 1885.

J. S. Schneider.

I. Fortegnelse over Coleoptera *indsamlede paa Fuglø (70° 14' n. br. 16—18 Juli 1884.*

1. *Carabus violaceus* L. 3 eksplr. ved Løkvik, det ene dødt og mutileret, det 2det nyklækket, det 3die fuldt udviklet; det ene fandtes nede ved søen, de øvrige 2 i en ur ca. 200 m. o. h. Denne art synes at være mere udbredt langs kysten end inde i landet; ved Tromsø har jeg hidtil kun fundet et eneste individ.

? 2. *C. glabratus* Payk. I den lille omhyggeligt separerede samling fra Fuglø staar ogsaa et ekspl. af denne art, og alligevel er jeg ikke sikker paa angivelsens rigtighed. I notiserne, som gjordes paa stedet, er nemlig ikke *glabratus* opført, og da jeg savner et eksplr. medbragt fra Maalselven, er det faldt mig ind, at dette ved en heldigvis sjelden forseelse kan være kommen ind blandt de fra Fuglø medførte. Den samme mistanke nærer jeg med hensyn til *Malthodes flavoguttatus*, der ogsaa blev funden i Maalselven i Juli og med lethed kan være medfulgt den store *Carabus* fasthængende ved et af benene, som nok kan tænkes. Alligevel svæver det for mig, at jeg i sidste øieblik paa Fuglø fangede saavel en *Malthodes* som en *C. glabratus*; et ærgerligt tilfælde, som lærer, at man aldrig kan være omhyggelig nok med at affatte sine notiser!

3. *Leistus ferrugineus* L. 2 smaa eksplr. øverst i skaret ovenfor Gamvik under stene. Hidtil bemærket ved Tromsø og Hammerfest, idet Sommerfelts angivelse fra Saltdalen bedst bør sættes ud af betragtning, saasom han kan have forvekslet den med *L. rufescens*, der er observeret i Alten.

4. *Pelophila borealis* Payk. 6 eksplr. ved Løkvik under stene ved et lidet bækkeløb, deraf har et sorte ben, de øvrige har fødderne mere eller mindre begrøde. Er jevnt udbredt over hele den arktiske region.

5. *Nebria gyllenhali* Schoenh. et *var.* De 14 medbragte eksplr. tilhører følgende varieteter:

Forma typica, et ekspl., som dog har brunbrune tibier og tarser.

v. besseri Fisch. (*hyperborea* Gyll.), 2 ekspl.

v. balbii Bon., 4 ekspl.

v. schneideri, Münster in litt. („elytris brunneis, antennis pedibusqve luteis"). Herhid hører 7 ekspl. Hovedformen og *v. besseri* er et af vore almindeligste insekter her nord; de 2 øvrige varieteter synes fornemmelig at tilhøre kysten og er paa Vardø eneraadende.

6. *Notiophilus aqvaticus* L. 1 Ekspl. Meget alm. v. Tromsø.

7. *N. palustris* Duft., 3 stykker. Yderst sjelden v. Tromsø.

8. *N. biguttatus* F. 9 ekspl., altsaa den almindeligste art; ved Tromsø har jeg kun fundet et eneste individ paa „Fløifjeldet", paa sen synes kun *aqvaticus* at forekomme.

9. *Loricera pilicornis* F. 4 stykker. Udbredt men ikke synderlig almindelig.

10. *Trechus 4-striatus* Schrk. 19 ekspl. medbragte; den var især hyppig under stene i uren ovenfor Løkvik. Dette er en udpræget kystform, som hidtil kun var bemærket ved Tromsø, hvor jeg paa „Fløifjeldet" har fundet 2 stykker, samt paa Rensen etpar mil nordenfor Tromsø, hvor Nordenskiölds Jenisei-ekspedition i 1875 fandt nogle ekspl.

11. *Patrobus excavatus* Payk., *v. clavipes* Thoms. 4 ekspl. Ude ved kysten synes den at være sjeldnere end følgende art.

12. *P. picicornis* Zett. et *var. rubripennis* Thoms. 7 ekspl., hvoraf de fleste tilhører varieteten, som overalt med jevne overgange flyder over i hovedformen.

13. *Miscodera arctica* Payk. Et enkelt ekspl. ved Løkvik. Tilhører saavel kysten som indlandet men er overalt ret sparsom og træffes, efter min erfaring, aldrig i kolonier som saa mange Carabider.

14. *Feronia diligens* Sturm. (*strenua* Thoms.), 22 ekspl. Hidtil var denne art kun forekommet mig som en sjeldenhed i vor arktiske region.

15. *Amara torrida* Illig. Et enkelt eksplr., sort med røde ben, ved Løkvik ca. 200 m. o. h.; jeg havde snarere ventet at finde *A. alpina*, som endnu paa Tromsø høide er et alpint insekt.

16. *A. prætermissa* Sahlbg. 15 eksplr., ret forskjellige i henseende til størrelse og formen af thorax, under stene i den nærmeste bakke ved Løkvik. Hidtil af mig kun i etpar individer bemærket i Alten og Syd-Varanger.

17. *Calathus melanocephalus* L. et *v. nubigena* Hal. Kun 2 eksplr. medbragte, det ene næsten typisk, det andet tilhører den her nord langt hyppigere varietet. Dens sparsomhed paa Fuglø var paafaldende.

18. *Bradycellus placidus* Gyll. *var.* 18 stykker medbragte. Sahlberg anmærker, at den maaske er identisk med Gyllenhalls *cognatus* men forskjellig fra *deutschii* Sahlbg. Hvad jeg nu i en række af aar har forsendt som *cognatus* if. Thomsons bestemmelse, tør maaske for endel tilhøre *deutschii*, et spørgsmaal, som jeg ved denne leilighed dog maa lade staa uafgjort, til en nøiere gjennemgaaelse af mit materiale kan blive iværksat.

19. *Aucupalpus collaris* Payk. Et enkelt eksplr. Meget sparsom i vor arktiske region, idet den hidtil kun er funden i Saltdalen, ved Lødingen paa Hindøen, i Tromsdal samt paa Renø i enkelte eksplr.

20. *Gaurodytes* (Agabus) *guttatus* Payk. 2 eksplr. under stene i halvt udtørrede bækkeløb, det sædvanlige findested for denne art.

21. *Helophorus glacialis* Villa (*nivalis* Thoms.). I stor mængde under den vaade mose i etpar udtørrede pytter paa fjeldet ovenfor Løkvik ca. 200 m. o. h. De medbragte eksplr. synes mig at have et fra den almindelige form noget forskjelligt udseende, men Sahlberg har bestemt dem som *glacialis*.

22. *Megasternum obscurum* Marsh. 4 eksplr. i halvtør gjødsel. Var hidtil ikke anmærket i vor arktiske region, li-

gesaalidt som den er optaget i Siebkes „Enumeratio“ eller Schøyens supplement; jeg har imidlertid i sin tid fundet et eksplr. i det sydlige Norge (sandsynligvis i Nedenæs), som en determinandliste fra docent Thomson endnu udviser.

23. *Philonthus marginatus* Strøm (Fabr.). Kun 1 individ erholdtes.

24. *Qvedius molochinus* Grav. Jeg har kun medbragt 1 eksplr. men mindes dog, at flere observeredes; den har kun manglet paa meget faa af de lokaliteter her nord, hvor jeg har havt anledning til at samle Coleoptera.

25. *Rhaphirus umbrinus* Er. *var. salinus* J. Sahlberg. 22 eksplr.; den forekom meget hyppig i bakkerne omkring Løkvik under stene. Sahlberg bemærker: „Ännu mycket større än den form, som förekommer vid våra kuster“, den vakte ogsaa straks min opmærksomhed ved sin størrelse. Hidtil var denne art kun i faa eksplr. kommen mig for øie.

26. *Rh. attenuatus* Gyll. Sparsommere end foregaaende, nogle faa stykker er medbragte. Ved Tromsø er den saare hyppig i selskab med *R. boops* Gr.

27. *Othius melanocephalus* Grav. 4 eksplr. Meget udbredt og paa rigtig golde og insektfattige lokaliteter næsten den eneste art man kan opdrive; den findes mest under stene paa mose- eller græsbund.

28. *Stenus carbonarius* Gyll. 2 eksplr. ved et bækkeløb. Udbredt men mest enkeltvis.

29. *Bessopora soror* Thoms. Af denne sjeldne hidtil kun ved Tromsø og Maalsnæs bemærkede art er medbragt et enkelt eksplr.

30. *Acrotona fungi* Grav. *var.* 1 eksplr. Ved Tromsø er den yderst almindelig paa fugtige lokaliteter.

31. *Amischa cavifrons* Sharpe. 2 eksplr. medbragte. Hidtil var denne art ikke anmærket i vor arktiske region, men vel dens nære slægtning *A. analis* Grav., som ialfald paa Tromsøen ikke er sjelden.

32. *Liogluta crassicornis* Gyll. 1 enkelt lidet eksplr.

33. *L. alpestris* Heer. Ligeledes kun et enkelt stykke, Den er ved Tromsø ikke sjelden, især paa „Fløifjeldet", og gjør indtryk af ogsaa her nord at være alpin eller subalpin.

34. *Atheta graminicola* Grav. Til denne almindelige og udbredte art har Sahlberg henført et eksplr.

35. *A. eremita* Rye. 1 individ medbragt.

36. *A. melanocera* Thoms. 2 stykker, det ene dog noget tvivlsomt.

37. *A. atramentaria* Gyll. Af denne art er kun medbragt et enkelt eksplr.

38. *A. frigida* J. Sahlberg. Ligeledes kun et enkelt stykke. Ny for Norges fauna, efter meddelelse fra prof. Sahlberg af ham først funden i Saltdalen i 1879, ligesom han har taget den i Sibirien og tillige anfører den fra Sverige.

39. *A. tibialis* Heer. Saavidt mig bekjendt optages denne art her for første gang som skandinavisk. Fra Fuglø er medbragt et enkelt eksplr., et andet noget tvivlsomt har jeg fra Tromsø et 3die fra Tagvand i Maalselvdalen.

Foruden disse her opførte *Atheta*-arter medbragtes mindst 7 eksplr., som paa grund af daarlig konserveringstilstand ikke har ladet sig bestemme; blandt disse tør være endnu et eller andet, som ikke tilhører de ovenfor fortegnede arter.

40. *Geostiba circellaris* Grav. Af denne lille art er ogsaa kun medbragt et eneste individ.

41. *Tachyporus brunneus* Fabr. *var. obscurus*. Denne art, som ogsaa blev funden i et enkelt eksplr., var hidtil ikke bemærket i vor arktiske region. I Finland er den if. Sahlberg ikke observeret nordenfor Tammerfors (61° 30').

42. *Tachinus proximus* Kraatz. 3 eksplr. I vor arktiske region er dette slægtens almindeligste repræsentant.

43. *Anthophagus alpinus* Fabr. 3 individer. Almindelig og udbredt overalt.

44. *Geodromicus globulicollis* Mann. 5 eksplr. indsam-

lede. Er ogsaa meget udbredt men forekommer mest enkeltvis.

45. *Arpedium brachypterum* Grav. 5 eksplr. En i vor kyst udbredt og almindelig art, paa Vardø maaske den hyppigste Coleopter.

46. *Deliphrum tectum* Payk. Kun ét stykke. I det nordlige Norge vistnok udbredt men næsten at kalde en stor sjeldenhed.

47. *Mannerheimia* (Del.) *arctica* Er. 1 ekspl. Den var hidtil, mig bekjendt, ikke funden paa Norges omraade.

48. *Scydmænus collaris* Müll. Ved Løkvik et enkelt individ. Mig bekjendt hidtil kun bemærket ved Kristiania af gartner N. Moe.

49. *Byrrhus pilula* L. Et enkelt eksplr. ved Løkvik paa samme lokalitet som følgende.

50. *Byrrhus fasciatus* Fabr. 1 eksplr. Overalt i vor arktiske region og langt almindeligere end *B. pilula*, for hvilken jeg kun kjender faa sikkre lokaliteter, den er saaledes heller ikke funden ved Tromsø.

51. *Simplocaria semistriata* Fabr. 5 eksplr. Udbredt overalt. Jeg havde ventet paa Fuglø snarere at finde *S. metallica* Sturm., som i 1875 blev taget paa naboøerne Karlsø og Renø af Nordenskiöld, men de medbragte individer har dog alle ved nærmere undersøgelse vist sig at tilhøre *semistriata*.

52. *Aphodius lapponum* Schoenh. 3 stykker. *A. piceus* Gyll., der pleier at være dens stadige ledsager, mangler vel heller ikke paa Fuglø.

53. *Conithassa minuta* L. Nogle eksplr. fandt jeg paa stabursvæggen i Løkvik.

54. *Corymbites æneus* L. 2 stykker nærmende sig *v. germanus* L., idet dog coxæ samt øverste spids af laar og tibier er begrøde.

? 55. *C. affinis* Payk. Nogle fragmenter af en smelder fundne under en sten ved Løkvik syntes nærmest at have tilhørt denne almindelige og udbredte art.

56. *Agriotes marginatus* L. *var b.* Gyll. Et enkelt stykke under en sten. Kun anmærket paa etpar punkter i vor arktiske region, nemlig i Bejeren og ved Tromsø.

57. *Cryptohypnus riparius* Fabr. Kun 2 individer medbragte men forøvrigt noteret som „almindelig".

58. *C. rivularius* Gyll. 3 eksplr.; den var dog ligesaa alm. som foregaaende. Begge arter lever i større kolonier fornemmelig under stene paa græsbund, men blander sig i almindelighed ikke med hinanden.

59. *Cantharis pilosa* Payk. Et par in copula ved Løkvik.

60. *Malthodes flavoguttatus* Kiesw. Kun et eneste eksplr. blev funden. Denne art, som hidtil neppe var bemærket paa den skandinaviske halvø, fandt jeg i afvigte sommer ogsaa i Maalselvdalen og i Tromsdalen ved Tromsø.

61. *Apion frumentarium* L. Et enkelt individ ved Løkvik. Siden Zetterstedts dage ikke bemærket i vor arktiske region.

62. *Otiorhynchus maurus* Gyll. 1 eksplr.

63. *O. blandus* Gyll. 3 stykker medbragte.

64. *Gonioctena pallida* L. 2 individer paa en af de blaagrønne *Salices*.

65. *Coccinella 11-punctata* L. *v. b.* Zett. 1 enkelt eksplr. af denne meget udbredte, men overalt særdeles sparsomt forekommende art, af hvilken jeg her nord endnu ikke har truffet hovedformen.

II. Fortegnelse over **Lepidoptera** *indsamlede paa Fuglø fra 16—18 Juli 1884.*

1. *Polyommatus hippothoë* L. *v. stieberi* Gerh. Jeg fandt en puppe liggende løs under en sten, hvoraf 19de Juli fremkom en vakker han, og tog et friskt haneksplr. paa en vaad eng, hvor endnu en han bemærkedes, som det ikke lykkedes

mig at fange. Disse to eksplr. fra Fuglø, som altsaa bliver artens nordgrændse, afviger i ingen henseende fra de forøvrigt faa individer, som jeg efterhaanden har sammenbragt fra forskjellige lokaliteter i Nordlands og Tromsø amter. Benævnelsen *stieberi* optages her ogsaa for hannen, som nærmest kun deri afviger fra hovedformen, at det rødgule paa fremvingernes underside er mere udbredt (endnu langt mere hos hunnen), ligesom varieteten er gjennemsnitlig noget mindre. *Pol. eurybia* O. fra Schweitz, som jeg er mest tilbøielig til at anse for en distinkt art, staar langt fjernere fra den typiske *hippothoë* end *v. stieberi*, som med temmelig jevne overgange flyder ud i hovedformen.

2. *P. phlæas* L. *v. americanus* D'Urb. Et temmelig friskt men forrevet eksplr. tog jeg i stuevinduet om natten den 18de.

3. *Vanessa urticæ* L. Norman fandt etpar larvekuld og bragte mig deraf 4, hvoraf de 3 bragtes til forvandling, det 4de blev forblandet med de flere hundrede larver fra Tromsøen, som samtidigt opfostredes. Jeg havde ventet mig eksplr. af *v. polaris* Stgr. stærkt udprægede men blev helt overrasket, da der fremkom 3 stykker af næsten typisk udseende, ligesaa lyst farvede som noget af de adskillige hundrede eksplr., som udklækkedes i 1883 & 84, alle 3 jevnstore med en vingebredde af 41 a 42 m. m. Dette resultat burde egentlig ikke have overrasket mig, da jeg forlængst har erfaret, at kystklimatet fremkalder blegere farver i den arktiske region hos mange Rhopalocera; saaledes tilhører de interessante mørkfarvede aberrationer og varieteter af slægten *Argynnis* næsten udelukkende de indre distrikter, ligesom *Lyc. optilete* paa Tromsøen er ualmindelig blegt og mat farvet. Puppen ligger her nord næsten nøiagtigt 3 uger, samme tid som *Van. cardui* ved Bergen, medens den i det sydlige Norge hviler 14 dage, og saavidt mig bekjendt i Tyskland endog kun en uge.

4. *Argynnis pales* S. W. *v. lapponica* Stgr. Af en pup-

pe funden under en flad sten, men fæstet ved bagkroppen til et vissent straa, fremkom 1ste August en veludviklet hun af normalt udseende med en vingebredde af 37 m. m. Puppen var graagul med sorte pletter, formet som de almindelige *Argynnis*-pupper, jeg har seet afbildede.

5. *Zygæna exulans* Hoch. *v. vanadis* Dalm. Et stykke af en kokon fandtes heftet til et græsstraa i en brat ur med fródig vegetation.

6. *Nemeophila plantaginis* L. transitus ad *ab. hospitam* Schiff. En noget affløien han paa samme lokal som ved foregaaende anmærket. Forvingernes bund er hvid, abdomen og bagvingerne ganske lyst gule med faa sorte tegninger, saaledes som den næsten konstant findes her nord. Den var i 1884 overordentlig talrig og bemærkedes navnlig langs landeveien opigjennem hele Maalselvdalen i hundredevis 1ste og 2den Juli. 26de Juni var allerede de fleste eksplr. noget affløine i Tromsdalen, som rigtignok har en ualmindelig heldig beliggenhed.

7. *Charæas graminis* L. 6 pupper fandtes under stene, den ene indeholdt en stor *Ichneumon*-larve, de andre gav 3 hanner og 2 hunner $^{30}/_{7}$, $^{31}/_{7}$, $^{5}/_{8}$, $^{7}/_{8}$, $^{8}/_{8}$; 1 han og 2 hunner er vakkert rødbrune, de øvrige 2 er mere graabrune, forøvrigt alle indbyrdes noget forskjellige. Efter min erfaring er denne art langt mere konstant i det sydlige Norge.

8. *Lygris populata* L. En større Geometer-larve, som uheldigvis bortkom, tilhørte utvivlsomt denne art, da jeg kort tid efter fandt en aldeles lignende larve i Balsfjord paa *Salix nigricans*, hvoraf udklækkedes en *populata*, ei heller tror jeg der paa denne tid vil findes fuldvoksne larver af nogen større art, hvormed den har kunnet forveksles.

9. *Cidaria munitata* Hb. Nogle faa friske han-eksplr. ved Løkvik; paa denne tid pleier ved Tromsø de fleste hanner at være affløine i de bedre sommere, medens hunnerne træffes ligetil maanedens udgang enkeltvis endnu temmelig friske,

10. *C. fluctuata* L. Et enkelt uskadt eksplr.

11. *C. montanata* Bkh. *v. lapponica* Stgr. Fløi ret talrig i meget blege eksplr., som allerede var noget affløine, saa jeg kun medbragte en enkelt ubeskadiget hun af normal størrelse.

12. *C. cæsiata* Lang. Ved Gamvik fangedes den 17de en frisk han af størrelse og udseende som den ved Tromsø forekommende form; det første eksplr. bemærkedes ved Tromsø ikke før 25de Juli, i 1883 var den allerede fremme 11te Juli.

13. *C. hastulata* Hb. Ret friske eksplr. var ikke sjeldne siddende paa stene og fjeldvægge især noget i høiden. Blandt de medbragte individer er ogsaa en interessant aberration, hvortil jeg besidder et sidestykke fra Maalselvdalen; paa disse eksplr. har begge vingepar et bredt, hvidt tværbaand uden de sædvanlige bølgeformige tværlinier, men vingenerverne er skarpt sort markerede. Forøvrigt varierer denne art langt mindre, end man efter farvetegningen skulde have ventet; jeg har vanskeligt for at anse den kun som en varietet af *hastata* L.

14. *C. minorata* Tr. Et næsten friskt haneksplr. den 17de. Hører til de sparsomt forekommende arter, som i enkelte aar er ligesom helt forsvundne. I 1883 var den almindelig ved Tromsø, i 1884 blev den slet ikke bemærket.

15. *C. albulata* Schiff. Fløi talrig i næsten friske eksemplarer paa en eng ved Gamvik.

16. *Scoparia murana* Curt. Jeg observerede et friskt eksplr. ved Løkvik om natten den 18de, idet det satte sig paa en vindusrude, uden at det lykkedes mig at faa det fat. Denne art var hidtil kun bemærket ved Bossekop i Alten samt paa Grøtø i Stegen, hvorimod den nærbeslægtede *S. sudetica* er almindelig næsten overalt.

17. *Botys decrepitalis* H. S. Omkring Løkvik bemærkedes den ikke sjelden i noget affløine eksplr.

18. *Sciaphila osseana* Scop. Fløi enkeltvis i friske eksplr.,

derhos fandt jeg under stene 4 pupper, hvoraf fremkom 1 han og 2 hunner, medens den 4de gav en *Ichneumon*.

19. *Cochylis deutschiana* Zett. Et friskt eksplr. ved Løkvik den 16de; hidtil var denne art kun funden inde i landet eller i de dybe fjordbunde og synes derhos at være meget lokal. Dens larve formoder jeg paa *Salix*, hvilket endnu staar tilbage at opklare.

20. *Penthina sauciana* Hb. Ved Gamvik et friskt eksplr. den 17de. Paafaldende nok bemærkedes hverken *P. metallicana*, *nebulosana* eller *schulziana*, som ellers næsten overalt forekommer almindeligt.

21. *P. lacunana* S. V. Jeg har medbragt et enkelt eksplr. noget fløiet men af normalt udseende.

22. *Phylloporia bistrigella* Hw. Noteret fra den 17de, men noget eksplr. er ikke medbragt.

23. *Incurvaria vetulella* Zett. I friske men smaa eksplr. ikke sjelden ved Gamvik, ogsaa noteret fra Løkvik.

24. *Swammerdamia* sp. Et eksplr. blev haavet i græsset ved Gamvik, men var saa beskadiget, at det ikke blev opbevaret. Sandsynligvis har det været *conspercella* Tengstr., som synes at være almindeligere end *griseocapitella* Stt.

?25. *Coleophora* sp.} Ved Løkvik fangedes nogle eksplr.
?26. *Nepticula* sp.} af 2 arter smaa møl, til hvilke jeg imidlertid manglede tilstrækkelig fine naale, saa intet eksplr. kunde medtages. Den større art bemærkedes sidste sommer ogsaa i Tromsdalen ved Tromsø under samme omstændigheder, saa der forhaabentlig ved en senere leilighed skal lykkes mig at faa eksplr. til nøiere undersøgelse.

27. *Platyptilia zetterstedtii* Zell. Flere friske eksplr. fangedes 16de og 17de.

Tromsø Museums

Aarsberetning

for

1885.

TROMSØ.

Trykt i Tromsøpostens bogtrykkeri ved M. Astad.

1886.

Tromsø Museums

Aarsberetning

for

1885.

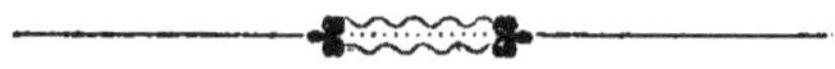

TROMSØ.

Trykt i Tromsøpostens Bogtrykkeri ved M. Astad.

1886.

Ligesom tidligere har Museets samlinger ogsaa i aar været aabnede fo almenheden hver søndag i eftermiddagstimerne 3--5 i tidsrummet fra begyndelsen af marts maaned til i begyndelsen af november — ialt under 38 aabningsdage. Antallet af besøgende har herunder udgjort 9578, og fordeler dette tal sig maanedsvis saaledes:

Marts 1023, april 1488, maj 1511, juni 1303, juli 1140, august 1119, september 815, oktober 954 og november med 1 aabningsdag 225 tilsammen 9578.

Antallet af besøgende udenfor de regelmæssige aabningstimer antages at naa op til omkring 1000. Det samlede antal besøgende har i henhold hertil udgjort omkring 10500.

Under Museets stadig voksende virksomhed havde bestyrelsen alt i længere tid havt sin opmærksomhed rettet paa ønskeligheden af at kunne knytte nye videnskabelige arbejdskræfter til anstalten. Navnlig gjaldt det her de zoologiske afdelinger. Disse omfatte et saa vidstrakt og mangeforgrenet arbejdsfelt, at det vil være aabenbart, at en enkelt mand, hvor arbejdsdygtig han end er, umuligen vil kunne magte paa en for videnskaben og anstaltens udvikling tilfredstillende maade at fordele sin arbejdskraft over hele dette omraade. Bestyrelsen fandt sig derfor foranlediget til i forrige aar at indgaa med andragende om forøget tilskud af statsmidler til lønning for en ny ansættendes anden konservator. Andragendet blev efter indstilling af Kirke-Departementet fremsat som kgl proposition for sidste Storthing (1885), der i overeensstemmelse hermed ogsaa bevilgede et beløb af 2000 kr. aarlig hertil. Algologen M. Foslie er senere antaget som Museets anden konservator i den saaledes ny oprettede post. Idet hr. Foslie med offentligt stipendium er paa en videnskabelig rejse i udlandet, vil han imidlertid med bestyrelsens samtykke først ud i april maaned ankomme hertil for personlig at overtage posten.

I henhold til derom indgivet andragende har ligeledes stiftets 3 amtskomuner velvillig indgaaet paa forhøjelse af sine tidligere aarsbidrag til Museet. Nordlands amtskomune forhøjede saaledes allerede i 1884 sit tilskud fra 120 til 200 kroner, og i aar har Tromsø amtskomune forhøjet sit aarsbidrag fra 160 til 300 kroner og Finmarkens amtskomune sit fra 80—120 kr.

Oldsamlingens bestyrer hr. klasselærer O. Nicolaissen har af det af Hs. Maj. Kongen Museet tilstaaede aarsbidrag modtaget et tilskud af kr. 120.00 til bestridelse af rejseudgifter ved et arkæologisk undersøgelsestogt inden den sydlige del af Saltens fogderi. Undersøgelser er herunder foretaget i Bodø landsogn, i Gilleskaal samt i den nordlige del af Melø. Indberetning herom er afgivet til bestyrelsen og af denne oversendt til direktionen for foreningen for norske fortidsmindesmærkers bevaring, for at blive indtaget i foreningens aarsberetning.

Fra direktionen for „Foreningen for norske Fortidsmindesmærkers Bevaring“ har man modtaget en del exemplarer af Ryghs værk „Norske Oldsager“ 2 og 3 hefte, for — ligesom tilfældet tidligere har været med samme værks 1 hefte — at uddeles til saadanne inden Tromsø stift, der særligt havde virket til fordel for Museets arkæologiske afdeling. Til dato ere saadanne blevne uddelte til sogneprest Wisløff i Stegen, Lensmand Strøm i Trondenes, bygmester E.

Hansen, af Gillesvaag i Bodø, Lensmand Roll af Gimsø, samt handelsmand Eitran, Hestmanden i Lurø.

For den lappiske afdelings vedkommende er katalog over samlingen, affattet ved afdelingens bestyrer hr. seminariebestyrer Qvigstad, bleven udgivet paa norsk og engelsk. Katalogen er trykt i et større antal exemplarer og vil være fremlagt til salgs for dem, der besøge museet.

Museet har udgivet sit 8de aarshefte og var dette inden aarets udgang færdigt til uddeling. Heftet indeholder følgende afhandlinger:

— Det nordlige Norge under den glaciale og postglaciale tid (tredie bidrag) ved Karl Pettersen.
— Nogle bemærkninger over Hadena adusta ved J. Sparre Schneider.
— Undersøgelser af dyrelivet i de arktiske fjorde (fortsættes i næste hefte) ved J. Sparre Schneider.

Literær bytteforbindelse er i 1885 bleven indledet med følgende videnskabelige anstalter:

— Die kgl. Sachsische Gesellschaft der Wissenschaften, Leipzig.
— Public Museum of city Milwaukee, Wisconsin.
— Academy of natural science, Davenport Jowa.
— Societé de physique & d'historie naturelle Genéve.
— Vetenskaps Societeten, Upsala.

Overl. Koht er i aar fraflyttet stedet og saaledes udtraadt som medlem af bestyrelsen. Med hensyn til de enkelte afdelingers virksomhed henvises til nedenstaaende oversigter, afgivne af vedkommende bestyrere. Endvidere vedlægges extrakt af Museets regnskab for 1885, afgiven ved anstaltens kasserer hr. konsul Andr. Aagaard.

A. De historisk antikvariske samlinger.

a. Finneafdelingen.

Den lappiske afdeling

er i aarets Løb bleven omordnet, og er kortfattet katalog over samlingen (omfattende 261 nr.) bleven udgivet paa norsk og engelsk. Samlingen er senere bleven forøget med endel klædningsstykker, indkjøbte blandt lapper fra Karesuando og Tysfjorden, og indeholder nu 275 nr.

b. Oldsamlingen.

Til den historisk antikvariske afdeling er i aarets løb indkommet 47 gjenstande, hvoraf 13 nr. tilhører den arktiske stenalder. Blandt disse kan merkes 2 stenknive samt 1 pilespids, fundne paa Lille-Skaanland i Trondenes og skjænkede af hr. lensmand Strøm; endvidere 1 stenøks af usædvanlig størrelse og sjelden form fra Igeland i Ibestad og et par stenøkser med skafthul fra Bodø landsogn. Af kirkelige gjenstande er indsendt fra Kjærringøens gamle kirke: kalk og disk, prædikestol samt en gammel lysekrone af jern. Fra Ledingens herredsstyrelse er indsendt altertavle fra Ledingens annekskirke. Fra herredsstyrelsen i Gilleskaal er indsendt 1 døbefad af messing, en skibsfigur samt et maleri med motiv fra aab. 4, 5; samtlige sidstnævnte gjenstande har tilhørt Gilleskaal gamle kirke. Fra yngre jernalder er foruden flere gjenstande af jern indkommet 1 større ringnaal, 1 ringspænde, 1 knivskaft, 1 nøgle, samtlige af bronce.

Af professor Ryghs verk „Norske oldsager“ har museet uddelt 2det og 3die hefte til d'herrer pastor Wisløff Stegen, lensmand Strøm Trondenes, byggemester E. Hansen Gillesvaag i Bodø, lensmand Roll Gimsø og C. Eitram Hestmanden i Lurø.

For oldsamlingen er i sommeren 1885 foretaget undersøgelser i Bodø landsogn, i Gilleskaal samt i det nordlige af Melø. Resultatet af undersøgelserne er meddelte i den til museets direktion indsendte beretning, som formentlig i lighed med indberetningerne om tidligere aars undersøgelser vil blive trykt i aarsberetningen fra „foreningen til norske fortidsmindesmerkers bevaring“. Det væsentligste maal for undersøgelserne, som i de sidste tre aar har været foretaget for museets regning, har været at skaffe oplysninger tilveie om de faste forulevninger i Tromsø stift samt at indsamle til museet oldsager, som er fundne inden distriktet. Udgravninger har kun været udført i ringe grad, da saadanne baade er kostbare i den travle sommertid, da alle har fuldt op at gjøre med aanarbeidet, og gravhaugerne desuden paa de fleste steder er saa forstyrrede, at udgravninger ikke kan antage at give noget væsentligt udbytte. Samlingen bestaar for tiden af 685 nr.

B. De naturhistoriske samlinger.

a. De zoologiske afdelinger.

Tilvæksten af vertebrater har ikke været betydelig. Det værdifuldeste stykke, som i dette aar er indlemmet i samlingen, er skelettet af en voksen narhval, indkjøbt af en ishavsfanger, desuden er anskaffet kranier af forskjellige arktiske pattedyr. Af større arbeider udførte inden denne afdeling kan nævnes opstillingen af et stort næbhval- og et hvidfisk-skelet, hvoraf det første af mangel paa plads er bleven udstillet i den ethnografiske samlings store sal. Af fugle er kun udstoppet nogle faa eksplr., deriblandt 2 for samlingen nye arter, nemlig et par af den rødstrubede silkelom (*Podiceps rubricollis*) skudt i Malangen og en blaakraake (*Coracias garrula*) fra Bjerkeng i Maalselven; denne sidste er tidligere kun nogle faa gange paatruffet hertillands. Tilvæksten af fiske har kun været ubetydelig.

Samlingen af lavere sødyr er derimod bleven betydelig beriget i aarets løb, dels ved de af konservator paa hans reiser inden amtet gjorte indsamlinger, dels og fornemmelig ved bytte med inden- og udenlandske videnskabsmænd og samlere. Heraf kan især nævnes en større samling crustaceer fra den fremragende engelske zoolog A. M. Norman samt marine mollusker gjennem 2 andre engelske samlere, d'hr. Verkrüzen og R. Bell i London. Handelsmand Th. Holst i Gjæsvær har ogsaa ydet værdifulde bidrag ved gjentagne gange at indsende et stort antal dybvandsmollusker fra dette fiskevær. Forstkand. A. Hagemann i Saltdalen har ogsaa iaar skjænket museet en større samling insekter fra denne trakt.

Samlingen af svampe, som hidtil har ligget magazineret, er i løbet af vaaren bleven monteret og udstillet i et nyt skab; samtidig er ordningen af den arktiske mollusksamling bleven afsluttet.

b. **Den mineralogiske og geologiske afdeling.**

Den mineralogiske afdeling har erhvervet sig en større samling af smukke og tildels meget store bergkrystaller fra Dypdal i Bardo og ligeledes en større svite af bergkrystaller fra Solifjeldet i Salangsdalen.

Af jernværksejer Aalls gjennem offentlige midler til fordeling mellem landets museer indkjøbte mineralsamling har vort museum erholdt en større samling, der indeholder adskillige værdifulde gjenstande. Denne store samling er udpakket men vil først i 1886 blive endeligen ordnet.

Stiftets geologiske samling er bleven suppleret ved bergartstuffer fra de forskjellige afdelinger, der bygge indlandsstrøgene om Bardo og Salangdal ligesom ogsaa fra den nordenfor Tromsø liggende ø Ren-ø.

A. Schrøder af Tromsø har skjænket museet et større antal af forsteninger — Productus og Spirifer m. m. — fra Kulkalken i strøgene om Belsund og Isfjorden paa Spitsbergen.

Fortegnelse
over de til Museets bibliothek i aaret 1885 indkomne skrifter.

Bergen. *Museum.*

Aarsberetning 1884.

Bonn. *Naturhistorischer Verein für Preuss: Rheinland und Westfalen.*

Verhandlungen 42 Jahrg.
Autoren und Sachregister Jahrg. 1—40.

Bremen. *Naturwissenschaftlicher Verein*
Abhandlungen Bd. IX Heft 2.

Bruxelles. *Societé entomologique de Belgique*
Comptes rendu des seances. 1885.

Cordoba. *Academia nacional de ciencias de la Republica Argentina*
Boletin VII VIII 1.
Actas V 2

Dresden. *Die naturwissenschaftliche Gesellschaft „Isis"*
Festschrift zur Feier ihres 50 jähriges Bestehens.

Danzig. *Naturforschende Gesellschaft*
Verhandlungen VI 2.

Davenport. *Jowa Academie of Natural Sciences*
Charles E. Putmann. Elephant Pipes 1885.

Dorpat. *Naturforscher Gesellschaft.*
Sitzungsbericht VII 1

Edinburgh. *Geological Society*
Transactions vol V. 1.

Emden. *Naturforschende Gesellschaft*
69 Jahrg.

Frankfurt a M. *Senckenbergische Gesellschaft.*
Bericht 1884.

Freiburg i B. *Naturforschende Gesellschaft.*
Korrespondenzblatt VIII 3.

Genéve. *Societé de physique & d'histoire naturelle*
Memoires XXVIII 8.

Graz. *Naturwissenschaftlicher Verein für Steiermark.*
Mittheilungen 1884.

Greifswald. *Naturwissenschaftlicher Verein fur Neu-Pommern und Rügen.*
Mittheilungen XVI Jahrg.

Grøningen. *Naturkundig Genootschap.*
Verslag 1884.
Gustrow. *Verein der Freunde der Naturgeschichte in Mecklenburg*
Archiv 38 Jahrg.
Halle. *Naturwissenschaftlicher Verein.*
Zeitschrift LVIII 1 2.
Hamburg. *Naturwissenschaftlicher Verein.*
Abhandlungen V 1—4. V 1 VII 2 3
VIII 1 3.
Helsingfors. *Industristyrelsen.*
Kartbladet Nr. 8 med beskrifning vedr. Finlands geologiska undersökning.
— *Societas pro flora et fauna Fennica*
Meddelanden 11te Hefte
Kiel. *Naturwissenchaftlecher Verein für Schleswig-Halstein*
Schriften VI 1.
Kjøbenhavn. *Det Kgl. Danske Videnskabs Selskab.*
Oversigt 1884 3· 1885 1 2
Skrifter VI Række I Bd. XI 2 Bd. VII
Libri memoriales Capituli Lundensis 1 Hefte 1884.
Kristiania. *Universitet·*
Nyt Magazin for Naturvidenskaberne 29 Bd. 2 3 4
F. C. Schübeler. Norges Vækstrige 1
L. Daae. Johan Laurenberg.
Den norske Gradmaalings Komision
Geodætische Arbeiten IV
Vandstandsobservationer III
Norske Nordhavs Expedition.
Zoologie XII. Pennatulidæ ved Danielssen og Koren
do. XIII. Spongiadæ ved G. Arm. Hansen.
do. XIV. Crustacea I. af G. O. Sars.
Meteorologiske Institut
Jahrbuch für 1883,

Videnskabs-Selskab·t
Forhandlinger 1884.
Selskabet for Norges Vel
Birkeland: Selskabet for Norges Vel 1809—1829
Foreningen for norske Fortidsminder
Aarsberetning 1885.
Kunst og Haandværk fra Norges Fortid 3, 4 Hefte

Kønigsberg. *Physikalische økonomische Gesellschaft*
Schriften 25 Jahrg. 1 2.

Lausanne. *Societé Vaudoise des S iences naturelles*
Bulletin vol XXI.

Leiden. *Dierkundige Vereeniging*
Tijdschrift VI Deel 2—4

Leipzig. *Naturforschende Gesellschaft*
Sitzungsbericht 11 Jahrg.
Kgl. Sachsische Gesellschaft der Wissenschaften
Berichte math. phys. Classe 1879 1880 1 2.
1881, 82, 83, 84, 85 1 2.

Liege (Lüttich). *Societé geologique de Belgique*
Annales X, XI
Catalogue des ouvrages de geol.
miner & palæont par Dewalque

Lund. *Universitet.*
Acta XX
Universitets Bibliotekets Accessions Katalog for 1884.

Milvankée, Wisconsin. *Public Museum*
Annual Report 1884.

Moscou. *Societé imperiale des Naturalistes*
Bulletin année 1884, 1885 1.

Neuchatel. *Societé des Sciences naturelles*
Bulletin XV. 1885.

Osnabrück. *Naturwissenschaftlicher Verein*
Jahresbericht VI.

Paris. *Le Naturaliste.* 1885.

Pisa. *Societa Toscana di Science naturali*

Atti vol IV.

Riga. *Naturforscher Verein*

Korrespondenzblatt XXVIII

St. Gallen. *Naturwissenschaftliche Gesellchaft*

Bericht 1882—83.

Stockholm. *Vetenskapsakademien.*

Handlingar Bd. 19. 20.

Bihang 9 Bd. 1, 2 —

Öfversigt 41 Årgang 6, 7, 8, 9, 10,

42 „ 1, 2, 3, 4. Register 1826—1883.

Meteorologiska iaktagelser i Sverige 1880.

Skogmann: Gustav af Klint.

Byrån för Sveriges geologiska undersökning.

Serie nr. 67. Fred. Eichstädt. Mikroskopisk undersökning af olivinstenar og serpentinar fra Norrland.

68. G. de Geer: Om den skandinaviska landisens andra utbredning. 1881.

69. Bernhard Lundgreen: Bemärkningar om Spondylusarterne i Sveriges kritsystem. 1885.

70. A. G. Högbom. Glaciala og petrografiska iaktagelser i Jämtelandslän 1885.

71. A. G, Nathorst. Några ord om slipsandstenarne i Dalarne 1885.

72. Praktisk geologiska undersökningar inom norra delen af Elfsborgs län og Dalsland. 1885.

73. J. Moberg. Cephalopoderne i Sveriges kritsystem. II Artsbeskrifning. 1885.

74. Fr. Eichstädt. Om kvartsit diabas konglomeratet i Småland och Skåne. 1885.

75. Fr. Svenonius. Några profiler inom mellarste Skandinaviens skifferområde. 1885.

76. E. Svedmark. Proterobas i södra og mellarste Sverige. 1885.

77. E. *Svedmark*. Om granitens og gneisens forhållande i trakten mellan Stockholm och Norrtälje 1885.

Stockholm. *Udenrigsk Departementet.*

Appareil automateur, (mecanique) nouvellement inventé par Golviebeef i Pskoff 1885.

Trondhjem. *Videnskabers Selskab.*

Skrifter 1884.

Upsala. *Vetenskaps Societeten.*

Nova Acta Serie III vol XII fasc. 2.

Washington. *Smithsonian Institution.*

Report 1883.

Wien. *Zoologisck-botanische Gesellschaft.*

Verhandlungen XXXIV.

Ornithologischer Verein.

Mittheilungen 1885. N. 1.

Blätter für Vogelkunde 9 Jahrg. 2—19.

Section für Geflügelsucht mit Brieftaubewesen 2 Jahrg 4—13, 15—26.

Wiesbaden. *Nassauischer Verein für Naturkunde.*

Jahrbücher 37 Jahrgang. 1884.

H. M. Kongen. Norske Oldsager H. 2, 3 ved O. Rygh. Den gamle Stavekirke og Hovestuen paa Bygdø Kongsgaard. 1885.

Illustrationer til Kong Karl Johans Historie.

Amtmanden i Finmarkens Amt.

Finmarkens Amtsformandskabs Forhandlinger 1884.

M. Foslie, Tromsø. Über die Laminarien Norwegens.

Norsk Lovtidende 1885. Afdeling 1, 2.

O. Hansen, Kirkesanger. Om drifved ved Norges kyster af Carl Lindeman.

Dr. H. Rink forhenværende Inspektør i Sydgrønland — Grønland geografisk og statistisk beskrevet Kjøbenhavn 1857.

— Om Grønlænderne. Kjøbenh. 1882.

— Eskimoiske Eventyr og Sagn. Kjøbenhavn 1861.

— do. do. — „ 1871.

— Om grønlandske Skikke og Vedtægter.

Mark Stirrup, Sekretær ved det geologiske Selskab Manchester.

Transaction af the Manchester geological Society 1885.

Karl Pettersen, Tromsø.

Bidrag til de norske kyststrøgs geologi IV. Kra. 1885.

Alb. Cammermeyer, Boghandler, Kristiania.

P. Rygh, Norske Oldsager 2 og 3 Hefte.

Fr. Wallem, Fiskeri Konsulent, Bergen.

77 forskjellige skrifter og afhandlinger vedrørende de forskjellige landes fiskeriforholde, — indsamlede fra fiskeriudstillingerne i London, Berlin og Paris.

J. S. Schneider, Tromsø.

— Mindre entomologiske meddelelser fra det arktiske Norge.

— Fortsatte bidrag til kundskaben om Sydvarangers lepidopterfauna.

— Ein Beitrag zur Kentniss der Amphipoden des arctischen Norwegens.

— Nordfugl-ø en zoologisk skisse.

H. M. Schøyen — Kristiania.

— Tillæg og Berigtigelser til Norges Lepidopterfauna.

— Bemærkninger over Lycæna Argus-Ægon gruppen.

Indkjøbt ere følgende skrifter.

Tryon. Structural and systematik conchology.

Weinkauff. Die Conchylien des Mittelmeeres 1. 2.

Stimpson. Synopsis af the Invertebrata af Grand Manan.

Lovéen. Index Molluscorum.

Forhandlinger ved de skandinaviske naturforskeres møder i 1840. 1844. 1847. 1851. 1856. 1860. 1868.

Extrakt

af Tromsø Museums Regnskab for 1885.

Indtægt:

1.	Restancer for Privates Bidrag for 1884 . . .		Kr.	6.00
2.	Bidrag for 1885			
	a. af Tromsø Amtskommune . . Kr.	160.00		
	b. „ Nordlands do. . . .	200.00		
	c. „ Finmarkens do. . . .	80.00		
	d. „ Tromsø Brændevinssamlag .	1000.00		
	e. „ Hans Majestæt Kongen . .	200.00		
	f. „ Private	273.00		
			„	1913.00
3.	Bidrag for Budgetterminen fra 1 Juli 1885 til 30 Juni 1886 af Staten		„	5600.00
4.	Entrée af Reisende		„	124.50
5.	Indvundne Renter i Sparebanken		„	0,55
			Kr.	7644.05

Udgift:

1.	Kassererens Forskud d. 1 Januar 85 Kr.	90.15	
	÷ indestaaende i Sparebanken . .	13.67	
			76,48
2.	Den historisk-antiqv. Afdeling:		
	a. Samlinger . . . . Kr.	46.75	
	b. Inventar . . . . „	8.40	
	c. Diverse . . . . „	48.53	
			103.68
3.	Den naturhistoriske Afdeling:		
	a. Samlinger . . . . Kr.	412.03	
	b. Inventar . . . . „	151.40	
	c. Diverse . . . . „	139.79	
			703.22
4.	Reiseudgifter vedk. foranst. Afd.		120.00

5. **Bibliotheket:**

a. Samlinger	Kr. 89.64		
b. Inventar	5.60		
c. Diverse	0.00		
			95.24

6. **Fællesudgifter:**

a. Lønninger			
Konservator Schneider	1750.00		
» Foslie	1000.00		
O. Nicolaissen . . .	40.00		
Præparanten . . .	300.00		
Vogtere	113.20		
		3203.20	
b. Aarshefter & Beretninger . .		379.50	
c. Husleie		1500.00	
d. Diverse		397.11	
			5479.81

7. Restanser paa Privates Bidrag for 1885			19.00
8. Beholdning den 31te Decbr. 1885:			
a. hos Kassereren	Kr.	1032.40	
b. i Sparebanken		14.22	
			1046.62
		Kr.	7644.05

Tromsø den 5te Februar 1886.

Chr. Kjerschow. Karl Pettersen.

Fr. Bentzon. J. Killengreen.

J. Qvigstad.

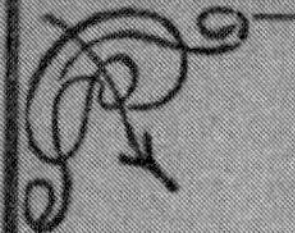

Tromsø Museums

Aarsberetning

for

1886.

TROMSØ.

Trykt i Tromsøpostens Bogtrykkeri ved M. Astad.

1887.

Tromsø Museums

Aarsberetning

for

1886.

TROMSØ.

Trykt i Tromsøpostens Bogtrykkeri ved M. Astad.

1887.

Museets samlinger har i aar i 38 søn- og helligdage — i tidsrummet fra 7 marts til 7 november — været holdt aabne for almenheden i eftermiddagstimerne 3—5. De besøgendes antal har derunder udgjort 10140, — altsaa med et gjennemsnitlig middeltal af 267 for den enkelte aabningsdag. Det højeste antal paa én aabningsdag har været 797, det mindste 106. Antallet af besøgende udenfor de regelmæssige aabningstimer antages at naa op til omkring 1000. Det samlede antal besøgende i aarets løb har i henhold hertil udgjort omkring 11000.

Museets i forrige aar ansatte anden konservator herr M. Foslie overtog først omkring midten af april sidstl. denne sin post, idet han under den foregaaende vinter og høst med offentligt stipendium havde opholdt sig i udlandet paa en studierejse. Under museets stadig voksende virksomhed er ved oprettelsen af denne post, hvortil statsstyrelsen saa liberalt har bevilget de nødvendige midler, et inden bestyrelsen længe følt savn bleven afhjulpet, og vil det nu være dennes opgave paa bedste maade at drage omsorg for, at arbejdskræfterne saavidt muligt kunne blive udnyttede til anstaltens tarv og til videnskabens fremme.

Der er imidlertid i saa henseende et krav, der dag for dag stiller sig alt stærkere frem, og dette er kravet paa at anstalten kan skaffe sig et eget hensigtsmæssigt lokale. Det nuværende lejelokale er under samlingernes stadige tilvækst bleven saa overfyldt, at en omordning i saa henseende kan være at betegne som en ligefrem nødvendighed, forsaavidt anstalten ogsaa fremtidig saavel i den ene som i den anden retning skal kunne tilfredsstille berettigede krav. Det nuværende lejelokale er en træbygning, som ligger midt i den tætteste bydel, og alene hensynet hertil synes med styrke at skulle pege hen paa det ønskelige i, at museets allerede nu forholdsvis saa betydelige og tillige saa værdifulde samlinger snarest kunne blive flyttede til et mere ildsikkert sted. Da et andet hensigtsmæssigere lejelokale her paa stedet ikke vil være at opdrive, har bestyrelsen maattet fæste sig ved spørgsmaalet om at tilveiebringe de nødvendige midler til opførelse af en hensigtsmæssig murbygning, henlagt paa et mere ildsikkert sted. Tegning med overslag til saadan er afgivet af herr stadsingeniør Jordan hersteds, og er forestilling herom gjennem stiftsdirektionen indsendt til kirkedepartementet med andragende om, at der kan blive forelagt førstkommende storthing kgl. proposition om et bidrag hertil af offentlige midler. Den anden halvdel af den til sagens gjennemførelse nødvendige kapital maa blive at dække ad anden vej, dels gjennem et laan, som anstalten tænker at kunne optage uden derved at skulle betynge sit aarsbudget udover det nuværende, og dels gjennem private bidrag fra by og landdistrikter. Bestyrelsen antager, at museet allerede nu er og i fremtiden i alt større og større maalestok vil blive et saa betydningsfuldt led i det nordlige Norges udvikling, at man tror at kunne nære det haab, at man i tilfælde her ikke forgjæves skal henvende sig til befolkningens offervillighed.

Konservator Schneider har i aarets løb ikke havt anledning til at foretage længere undersøgelsestogter i zoologisk henseende, men har derimod fortsat sine undersøgelser inden Tromsø nærmeste omegn. Fra begyndelsen af august maaned har han været fraværende paa en rejse sydover og opholder sig tor tiden for sine studiers skyld i Amsterdam. Hertil vil han antagelig vende tilbage lidt ud i det nye aar.

Konservator Foslie har siden sin ankomst hertil været

stærkt optaget af omordning af enkelte af de samlingsafdelinger, der er lagt ind under hans særlige tilsyn. Han har endvidere foretaget forskjellige kortere og længere exkursioner inden Tromsø amt for her nærmere at undersøge algefloraen.

Den geologiske afdelings bestyrer har under et par længere exkursjoner — forøvrigt uden udgift for museet — nærmere undersøgt fjeldbygningsforholdene dels efter de mægtige høifjeldspartier, der fra Maalselv og Bardo breder sig østover mod rigsgrændsen, og dels efter den brede halvø, der skjærer sig frem mellem Ofoten og Astafjord vestover mod Tjelsundet.

Oldsamlingens bestyrer herr klasselærer O. Nicolaissen har med bidrag af H. M. Kongens annuum foretaget en antikvarisk undersøgelsesrejse i det nordlige af Hammerø samt i Tysfjorden, Ofoten og Lødingens prestegjælde i Saltens fogderi. Indberetning om undersøgelserne her er gjennem bestyrelsen indsendt til foreningen for norske fortidsmindesmærkers bevaring, og vil den antagelig blive aftrykt i sammes aarsberetning for 1886.

Musseet har udgivet sit 9de aarshefte, og var dette ved november maaneds udgang færdigt til uddeling. Heftet indeholder følgende afhandlinger:

Undersøgelser af dyrelivet i de arktiske fjorde. III. Tromsøsundets molluskfauna (fortsat fra aarshefte VIII), af J. Sparre Sehneider.

Polarcirkelen som nordgrændsen for en del vertebraters udbredelse i Norge, af Axel Hagemann.

Nogle bemærkninger om en ny art af slægten Phyllodecta fra det arktiske Norge, af J. Sparre Schneider.

Kvartærtidens udviklingshistorie efter det nordlige Norge, af Karl Pettersen.

Kritisk fortegnelse over Norges havsalger efter ældre botaniske arbejder indtil aar 1850, af M. Foslie.

De tidligere literære bytteforbindelser er i aarets løb bleven forøget med følgende:

Entomologiska Föreningen, Stockholm.

Naturwissenschaftlicher Verein des Regierungs Bezirks Frankfurt a. O.

California Academy of Sciences, San Francisco.

Societé Royale Malacologique de Belgique, Bruxelles

Med hensyn til de enkelte afdelingers virksomhed henvises til nedenstaaende oversigter, afgivne af vedkommende bestyrere. Endvidere vedføjes extrakt af museets regnskab for 1886, afgivet ved anstaltens kasserer herr konsul A. Aagaard.

A. De historisk antikvariske samlinger.

a. Den lappiske afdeling

har i aarets løb ikke modtaget nogen nævneværdig tilvækst.

b. Oldsamlingen.

Den historisk-antikvariske afdeling er i indeværende aar forøget med 93 nr., hvoraf 18 tilhører den arktiske stenalder; blandt stensagerne kan merkes: 3 spydspidser, hvoraf den ene er af flint og saaledes maa henføres til de her nord yderst sjelden forekommende oldsager. Stenaldersfundene i Nordland og Finmarken hører, som bekjendt, i de fleste tilfælde til den saakaldte arktiske stenalder med vaaben og redskaber af skifer. Nævnte spydspids er funden paa Engeløen i Stegen. Desuden er der af gjenstande fra stenalderen indkommet 3 pilespidser, 6 knive, 1 øks, 1 skraber og 3 meisler. Det nordligste af stenaldersfundene, som iaar er indkommet til museet, er fra Løgsletten i Loppens prestegjæld. Til yngre jernalder hører 2 eneggede og 1 tveegget sverd fra Nordlands amt, 2 spyd, 2 økser, 1 broncearmbaand, 3 dobbelte skaalformede spænder, hvoraf den ene er indsendt fra lensmand Strøm i Trondenes, 2 enkelte skaalformede spænder, den ene uden ornamenter, 1 stor samling af glasog mosaikperler, 3 bensverd, hvoraf de 2 er indsendt fra Lofoten tilligemed en del perler. Til samme tidsrum hører et særdeles smukt og interessant fund fra Lyngen, nemlig 2 halsringe samt 1 mindre ring, 1 hængesmykke og 1 spænde, samtlige gjenstande af sølv. Sagerne fandtes i jorden og kjøbtes hos finderen af et selskab, som med anerkjendelsesværdig liberalitet skjænkede det til museet. Til broncealderen hører 1 celt af bronce fra Nedre-Størdalen. Fra hr. lensmand E. Roll Gimsø har museet modtaget en større samling oldsager som gave. Disse gjenstande, som hr. Roll under sit fleraarige ophold i Vesteraalen har indsamlet, er inddelt i 38 nummere, hvoraf kan merkes: En større samling af glas- og mosaikperler, fundne dels paa Hadsel prestegaard, dels paa Ongstad i Hadsel, 2 spyd, 1 stort sverd med knap, 2 dobbelte og 1 enkelt skaalformet broncespænde, 2 økser, 1 bensverd (vævske), 1 broncearmbaand; 2 pilespidser, 1 skraber og 1 kniv fra den arktiske stenalder; flere pilespidser af jern m. m. Sagerne tilhører med undtagelse af 4 nummere den yngre jernalder og er med anerkjendelsesværdig liberalitet skjænkede til museet. Til kristelig tid hører 1 klokke, som har tilhørt Kjelviks gamle (i 1882 nedblæste) kirke; ifølge sagnet blev den engang røvet af russerne og nedsænket paa Kjelviks havn, hvor den senere fiskedes op med en dræg. Den har aarstallet 1521 og en bispefigur med krumstav og mitra. Endvidere en stor altertavle fra Hemnes Kirke paa Helgeland fra midten af det 17de aarhundrede; et sagn om, at altertavlen skal være røvet fra Sverige, savner vistnok al grund. Fra Dalstad kirke i Vefsen er indkommet 4 kirkebilleder, som har tilhørt en gammel altertavle og er antagelig fra slutningen af det 17de aarhundrede. Et fra Vardø indkommet jordfund, hvoraf kan merkes flere fiskestene, en skaal af granit, en større samling angler m. m., tilhører formentlig middelalderen eller senere tider.

Af professor Ryghs verk „Norske oldsager“ er et eksemplar tilstillet her handelsmand Chr. Figenschou Helgø, som baade iaar og tidligere har foræret museet oldsager.

For oldsamlingen er i sommer foretaget arkæologiske undersøgelser i det nordlige af Hammerø, Tysfjorden, Ofoten og Lødingen med annekssognet Hol. Indberetning om disse undersøgelser er indsendt til „foreningen for norske fortidsmindesmerkers bevaring“ for at indtages i foreningens aarsberetning. Separataftryk af forrige aars indberetninger er uddelte til saadanne mænd i de undersøgte distrikter, som antages at interessere sig for oldsamlingen.

B. De naturhistoriske samlinger.

a. De zoologiske afdelinger

har erholdt følgende tilvækst:

Af pattedyr er indkjøbt et blaahvalskelet (*Balænoptera sibbaldii)*, der dog ikke vil kunne udstilles i det nuværende lokale. Desuden er indkommet nogle kranier af andre pattedyr samt foster af finhval *(Balænoptera musculus)* og hvidfisk (*Delphinapterus)*.

Af fugle er udstoppet 28 stkr., hvoraf nogle arter nye og andre i dragter nye for samlingen. Endvidere er den del af jernværkseier Aalls samling, som museet har erholdt, bleven opstillet og endelig ordnet, ligesom ægsamlingen er ordnet og udstillet sammen med de tilsvarende arter fugle.

Af fiske har tilvæksten været mindre. Her skal dog særlig nævnes et af hr. lensmand Fredriksen i Havøsund indsendt eksemplar af sildekongen *(Regalecus)*, der endog maa ansees som et af samlingens mest værdifulde numere. Desuden er udstoppet en sølvkveite *(Trachypterus)* og en laksestørje *(Lampris)*, og et andet eksemplar af sidstnævnte art er under præparering som skelet. Et fra Vardø indsendt ekspl. af *Lycodes esmarki* er opbevaret paa sprit foruden nogle andre, almindeligere arter.

Af evertebrater har samlingen ogsaa iaar modtaget en betydelig tilvækst fornemmelig af mollusker og crustaceer dels gjennem de paa undersøgelsestogterne gjorte indsamlinger og dels gjennem bytte med udenlandske videnskabsmænd.

b. **Den botaniske afdeling**

er i aarets løb gjennemgaaet og ordnet, ligesom adskillige nr. er indkomne dels ved gaver og dels indsamlet paa ekskursjoner. Af mangel paa plads er imidlertid kun faa nr. bleven udstillet.

c. **Den mineralogiske og geologiske afdeling.**

Stiftets geologiske afdeling er bleven forøget med en større samling af haandstuffer af de forskjellige bergarter, der bygge højfjeldspartierne i strøgene om Maalselv og Bardo. Af den for et par aar siden ny opdagede bergart sagvandit er prøvestuffer indkommet hertil fra en ny lokalitet nemlig Gratangen i Ibestad, hvor den findes i nær tilknytning til en her fremstikkende serpentin.

Gjennem enkelte ishavsfarere er der tilført polarstrøgenes geologiske afdeling forskjellige fossiler fra Spitsbergens forsteningsførende lag.

Fortegnelse

over de til museets bibliothek i aaret 1886 indkomne skrifter.

Augsburg. *Naturhistorischer Verein.*
28 Bericht. 1885.

Bergen. *Museum.*
Aarsberetning 1885.
Bidrag til Myzostomernes anatomi og histologi ved Frithjof Nansen.

Bonn. *Naturhistorischer Verein.*
Verhandlungen 43 Jahrg. 1.

Braunschweig. *Herz. naturh. Museum.*
Wilh. Blasius: Beiträge zur Kenntniss der Vogelfauna von Celebes. I. Vögel von Süd-Celebes. 1885.
„ Über Grabowskys ornith. Forschungen in S. O. Borneo.
„ Über einige Vögel von Cochabamba im Bolivia.
„ Über Vögel Brustbeine.
„ Über einen vermeintlich neuen Trompeten-Vogel von Bolivia.
„ Osteologische Studien.

Boston. *Society af Natural History.*
Proceedings XXII. 4. XXIII. 1.

Bremen. *Naturhistorischer Verein.*
Abhandlungen X. 3.

Bruxelles. *Societé geologique de Belgique.*
Annales XII. 1884-85
— *Societé entomologique de Belgique.*
Compte rendu 1886, pag. I — CXI.
— *Societé Royale malacologique de Belgique.*
Annales Tome XX.
Proces Verbaux des Seances XV, pag. I—XCVI.
Statuts 1886.

Cordoba. *Academia nacional de Ciencias.*
Boletin VIII. 2. 3.

Danzig. *Naturforschende Gesellschaft.*
Schriften VI. 3.

Dorpat. *Naturforschende Gesellschaft.*
Sitzungsbericht VII. 2.

Dresden. *Naturwiss. Gesellschaft „Isis".*
Sitzungsbericht und Abhandlungen 1885. 1886.

Emden. *Naturforschende Gesellschaft.*
70 Jahresbericht.

Frankfurt a. M. *Senckenbergische naturforschende Gesellschaft.*
Bericht 1885. 1886.
W. Kobbel: Reiseerinnerungen von Algier und Tunis.

Frankfurt a. O. *Naturwiss. Verein des Reg. Bez Fr. a O.*
Monatliche Mittheilungen 1—7.

Giessen. *Oberhessische Gesellschaft für Natur- und Heilkunde.*
Bericht 24.

Graz. *Naturwisssenschaftlicher Verein für Steiermark.*
Mittheilungen 1885.

Greifswald. *Naturwirsenschaftlicher Verein für Pommern und Rügen.*
Mittheilungen Jahrg XVII.

Groningen. *Naturkundig Genootschap.*
Verslag 1885.

Halle a. S. *Naturwissenschaftlicher Verein für Sachsen und Thüringen.*
Zeitschrift LVIII. 4. 5. LIX. 1.

— *Kais. Leopold. Carol. Deutsche Akademie der Naturforscher.*
Leopoldina 20. 21.
Wunderlich: Kehlkopf der Vögel. 1885.
Triebel: Oelbehälter in Wurzeln von Compositen. 1885
Geinitz: Plagioklasgesteine. 1882.

Hamburg. *Wissenschaftliche Anstalten.*
Jahrbuch. 2. 3.

Helsingfors. *Societas pro flora et fauna fennica.*
A. O. Kehlman: Beobachtungen über die periodischen Erscheinungen des Planzenlebens in Finland. 1886.

Meddelanden 12. 13.
Acta. 2 Bd.

Kassel. *Verein für Naturkunde.*
Festschrift z. Feier seines 50 jähriges Bestehens.
Bericht XXII. XXIII.

Kiel. *Naturwissenschaftlicher Verein für Schleswig-Holstein.*
Schriften. VI. 2.

Kjøbenhavn. *Det Kgl. Danske Videnskabs Selskab.*
Skrifter VI Række. Naturh. og math. afdéling.
2 Bd. VIII. IX. X.
3 „ III.
4 „ I.
Oversigt 1885. 3. 1886. 1.

Kristiania. *Kirke-Departementet.*
Lappisk-latinsk Lexicon ved J. A. Friis. Hefte 1. 2. 3.
Nyt Magasin for Naturvidenskaberne 30 Bd. 1. 3. 4.
Foreringen for norske Mindesmærkers Bevaring.
Beretning 1886.
Norske Nordhavs-Expedition.
XV. Crustacea II. ved G. O. Sars.
XVI. Mollusca II. ved Friele.

— *Videnskabs-Selskabet.*
C. P. Caspary. Eine Augustin fälschlich beilegte Homilia der sacrilegiis.

Kønigsberg. *Physikalisch-oekonomische Gesellschaft.*
Schriften Jahrg. 26.

Lausanne. *Societé Vaudoise des Sciences naturelles.*
Bulletin XXII.

Leiden. *Dierkundige Vereeniging.*
Tijdschrift 2 Serie Deel I. 1. 2.

Leipzig. *Kgl. Sachsische Gesellschaft der Wissenschaften.*
Berichte — math phys. Classe 1885. 3. 1886. 1. 2. 3. 4.

— *Naturforschende Gesellschaft.*
Sitzungsbericht XII. 1885.

Lund. *Universitet.*
Acta XXI. 1—3.
Milwaukee-Wisconsin. *Public Museum.*
Annual Report 1885.
Moscou. *Societé imperiale des Naturalistes.*
Bulletin 1885. 2. 3. 4. 1886. 1.
Nürnberg. *Naturhistorische Gesellschaft.*
Jahresbericht 1885.
Paris. *Le Naturaliste* 1886.
Pisa. *Societa Toscana di Scienze naturali.*
Atti vol V.
Prag. *Kgl. Böhmische Gesellschaft der Wissenschaften.*
Abhandlungen **der** math. naturw. Classe 1883—84. VI Folge 1. 2.
Sitzungsberichte 1882. 1883. 1884.
J. Kalousek: Geschichte d. Kgl. B. Gesellschaft. Heft 1. 2.
Bericht über die math. und naturw. Publikationen der kgl. Böh. Gesellsch. der Wissenschaften. Hefte 1. 2. von Studnica.
Jahresbericht 1882. 1883. 1884.
Verzeichniss der Mitglieder der Gesellschaft 1784—1884.
General-Register zu den Schriften der Gesellsch. 1784—1884.
Riga. *Naturforscher Verein*
Korrespondenzblatt XXIX.
San Francisco. *California Academy of Sciences.*
Bulletin IV.
Stockholm. *Vetenskaps-Akademien.*
Øfversigt 1885. n: 6. 7. 8. 9. 10. 1886. 1. 2. 3. 4. 5. 6. 7. 8. Bihang X. 1. 2.
Entomologiska Förcningen
Entomologisk Tidsskrift. I—VI.
Trondhjem. *Det Kgl. Norske Videnskabers Selskab.*

Skrifter 1885.

Upsala. *Kgl. Vetenskaps Societeten.*
Nova Acta XII. 1.

Washington. *Smithsonian Institution.*
Report 1884.

Wien. *Ornithologischer Verein.*
Blätter für Vogelkunde. Jahrg. 9, H. 20—32
„ 10, H. 1.

Zoologisch botanische Gesellschaft.
Verhandlungen XXXV. XXXVI. 1. 2.

K. K. *Naturhistorisches Hofmuseum.*
Annalen Bd. I. H. 1—4.

K. *Akademie der Wissenschaften.*
Jan Mayn Expedition. I. II. III. IV.

Wiesbaden. *Nassauischer Verein für Naturkunde.*
Jahrbucher Jahrg. 38. 39

H. M. Kongen,
gjennem Overintendant Kammerherre Holst. Fjerde Beretning om Bygdø Kongsgaard.

Amtmanden i Finmarkens Amt.
Amtsformandskabets Forhandlinger 1885.

Kammerherre Holst Kristiania:
Fortegnelse over videnskabelige Instituter i Ind- og Udlandet.

Den svensk-norske Legation i Kjøbenhavn
gjennem Expeditionschefen for Skolevæsenet Kristiania.
Kancelliets Brevbøger vedrørende Danmarks indre Forhold 1551—55, udgivet ved C. F. Bræcka.

J. Sparre Schneider, Konservator Tromsø.
Undersøgelser af Dyrelivet i de arktiske Fjorde.
Conchyologie de l'ile de la Reunion par Deshayes: Paris 1813.

Mark Stirrup Manchester.

Transactions of the Manchester geological Society vol XXVII. 12. 13.

W. Storm, Konservator Trondhjem.

Notitser til Trondhjems Flora.

Lovtidende 1886.

Foslie, Konservator Tromsø.

Kritisk fortegnelse over Norges havsalger efter ældre botaniske Arbeider til Aar 1850. Tromsø 1886.

Karl Pettersen, Tromsø.

Vestfjorden og Salten Kr.ania 1886.

Kvartærtidens Udviklingshistorie efter det nordlige Norge. Tromsø 1886.

Notitser vedrørende den nord-norske fjeldbygning. Stockholm 1886.

Extrakt

af Tromsø museums regnskab for 1886.

Indtægt:

1.	Beholdning efter forrige aars ext. . . . Kr.		1046.62
2.	Bidrag for 1886		
	H. M. Kongen . . . . Kr.	200.00	
	Tromsø amtskommune . . .	300.00	
	Nordlands do. . . .	100.00	
	Finmarkens do. . . .	120.00	
	Samlaget	1000.00	
	Private bidragydende	199.00	
			1919.00
3.	Statens bidrag for budgetterminen $^{1}/_{7}$ 1886 $^{30}/_{6}$ 87		5600.00
4.	Entré af reisende		141.34
5.	Gave som bidrag til indkjøb af et blaahvalskelet		50.00
6.	Solgte Aarshefter		8.00
7.	Restancer fra 1885		17.00
8.	Indvundne renter		27.23
		Kr.	8809.19

Udgift:

1. *Den historisk-antikvariske afdeling*:
   Samlinger . . . . . . Kr. 20.20
   Forskjelligt 8.60
   ———— 28.80
2. *De naturhistoriske afdelinger*:
   Samlinger 576.20
   Inventar 53.70
   Forskjelligt 166.30
   ———— 796.20
3. *Reiseudgifter* i videnskabelige øjemed 200.20
4. *Bibliotheket* 226.10
5. *Fællesudgifter*:
   a. Lønninger.
      Konservatorerne. . 3790.00
      Præparanten . . . 300.00
      Tilsyn under aabningstiderne 102.80
      ———— 4192.80
   b. Aarshefter og Aarsberetning 529.02
   c. Husleje 1500 00
   d. Brandassurance . . 150.00
   e. Vask af lokalerne 75.00
   f. Forskjelligt . . . 296.89
   ———— 6743.71
6. Beholdning
   Restancer 30.00
   H. M. Kongens bidrag 1886 . . . . 200.00
   Tromsø amtskommune 300.00
   Finmarkens do. 120.00
   Nordlands do. 100.00
   Kasse 64.18
   ———— 814.18

———— 8809.19

Tromsø den 28de Februar 1887.

Chr. Kjerschow. Karl Pettersen.

Fr. Bentzon. J. Killengreen.

J. Qvigstad.

Havsalgernes praktiske anvendelse.

Af

M. Foslie.

I ældre tider betragtedes algerne som ganske værdiløse. Naar saaledes romerne vilde betegne noget aldeles ubetydeligt, plejede de at sige, at det var unyttigere, end de paa stranden opkastede alger — *projecta vilior alga* — men at de ikke fortjener en saadan ringeagt, staar vel nu klart for de fleste. — Faa lande frembyder en saa rig og vekslende havflora som Norge med sin vidtstrakte kyst. Enhver kjender „tang" og „tare" og ved, hvilke store masser opkastes paa stranden især under vinterstormene. Det kan vel uden overdrivelse siges, at dette er kapitaler, der lægges for vore fødder uden at blive paaagtet, ialfald ikke i den udstrækning, som de burde. Jeg skal derfor i det følgende give en kort oversigt over havsalgernes anvendelse navnlig i andre lande. En orienterende oversigt over algerne i sin almindelighed turde imidlertid være af interesse for enkelte.

Algerne tilhører den række i planteriget, som benævnes kryptogamerne[1]) eller de „blomsterløse", fordi deres forplantningsorganer længe var ukjendte, og forekommer hovedsagelig i vand, men tildels ogsaa paa fugtig jord, sne og is,

---

[1]. Af to græske ord, som betyder „skjult bryllup."

ja endog paa dyr, som opholder sig i vand eller paa fugtige steder. Hos os finder man saaledes ofte krabber og andre sjødyr beklædt med alger, og da disse dyr udelukkende opholder sig i algebeltet, tjener denne beklædning maaske som beskyttelsesmiddel mod efterstræbelse af andre og større, idet de ved beklædningen faar et med omgivelserne ensartet udseende. Man har endvidere fundet alger paa de tropiske landes slanger, ligesom ogsaa i legemet hos levende dyr, der har en gjennemsigtig overhud. Saaledes udbredte under de forskjelligste forhold er, som let tænkelig, arterne meget talrige og viser en langt større variation i form, størrelse og farve, end nogen anden plantegruppe med en saa gjennemgaaende enkel struktur. Nogle arter er saa smaa, at de kun, naar de optræder i store masser, er synlige for det blotte øje, og for at udrede deres form og struktur fordres den sterkeste forstørrelse. Andre, og især saadanne, som findes i de varmere have, opnaar undertiden en størrelse (dog ikke i diameter), som overgaar de høieste træers. Til de mitroskopiske alger hører bl. a. diatomaceerne eller kiselalgerne, mest bekjendte med hensyn til den rolle de spiller ved at bidrage til dannelsen af tildels mægtige jordlag. Byen Berlin ligger saaledes delvis paa afleiringer af kiselalger, der har en mægtighed af indtil 100 fod.

Fastlandet udvikler som bekjendt den betydeligste planterigdom paa de lavere steder, veksternes størrelse og mangfoldighed aftager efterhaanden mod høiden, indtil al vegetation tilsidst uddør; men i havet finder vi et ganske andet forhold. Der fattes nemlig planter i alle større dybder, og kun ca. 50 favne under overfladen begynder nogle af de kalkagtige koralliner (*Lithothamnion)*, ligesom lavarter og mosser, at overtrække havbunden. Efterhaanden slutter andre sig til dem, indtil det rige plantebelte, som havet udfolder ved sine grænser, endelig begynder omtrent 30 favne under vandfladen.

Hos landplanterne er rødderne et af de vigtigste organer for individernes eksistense, idet de ved hjælp af disse drager næringsstoffe ud af jorden, men algerne indsuger derimod de til sit livsophold nødvendige stoffe gjennem sin hele overflade, og rødderne tjener kun som hefteorgan. For landplanterne er endvidere jordbundens sammensætning af vigtighed, hvorimod det, saavidt endnu bekjendt, er af mindre betydning for sjøplanterne, om grunden bestaar af granit, kalk eller skifer, naar den blot frembyder et tilstrækkelig fast holdepunkt. En stor del arter mangler ganske hefteorgan (rod) og svømmer frit omkring i vandet sit hele liv; andre er den første del af sit liv vedheftet, men løsner sig senere og fortsætter sin livsvirksomhed løst omkringdrivende.

Algerne kunne deles i tre store grupper: rødalger, brunalger og grønalger, men denne gruppering følges dog ikke altid i systematiken. Rødalgerne forekommer saagodtsom udelukkende i saltvand og er af en sædvanlig livlig rød (blodrød, purpurrød eller brunrød) farve. De er i det hele taget af ringere størrelse end den følgende gruppe, men indbefatter de smukkeste og sirligste former. Til brunalgerne hører, som navnet betegner, den olivenfarvede smeltang, *Fucus vesiculosus* L., boletang (af bola, en luftblære; grisetang, knoptang, svinetang), *Ozothallia nodosa* (L.) og sagtang (hummertang), *Fucus serratus* L., samt tare (et fællesnavn for de store *Laminarier*) og flere andre saavel større som mindre arter. Herhen hører ogsaa sargassotangen, som indbefatter ca. 150 arter, og som paa tusinder af kvadratmil dækker overfladen af de store have. Grønalgerne staar lavest i udvikling og opnaar aldrig nogen betydelig størrelse. De fleste herhen hørende arter forekommer i ferskvand; i havet holder de sig umiddelbart ved kysten, aldrig paa større dybder, da de tiltrænger meget lys. Til sidstnævnte gruppe hører ogsaa de arter, som danner den saakaldte sne- og isflora. Vore isbræer har ogsaa sin flora, og det evige snedække paa fjeldene er heller ikke uden liv! De fleste har vistnok hørt omtale „rød sne“, som fra og til optræder paa høie fjelde (saasom Alperne) og i de arktiske trakter, navnlig Grønland. Herom beretter kaptein John Ross i redegjørelsen for sin første opdagelsesreise i det arktiske Amerika i aaret 1818 (skjønt dog ikke dette fænomens første opdager), at man, efterat ekspeditionen havde passeret Kap York, nær bunden af Baffinsbugten paa Grønlands vestkyst, observerede fra fartøiet, som da befandt sig 5—6 eng. mile fra land, at sneen, der beklædte siderne af de mod havet vendende 500—600 fod høie klipper, paa store strækninger havde en sterk karmosinrød farve. Klipperne fik paa grund heraf navnet Karmosinklipperne („Crimson Cliffs“). Et par mænd blev sendt iland med en baad for at undersøge forholdet, og det viste sig da, at den røde farve hidrørte fra en uendelig liden, men i uberegneligt antal forekommende organisme, som gjennemtrængte sneen i en dybde af et par tommer. Ved undersøgelse af prøver dels fra denne lokalitet, dels ved senere observationer er det godtgjort, at disse smaa legemer tilhører en alge. Den har i videnskaben faaet navnet *Sphærella nivalis*. Hos os er „rød“ sne observeret kun enkelte gange (t. eks. ved Tromsø og paa Dovre). Paa Spitsbergen har man derimod ofte seet baade „rød“ og „grøn“ sne, hvilken sidste farve altsaa hidrører fra i sneen forekommende grønne alger. En af de til isfloraen hørende alger, *Ancylonema Nordenskiöldii*, spiller en betydelig rolle ved isens smeltning i polarlandene, idet den paa grund af sin mørkt purpurbrune farve absorberer en langt større mængde af solens varmestraaler end den hvide is og frembringer derfor dybe huller i ismassen, hvilke i høi grad befordrer dens smeltning.[1]) Denne art forekommer i stor

[1]. Paa samme maade som naar man t. eks. spreder muldjord eller lignende paa ageren om vaaren for at fremskynde snesmeltningen.

mængde paa Grønlands indlandsis og er desuden funden paa flere af vore isbræer. Nordenskiöld har endog fremkastet den hypothese, at *Ancylonema* engang har spillet samme rolle hos os som nu paa Grønland, og vi maaske har den at takke for, at de isørkener, der tidligere bedækkede vort og andre lande, nu har givet plads for frodige skove og frugtbare marker. Man kjender ca. 50 arter, som tilhører sne- og isfloraen.

Mange alger pranger, navnlig under deres udviklingstid, med de smukkeste farver. Havet om Malediverne skylder sit sortagtige, Guinea-bugten sit hvidagtige, Den arabiske havbugt (Det røde hav) sit røde eller gulrøde, Den persiske havbugt sit grønne og indsnittet af Det store ocean mellem Kina og Japan sit gulagtige udseende de tilsvarende glitrende alger, som forekommer i disse vande. En mængde vanddyr, navnlig orme, polyper og infusjonsdyr skylder gule og grønne encellede alger, som de optager i sit gjennemsigtige legeme, sin gule, grønne eller blaaagtige farve.

Algerne spiller ogsaa en betydelig rolle hos lavarterne (stenmosse, renmosse), idet disse egentlig bestaar af to organismer, en alge og en paa denne snyltende sop. Disse to organismer fører saaledes et slags samliv (symbiose), hvor soppen dog er helt afhængig af eller ikke kan leve uden algen, medens derimod den sidste kan føre et selvstændigt liv og er at betragte som soppens ernæringsredskab. Et lignende samliv eller endog mere udpræget gjensidighedsforhold finder man hos de ovenfor nævnte vanddyr og de i disse levende alger, uden at den ene dog synes at være helt afhængig af den anden.

I kemisk henseende er havsalgerne (paa faa undtagelser nær) gjennemgaaende kvalitativt lige, kvantitativt er forholdet ofte forskjelligt hos de forskjellige arter. De indeholder gjennemsnitlig 70—80 procent gelatinerende slimsubstans (geloso, carragin, algin), cellulose, et sukkerartet legeme (mannit), fedt, en ætherisk olje og nogle farvestoffe; desuden af anorganiske bestanddele svovlsur og fosforsur kalk, chlornatrium og chlorkalium, svovlsur kali, jod og brom forbunden med kalium og magnesium, samt endelig svovl og kiselsyre. Stivelse findes kun hos nogle florideer (rødalger). — Ingen alge er, saavidt endnu bekjendt, giftig. Dog bemerkes, at der ved Berlevaag i Finmarken forekommer en tareart (*Laminaria Gunneri* Fosl.), som af indbyggerne paa stedet ansees som giftig eller ialfald meget skadelig for kreaturene, idet den frembringer en sygdom, der har stor lighed med den saakaldte trommesyge. Det eneste hidtil bekjendte voksested for denne art er Berlevaag, hvor den benævnes troldtare[1]). Planten er vel kjendt af alle der paa stedet, og den skilles let fra alle øvrige arter ikke blot ved sin ringe størrelse i forhold til disse, men især ved sin næsten sorte farve og det temmelig tykke, ugjennemsigtige blad. Det har endnu ikke lykkes mig at erholde saa mange eksemplarer af denne ejendommelige alge, at en nøiagtig kemisk analyse kan foretages.

Algernes anvendelse som lægemiddel har været og er fremdeles temmelig betydelig. I første række skal her nævnes carrageen, irlandsk mosse, hos os tildels benævt sauetang, *Chondrus crispus* (L.) Lyngb. (samt ogsaa *Gigartina mamillossa* (G. et W.) J. G. Ag.). Begge arter forekommer i mængde langs næsten hele Norges kyst. — Efterat carrageen for omtrent 45 aar siden først blev anbefalet af engelske læger, er den bleven et ofte anvendt lægemiddel, som forordnes navnlig ved afmagring, lungesygdomme, katarrh i luftveiene o. s. v. Den faaes paa alle apotheker under dette navn og benyttes ikke blot i medicinen, men finder en temmelig udstrakt anvendelse i flere retninger,

[1]. Den har dog ikke noget tilfælles med den art, som paa flere andre steder langs kysten kaldes troldtare, nemlig en form af den almindelige hestetare.

hvorom nærmere nedenfor. Planten har en brunrød farve, sammentrykt, oftest smalt og gjentagne gange gaffelgrenet løv af 5—12 cm. høide. — At man hos os ikke engang kan tilfredsstille eget behov, men maa indføre fra udlandet, hvad man saa at sige daglig træder paa, maa vel alene tilskrives ubekjendtskab til, hvor den er at finde, og maaden, hvorpaa den behandles; thi det er utvilsomt, at indsamling og tørring af denne meget benyttede art vilde være en lønnende og let bibeskjæftigelse for mange kystboere. Til europæisk behov blir carrageen hovedsagelig indsamlet paa nord- og vestkysten af Irland. I grevskabet Plymonth paa kysten af Massachusets, hvor denne beskjæftigelse siden omkring 1845 er dreven af indvandrede irlændere, indsamles aarlig ca. $^1/_2$ million pund. Selve indsamlingen vilde være meget let, især langs vor vestkyst, hvor den altsaa lettest tages under ebbe (fjære). Efterat man har samlet et passende kvantum, lægges den i solen for at bleges, befugtes nogle gange med vand og befries for vedhængende muslinger ved at rystes godt Naar den er tilstrækkelig bleget, udvaskes den godt i ferskvand og tørres endelig atter i solen, hvorefter den er færdig til at føres i handelen. Den skattes høiere, jo smukkere den er bleget, og navnlig udvaskningen maa gjøres grundig. — En lignende anvendelse finder „ceylonmossen", *Phocaria lichenoides* Mont. (i farmacien Fucus amylaceus), hvoraf ogsaa salanganen *(Hirundo esculenta* L.) forarbeider sine spiselige reder.

I Europas nordlige lande benyttes ofte hestetaren[1]),

---

[1]. „Hestetare" er paa enkelte steder et fællesnavn for flere forskjellige tarearter med en forholdsvis lang stamme og et mangedelt blad. Dog skjelner man i regelen mellem den „store" hestetare (L. hyperborea), som har en tyk, stiv og opret stamme, og derfor ogsaa benævnes stoktare eller stortare (stammen tarelæg eller tarestok), og de øvrige arter (L. digitata (L.) Edm., L. intermedia Fosl., L. nigripes J. G. Ag.), der tildels benævnes smaatare eller liden hestetare i modsætning til stortare (stor hestetare), endskjønt den ene (L digitata) ofte blir lige saa stor som stortaren, men de har alle tre en mere eller mindre bøiet og bøielig stamme,

Laminaria hyperborea (Gunn.) Fosl., istedenfor pressvamp til udvidelse af forsnævrede kanaler, efterat den først var bleven anbefalet af den italienske general Garibaldi. Et af denne alge fremstillet kul skal overgaa selv benkul i absorbtionskraft. Væsentligst af denne art udvindes jod, maaske det blandt de her nævnte mest benyttede lægemiddel.

En næsten forglemt vare er Helmintochorton eller „ormemosse“, som bestaar af en mængde forskjellige alger, der indsamles paa kysten af Korsika. Allerede Theophrast og Dioscorides kjendte dens egenskaber, men den faldt senere i forglemmelse. Derpaa blev den i slutningen af forrige aarhundrede paany anbefalet, og dens milde ormdrivende virkning, som tillod dens anvendelse endog ved betændte fordøielsesorganer, gjorde den berømt. I vor tid har dette produkt atter tabt sit ry og er faldt i forglemmelse maaske paa grund af forfalskning eller tilsætning af andre, virkningsløse algearter. Det hos kineserne mest skattede anthelminticum skal ligeledes være en algeart.

Endnu maa i medicinsk henseende nævnes smeltaren, *Fucus vesiculosus* L., som hos os forekommer i stor mængde. Afkogning og extrakt har været prist som middel mod fedtsyge, og det jodholdige kul, Aethiops vegetabilis, har ogsaa været anvendt mod forskjellige sygdomme. Paa Hebriderne benyttes endvidere rødsoll *(Rhodymenia palmata)* kogt med smør som et sveddrivende og feberstillende middel.

Som næringsmiddel indtager algerne tildels en ligesaa vigtig plads som i medicinen, og det er maaske kun et tidsspørgsmaal, at disse paa kulhydrater rige til ernæring egnede vekster vil blive indført som en almindelig ret paa de dannede nationers bord. Som foran nævnt bestaar salanganens rede væsentligst af en alge, blandet med fuglens mavesaft og et i dens spytkjertler dannet seigt slim. Af disse spiselige svalereder udfører alene Batavia aarlig ca. 4

millioner stykker, der meget møisommelig indsamles paa de omliggende øer, hvor fuglens reder fæstes til de steileste klippevægge. Heraf kommer endel til Europa som en delikatesse. I Kina, hvor de er en af de mest yndede retter, indføres aarlig saadanne reder til en værdi af ca. 6 millioner kroner. Foruden de her nævnte svalereder har hidtil kun den kinesiske gelatin agar-agar (tjen-tjan) fundet en plads som europæisk ret. Den tilberedes af *Eucheuma spinosum* (L.) J. G. Ag. Planten tørres og pulveriseres, og derpaa koges den til en tyk gelé, hvorpaa den formes i lange trevler som makkaroni eller kommer til os i smaa firkantede stænger. Den anvendes ogsaa til saakaldt renkultur af bakterier.

Saavel hos kineserne som japaneserne staar mange algearter i stor anseelse som næringsmiddel. Disse befries for det yderste lag og nydes raa eller kogt. Betydelige mængder af en *Laminaria (saccharina)* befordres af europæiske skibe fra Nordjapan til Hongkong og Shanghai, og nogle andre arter, deriblandt fornemmelig en art *Gelidium* (en nærstaaende findes ogsaa hos os), benyttes i form af nudler som et almindeligt fødemiddel hos japaneserne under navn af dschin-dschen. Tilberedelsen og nydelsen af sjøplanter er endog saa stor, at i statistiske verker over Japan opføres de som et af dette lands produkter, og i Kina er anvendelsen ogsaa saa betydelig, at handelen med arterne nosi, hambou og fou-nouhri delvis er bleven et statsmonopol.

For kort tid siden blev der fra Amerika anbefalet algin udvundet af *Laminaria* til fremstilling af forskjellige retter, og disse angives at have en behagelig „sjøsmag“. Dette nye stof, som ligner albumin, skal forøvrigt paa grund af sin rigdom paa kvælstof være meget nærende. Ved Cap Horn og i Chili tilbereder man af *Durwillea utilis* Bory en smagfuld ret i lighed med vor asparges. Ogsaa paa Madagaskar, Bourbon og Mauritius skattes mange alger som næringsmiddel. I Australien ved man af flere arter af slegterne *Gigartina* og *Gracilaria* at fremstille et slags mel, som er velsmagende, nærende og brugbart til mange spiser. Et saadant mel maatte vistnok kunne lade sig fremstille af de fleste algearter.

Europas kystboere anvender kun enkelte algearter som fødemiddel. I Wales har man saaledes fra de ældste tider tillavet et slags brød af alger, det saakaldte laver-bread. Blandt den fattigere del af befolkningen i Storbritannien og Irland benyttes desuden den foran nævnte carrageen *(Chondrus crispus)* i stor mængde; den opløses i kogende vand, hvorefter den afkjøles og stivner til en farveløs gelé. Endvidere benyttes midtribben af butaren *(Alaria)*, sukkertaren eller bladtaren *(Laminaria saccharina)* og andre tarearter, rødsoll *(Rhodymenia palmata* (L.) Grev.) og nogle andre. Disse er meget nærende, og serveret med limonade ansees de endog af flere for en delikatesse. „Havsalaten" *(Ulva lactuca* (L.) Wittr., *Monostroma* og andre hindeagtige grønalger) nydes paa samme maade.

Midtribben af den ovenfor nævnte butare spises ogsaa af tschuktscherne og grønlænderne. Det samme er tilfældet paa Færøerne og Island, hvor den koges i melk eller vand med tilsætning af mel eller gryn. Dette viser et af de tilfælde, hvor smag og erfaring har ført ulige folkeslag til det samme maal. Bjarne Povelsen, der levede som landfysikus paa Island omkring midten af forrige aarhundrede, anfører endog som bevis paa denne tarearts næringskraft, at en kone med et lidet barn, der var kommen iland paa en holme, hvor hun paa grund af storm og sjøgang i tre uger var fuldstændig afskaaret fra forbindelse med fastlandet, i denne tid opholdt sit og barnets liv alene med denne og en anden algeart, rødsoll *(Rhodymenia palmata)*.

Sidstnævnte alge (rødsoll) har været og er sandsynligvis endnu af ligesaa stor betydning for islænderne som *Eucheuma og Gilidium*-arterne for kineserne og japaneserne. Den brugtes paa Island allerede i det 10de aarhundrede af nordmændene, der først bosatte sig paa øen. „I Egils saga fortælles om Egil Skallagrimsøns datter Torgerde, som, ved at narre faderen til at spise soll (isl. „søl"), da denne af sorg vilde sulte sig ihjel, fik ham til igjen at komme paa bedre tanker. Som fødemiddel omtales soll paa flere steder i sagaerne, ja den nævnes endog som handelsvare: I Sturlunga saga berettes der, at Már Bergthorssón (omtrent 1118) reiste fra sit bosted til Saurbæ (i Borgarfjord syssel paa øens vestside) i selskab med tolk, hvis øjemed var at kjøbe soll („til sølvakaupa"), og paa et andet sted i samme saga heder det, at man (i tiden omkring 1147) i stort antal reiste fra andre egne til Saurbæ dels for at kjøbe soll, dels for at samle denne mod betaling. Endog lovgivningen har taget sig af denne sag: I den islandske „Jonsboken" (Reka Bálken cap. 1) finder man saaledes nævnt forskjellige gjenstande, der af havet opkastes paa stranden og som af dennes grundejer er at betragte som ejendom. Blandt disse nævnes udtrykkelig ogsaa sjøvekster, og dette blir endog gjentaget (cap. 2). I en anden af de ældste islandske lovbøger „Graagaasen" henregnes soll til de „jordfrugter", som man vel kunde spise paa stedet, men som under straf af landsforvisning eller „tre marks bod" ikke maatte bortføres uden ejerens samtykke. Endnu regner man paa Island værdien af 12 alen (7,5 m.) vadmel lige med 80 púnd (40 kg.) soll og ligeledes 80 pund soll eller samme vægt af tre gange renset islandsk lav *(Cetraria islandica)* lig 12 pund (6 kg.) smør eller $^1/_4$ tønde (35 liter) mel eller rug. I begyndelsen af dette aarhundrede (og maaske det samme endnu er tilfældet) var denne tangart en saa søgt vare, at kystboerne ikke kunde tilfredsstille indlandets behov, nemlig ikke udjevne de herfra tilbudte byttemidler smør, talg, uld, huder og faar. Dette beviser tillige, at instinktet har lært dem, der bor inde i landet, at opretholde sundheden ved at spise en vis mængde vegetabilsk næringsstof, fornemmelig for at undgaa skjørbug og andre sygdomme, som har sin grund i uhensigtsmæssige eller altfor ensartede næringsmidler."

„Om indsamlingen af soll paa Island heder det, at en flittig mand kan samle saa meget om dagen, at dette i tørret tilstand udgjør 80 pund (40 kg.) og at en mand, som bor ved kysten, har ligesaa megen nytte af denne tangart som af 3—4 kjør".[1])

Den heldigste tid for indsamling af rødsoll er august og september. Sollen udvaskes i ferskvand, og naar den er bleven fuldkommen tør, nedpakkes den i tønder eller lignende. Efter den paa Island vundne erfaring blir den bedre, naar den har ligget sammenpakket i flere maaneder. Den faar da en lys farve og afsondrer et hvidt, pulverformet legeme, som har en sød smag, og som sandsynligvis indeholder mannasukker. Naar den er saltet eller godt tørret, holder den sig i flere aar. Paa Island bruger man den baade frisk og saltet paa brød ligesom ost eller koger den med melk eller vand til et slags grød. I Skotland og Irland, hvor den kaldes dillisk eller dulse bruges den ogsaa baade kogt og raa. Til det sidste øjemed foretrækkes de mindre exsemplarer, som vokser paa stene eller muslinger (shell dillisk) for dem, som findes snyltende paa andre algearter.

„Endnu regnes det paa Island for en „herlighed" til en gaard, naar der til samme hører en fjære, som er rig paa soll, en herlighed, som ikke alene ved de ældste skjøder, men ogsaa ved bispernes visitatser gjennem flere aarhundreder omhyggelig forbeholdtes enkelte kirker og gaarde."

„Paa øerne i det græske hav spises *Rhodymenia palmata* (rødsoll, eller en denne nærstaaende form) meget al-

---

[1]. F. C. Schübeler, Norges Växtrige. Bd. I, p. 203, Christiania 1885.

mindelig, især som tilsætning til ragouter eller deres saakaldte olla podrida. I Irland og Skotland tygges de sammenrullede blade endnu som erstatningsmiddel for tobak, og før tobaken var kjendt, brugtes en mængde tangblade paa denne maade"[1]).

Paa Island bruges i trange aar ogsaa hestetare *(Laminaria hyperborea)*, dog kun endel af bladet og den øverste del af stammen, og i Skotland spises de unge stilke af en anden art hestetare *(Laminaria digitata* (L.) Edm.), som der er kjendt under navn af tangle. Greville anfører endog, at baade soll og tare udraabes til salg paa gaderne i Edinburgh („buy dulse and tangle!").

At algerne er en sund og kraftig næring beviser tillige den omstændighed, at kreaturene trives udmærket af et næsten kun af alger bestaaende foder og i regelen gjerne tager denne næring. Er de først bleven vant dermed vil man ofte se, at saavel kjør som især faar og gjeder fra en god græsgang søger ned i fjæren, hvor kjørene holder sig til butaren og de øvrige tarearter, faar og gjeder til den ofte nævnte rødsoll. I England har i en række af aar flere landmænd blandet høet med alger, og de derved vundne resultater skal være særdeles tilfredsstillende. Saaledes fodrede faar skal give et usædvanlig saftig og godt kjød, og komelk skal ved en lignende fodring blive rigere og federe. Det samme resultat er man kommen til paa enkelte steder i Finmarken. En i Berlevaag boende thelemarking, hr. Torger Pedersen, har saaledes meddelt mig, at man der godt kan føde 2—4 kjør med den samme mængde hø, hvormed man i det sydlige Norge kun kan føde én ko, og dertil kommer, at kjør, som fodres med tare og hø, ogsaa efter hans erfaring giver mere melk, end naar de fodres alene med hø, samt at melken blir federe. Dette er kjendsgjerninger, der taler for sig selv!

---

[1]. F. C. Schübeler l. c. p. 204.

Baade i Finmarken og i Nordland bruges vistnok butaren som kreaturfoder, men dog ikke paa langt nær i den udstrækning, som dette udmærkede næringsstof burde benyttes. Og det er desværre endnu regel ialfald paa de fleste steder i Nordland, at man benytter tare kun i fodertrange aar uden at være kommen til synderlig bevidsthed om dens gode egenskaber ikke alene som erstatningsmiddel for hø, men endnu bedre som tilsætning til høet. Paa steder, hvor adgangen til at skjære ris er lettere end indsamlingen af tare, foretrækker man næsten altid det første, denne for birkeskoven saa fordærvelige, ja rent ud ødelæggende skik eller rettere sagt uskik, for ikke at tale om den store forskjel i næringskraft mellen taren og de tildels temmelig tørre birkekviste[1]).

I Nordland benyttes, saavidt mig bekjendt, kun butare (de sidste 2—3 vintermaaneder), men i Finmarken benytter man ogsaa hestetare navnlig paa den tid af aaret (høsten), butaren ikke findes eller kan benyttes[2]). Sydover langs vestkysten kommer butaren til anvendelse kun paa enkelte steder (t. eks. ved Kristiansund) og i liden udstrækning. Men den er almindelig langs hele vestkysten og gaar ialfald saa

---

1. Risskjæringen (meterlange top- og grenskud især af unge birketræer) foregaar paa enkelte steder omtrent hele vinteren, og i det mindste fra nytaar udgjør ris en ikke uvæsentlig del af kreaturenes foder!

2. Butaren har nemlig en fleraarig stamme, men et enaarigt, affaldende blad. Omkring begyndelsen af februar begynder bladet at vokse ud, og det tiltager da temmelig hurtig i størrelse Udover sommeren „visner" det og falder af. Hestetaren har vistnok ogsaa en fleraarig stamme og enaarigt blad; men hos denne vokser et nyt blad om høsten ud fra toppen af stammen, og efterhvert som dette udvikles, skyver det det gamle (fjoraarets) blad foran sig, indtil det i april eller mai falder af, efterat det nye blad har naaet sin fulde udvikling. Planten har saaledes til visse tider af aaret to (mangedelte) blade, det ene i toppen af det andet.

langt mod øst som til Svinør ved Lindesnæs. Hestetaren er derimod almindelig overalt. — Hvilke uanvendte kapitaler er ikke dette, og hvilken fordel vilde ikke opnaaes ved at benytte disse paa næringsstof saa rige vekster i større udstrækning end nu er tilfældet!

Paa mange steder navnlig i Nordland og Finmarken bruger man at give kjørene hoveder, rygben og andet affald af fisk dels i raa tilstand og dels kogt. Dog er det ikke længere saa almindelig eller benyttes i saa stor udstrækning som tidligere, efterat priserne paa affaldet er stegne betydelig ved oprettelsen af guanofabriker. Paa flere gaarde i det mindste i Lofoten benyttes imidlertid fiskeaffald i saa stor udstrækning, at det udgjør indtil $^1/_4$, $^1/_2$ eller endog $^3/_4$ af kreaturenes foder, og her kan resultatet siges at være det omvendte af, hvad der foran er sagt om anvendelsen af tare: melken taber saavel i mængde som godhed, den faar en bismag, som gjør den næsten ubrugbar for dem, der ikke er bleven vant til en saadan mere eller mindre fiskesmagende melk, og selv kjødet blir mindre godt[1]).

I forrige aarhundrede anvendtes vistnok tare i større udstrækning end nu som tilsætning til eller erstatningsmiddel for hø; men dette havde sandsynligvis sin grund i, at den største del af befolkningen dengang næsten kun drev fiskeri og skjøttede lidet om sin jord og høavling. Petter Dass siger saaledes i sin „Tromsøens Beskrivelse“ (Nordlands Trompet p. 93):

„En Fisker, som ude ved Holmer mon bo,
Hans levende Kvæg er en eneste Ko,
Som andet til Spisning ej nyder
End Tang og søvoksende Tarernes Blad
Opvarmet i Grugge, der kaldes Bu-Mad,

---

[1]. Dette gjælder selvfølgelig kun, naar fiskeaffald benyttes i saavidt stor udstrækning som nævnt. Dog skal der ikke meget til, inden melken faar en saadan bismag.

Saa kastes Hovorrer[1]) i Gryder:

— — — — — — — — — —

Thi bliver de Kjør, som her fødes med Tang
Langt feder' end andre, der gaa i den Vang,
Og Spænerne dobbelt saa trinde."

Det skal heller ikke lades uomtalt, at algerne uden tvil udgjør den vigtigste næring for mange sjødyr.

Som gjødningsstof benyttes algerne endnu forholdsvis lidet hos os. I det nordlige Frankrig, Storbritannien og fornemmelig paa øerne i den britiske kanal har man i umindelige tider brugt alger til gjødsel Fra kysten af Bretagne udføres aarlig flere ladninger tare og tang, som især paa øen Jersey benyttes dels i brændt dels i forraadnet tilstand til gjødning; ja paa nord- og vestkysten af Skotland er der mange enge, som neppe kunde holdes under dyrkning, dersom man ikke havde tang. „For en gaard, der har adgang til at faa tang, betales der ikke sjelden dobbelt saa meget som for en lige stor og forresten lige god gaard i nabolaget, der savner dette gjødningsstof. En ordentlig gjennemført brug af tang til gjødsel vilde være af uberegnelig nytte for vor lange kyst, og denne sag er ogsaa gjentagende og paa det varmeste bleven anbefalet baade i den ældre og nyere literatur i Norge, Sverige, Storbritannien og paa Færøerne."

Tare og tang har sandsynligvis været benyttet som gjødningsstof ogsaa i ældre tider; dog findes ingen oplysning derom hverken i de gamle norske eller islandske historiske skrifter. Men fra Skotland har man følgende meddelelse: „Beboerne af øen Lewis (den største og nordligste af Hebriderne) har havt den gamle skik aftenen før allehelgensdag („at Hallowtide") at ofre til en sjøgud kaldet „Shony". Man kom sammen ved kirken St. Mulway, og enhver førte med sig de nødvendige levnetsmidler. Der blev nu valgt

[1]. En bundt (som regel 24) fiskehoveder.

en, som skulde gaa ud i havet, indtil vandet naaede ham op til beltet, og som i den ene haand bar en skaal, der var fyldt med øl. Idet han standsede, raabte han med høi røst: „Shony! jeg giver dig denne skaal øl, idet jeg haaber, at du vil være saa god at sende os en rigelig mængde tang, hvormed vi kunne gjødsle vor jord i det kommende aar". Derpaa kastede han skaalen i havet. Dette udførtes om natten, og derefter gik man tilbage for at more sig med dans. — „Shony" (sjoni) er den skandinaviske Neptun. Denne ofring var en levning af den hedenske gudsdyrkelse, som blev indført paa de vestlige øer af nordmændene, da de for aarhundreder siden havde erobret disse øer og regjerede der".

Algerne har ogsaa været benyttet til brændsel saavel paa Island som hos os. Gunnerus anfører, at den store hestetare (*Laminaria hyperborea* (Gunn.) Fosl.) i forrige aarhundrede anvendtes til brændsel i Finmarken. Dette skal tildels endnu være tilfældet. Paa Island brugte man den samme art i mængde i forrige aarhundrede, og den bruges sandsynligvis fremdeles.

Paa industriens omraade har man paa mange maader draget sig algerne til nytte.

Asiens og Europas gamle kulturfolk tilberedte deres purpur til farvning af de bekjendte purpurkaaber efter en almindelig udbredt mening af de safter, der afsondredes af en ved Middelhavets kyster forekommende mollusk; dog kan arten ikke længere angives med bestemthed, men antages at have været den saakaldte purpur- eller pigsnegle. Nu udtaler imidlertid Dioskorides, at beboerne af øen Kreta havde farvet sine klæder purpurrød med en havsalge. Muligens har altsaa ogsaa fønikerne, opfinderne af og mestrene i purpurfarvning, benyttet en saadan som bestanddel ved fremstillingen af deres kostbare farve. Maaske det var den i Middelhavet forekommende *Rytiphlaea tinctoria* (Clem.) Ag., en alge, hvis prægtige røde farvestof let opløses i blødt vand. — Andre algearter tjente grækerne til fremstilling af en rød, uskadelig sminke.

I Kina og Japan forfærdiger man vinduesruder af en alge, *Gloiopeltis tenax* (Turn.) J. G. Ag. Sammesteds anvender man den allerede omtalte f o u- n o u h r i til at give silkestoffene stivhed og glans. Andre algearter leverer bestanddele til fernisser, lak, lim og farver hos disse industririge folk.

I Australien forstaar indbyggerne at forfærdige vandspande og andre kar af en tareart *(Laminaria)*, som efter reisendes beretning skal være modstandsdygtig og ugjennemtrængelig som horn og kautsjuk. Den samme masse skal i flere tilfælde ogsaa kunne tjene som erstatningsmiddel for læder.

Det foran under næringsmidler omtalte nye stof algin finder ogsaa en mangfoldig teknisk anvendelse. Det benyttes saaledes til glatning af tøi, som middel mod afsætning af kjedelsten, blandet med laminariakul som varmebeskyttelsesmasse for damprør, i farmacien som erstatningsmiddel for gummi arabicum til forfærdigelse af piller, emulsjoner o. s. v. Det skal endvidere være et fortrinligt klæbestof og i den henseende overtræffe baade klister og gummi arabicum. Dette stof erholdes ved at udkoge *Laminaria*-arter (vistnok ogsaa andre alger) med soda, hvorefter det udfældes af den erholdte opløsning med svovlsyre.

Visse algearter lader sig ligesom husblas anvende til klaring af øl, vin, brændevin o. s. v. I Kina tjener algen h a ï-t z i til dette øiemed I de europæiske bryggerier bruger man ofte carrageen *(Chondrus crispus)* til ølklaring[1]). Carrageen anvendes desuden hos bogbindere og i væverierne, samt ved sæbefabrikationen som fyldemiddel i almindelig

[1]. „Fordelagtigere var vel her anvendelsen af ren gelose, fri for cellulose og saltagtige tilsætninger".

sæbe. Ren gelose i den form den kommer til os som et i Kina af *Laurencia papillosa* (Forsk.) Grev. tillavet produkt bruger man i kosmetiken til fremstilling af pomader og et slags fixativ til fastlægning af hovedhaaret.

Som det fremgaar af det her anførte, beror algernes anvendelse i teknisk henseende oftest paa egenskaben af deres gelatinartede bestanddele. En af Stanford udkastet sammenlignende tabel over de vigtigste gelatingivende substanser vil derfor maaske ikke være uden interesse. Forat erholde en passende gelatin bruges til 1000 dele vand:

Substans:	Dele:	Forhold:	Smeltepunkt:
Gelose (af Laurencia papillosa)	4	1	31° c.
Gelidium corneum	8	2	31 „
Chondrus crispus	30	7.5	27.5 „
Husblas	32	8	21 „
Gelatin	32	8	15 „
Carrageenin	36	9	21 „
Agar-agar	60	15	31 „

Til slutning maa endnu omtales jodindustrien og brændingen af tare og tang til aske. — For omtrent 200 aar siden begyndte man i Frankrig og England at brænde tang til aske; noget senere kom denne industri til Skotland, og 1722 udskibedes den første ladning tangaske fra Orknøerne. Omtrent i midten af forrige aarhundrede begyndte man i Norge at brænde tangaske for af denne at udvinde soda. I begyndelsen af dette aarhundrede var det en almindelig udbredt forretning i det mindste i Trondhjems stift, og i aaret 1800 blev der fra Kristiansund udført 2,279,700 pund og fra Molde 970,300 pund tangaske. Men efterat man havde lært at fremstille soda af kjøkkensalt, tabte tangasken sin betydning, indtil man af samme begyndte at udvinde jod. Denne industri beskjæftigede for kort tid siden en mængde fabriker paa den skotske, irske og franske kyst. Paa disse steder tjente som raamateriale asken af forskjellige tare- og tangarter (saasom *Laminaria* og *Fucus vesiculosus*), i Frankrig kaldet v a r e k, i Skotland og Irland k e l p. Den aarlige produktion androg i det hele til ca. 120,000 kg. jod. Hos os findes for tiden tre jodfabriker, ved Trondhjem, Kristiansund og Bergen, hvor man saavidt vides næsten kun anvender hestetare. Imidlertid synes ogsaa denne anvendelse af tangasken og denne maade at fremstille jod paa at have havt sin blomstringstid, idet man nu har fundet en rigere kilde for dette stof i den ved rensningen af chilisalpeteret vundne moderlud.

Det fremgaar vistnok af de her anførte kjendsgjerninger, at algernes samlede anvendelse er temmelig betydelig; men denne anvendelse svarer dog ikke paa langt nær til deres værdifulde bestanddele og store udbredelse. Ved en passende behandling og en rigtig værdsættelse af de forskjellige arters mere eller mindre nærende egenskaber maatte de uden tvil kunne komme til anvendelse ogsaa hos os, hvor den nytte, man nu har af algerne, i det mindste som næringsmiddel betragtet, kan sættes lig nul; men ogsaa i andre henseender maatte de kunne afgive et vigtigt materiale som bidrag til at dække mange af vore fornødenheder. Det er en sag, som fortjener at behandles med en høi grad af opmerksomhed, at ogsaa disse oceanets skatte kunne komme os tilgode i sin fulde udstrækning.

Tromsø Museums

Aarsberetning

for

1887.

TROMSØ.

Trykt i Tromsøpostens Bogtr. ved M. Astad

1888.

Tromsø Museums Aarsberetning

for

1887.

TROMSØ.

Trykt i Tromsøpostens Bogtr. ved M. Astad

1888.

Museets samlinger har i 1887 i tidsrummet fra 7de marts til 7de november været åbnede for almenheden i de sædvansmæssige eftermiddagstimer 3—5 i 38 søn- og helligdage. De besøgendes antal har herunder udgjort

i marts maaned 570, april 1919, mai 1515, juni 1240, juli 1908, aug. 846, septbr. 776, oktbr. 1375, novbr. 207 . . . . tilsammen 10316.

Udenfor de almindelige åbningstimer har samlingerne været besøgt af omkring 1000
(hvoraf 500 turister mod en indtrædelseskontingent af kroner 250.00).

Det samlede antal besøgende vil således udgjøre 11316 eller med et gjennemsnitligt middeltal af 271 for hver åbningsdag. Det største antal besøgende på én dag har udgjort 783, det mindste 99.

Et af bestyrelsen i forrige år indsendt andragende om tilskud af offentlige midler til opførelse af en for anstalten hensigtsmæssig murstensbygning så regjeringen sig af budgetmæssige hensyn ikke istand til at føre videre frem, — hvorvel på den anden side det berettigede i andragendet blev godkjendt og ligeledes det offentliges forpligtelse til her at træde støttende til, såsnart forholdene måtte tilstede det. Af lignende hensyn vil der heller ikke være anledning til i år at søge andragendet fremmet. Man tror imidlertid at burde udtale det håb, at forholdene ret snart må kunne stille sig således, at de nødvendige midler til opførelse af en musébygning lader sig opdrive. Det nuværende lejelokale er overfyldt, og lider ved siden deraf under andre ulemper, der i høj grad virker hemmende tilbage på anstaltens virksomhed. Som stiftsmuseum men samtidig også som arktisk museum har det i national som antagelig også i international henseende så betydningsfulde opgaver at løse, at der ligeoverfor de forholdsvis højst ringe beløb, hvorom der her kan blive tale, vistnok aldrig af budgetmæssige hensyn bør rejses afgjørende hindringer mod byggeforetagendets snarest mulige gjennemførelse.

Af de til museet knyttede arbejdskræfter har konservatorerne Schneider og Foslie, den lappiske afdelings bestyrer seminarbestyrer Qvigstad samt den geologiske afdelings bestyrer toldkasserer Pettersen i løbet af sommeren foretaget videnskabelige undersøgelsesrejser, — samtlige med offentlige stipendier. Den arkæologiske afdelings bestyrer klasselærer O. Nicolaissen har til undersøgelser i arkæologisk retning været tilstået et beløb af kr. 100.00, der er bleven udredet af det museet af H. M. Kongen tilståede aarsbidrag.

Konservator Schneiders undersøgelsesfelt har i sommer været henlagt til fjordstrøgene efter Malangen og har undersøgelsernes nærmeste formål været rettet mod havfaunaen, — navnlig de lavere sødyr.

Konservator Foslie har gjennem et tidsrum af 3 à 4 måneder fortsat sine undersøgelser over Finmarkens algeflora og har desforuden også foretaget flere excursioner inden Tromsø amt — nærmest i algologisk retning.

Resultaterne af disse undersøgelser vil efterhånden blive fremlagt i museets årshefter.

Hr. O. Nicolaissens arkæologiske undersøgelser har i sommer omfattet Hadsel og Bø præstegjeld i Nordlands amt, Berg og Thorskens præstegjeld samt en del af Tranø sogn i Tromsø amt. Indberetning om disse undersøgelser er indgivet til museets bestyrelse og gjennem denne indsendt til foreningen for norske fortidsmindesmærkers bevaring til trykning i foreningens årsberetning for 1887.

De lappiske sprogforholde har været gjenstand for Hr. Qvigstads forskninger og har han i den anledning i sommer befaret forskjellige strøg inden Nordlands amt samt nordre- og søndre Trondhjems amter.

Pettersen har i geologisk retning befaret forskjellige strøg efter Tromsø amt og endvidere udstrakt sine geologiske undersøgelser udover rigsgrænsen til strøgene om Tornetræsk i svensk Lapmark. En redegjørelse for de geologiske bygningsforholde efter grænsestrøgene langs Torne-træskens nordside er aftrykt i den Stockholmske geologiske forenings forhandlinger

Museet har udgivet sit X årshefte og var dette ved november måneds udgang færdigt til uddeling. Heftet indeholder følgende afhandlinger:

Den nord-norske fjeldbygning, 174 pg. med 3 litograferede tavler af Karl Pettersen.

Nye havsalger, pag. 175—195 med 3 litograferede tavler af M. Foslie.

Den tidligere bestaaende literære bytteforbindelse er vedligeholdt og er i årets løb bleven forøget med følgende nye

— Societé des naturalistes Kieff, Rusland.

— Schlesische Gesellschaft für vaterländische Kultur, Breslau.

— La feuille des jeunes Naturalistes, Paris.

— K. K. geographische Gesellschaft, Wien.

Universitetet i Lund, Societé entomologique de Belgique, Bruxelles, Physikalisch oekonomische Gesellschaft Kønigsberg og Royal Society Edinburgh har efter derom stilet anmodning dels suppleret indtrufne mangler i tidligere forsendelser og dels også tilsendt museet rækker af ældre årgange af udgivne skrifter.

Med hensyn til de enkelte afdelingers virksomhed henvises til nedenstående oversigter, afgivne af vedkommende bestyrere.

A. De historiske antikvariske samlinger.

a. den lappiske [finske] afdeling.

Denne er bleven forøget med enkelte gjenstande, indkjøbte blandt Lapperne i Trondhjems stift. Flere af de blandt Røros-lapperne brugelige klædningsstykker er bestilte men endnu ikke ankomne. Der er endvidere gjort skridt til at faa fuldstændiggjort samlingen for Finmarkens fjeld- og sølappers vedkommende.

b. Oldsamlingen.

Den historisk- antikvariske afdeling, hvis nummerantal ved årets begyndelse udgjorde 787, er i år forøget med 41 nr., der, på en undtagelse nær, er skjænkede museet som gaver og indkomne fra Nordlands, Tromsø og Finmarkens amter. Efter oldsamlingens håndskrevne katalog, hvori de indkomne gjenstande og hvad dermed står i forbindelse, såvidt muligt nøiagtig beskrives, er ligesom tidligere en fortegnelse over årstilveksten indsendt til «Foreningen for fortidsmindesmerkers bevaring» for at optages i foreningens årsberetning. Af de i indeværende år indkomne gjenstande tilhører 6 den arktiske stenalder, nemlig 3 spydspidser, 1 pilespids, 1 pren og 1 kniv. Til ældre jernalder må henføres 1 guldring, funden i en gravhaug på gården Ljønes i Skjerstad, samt en kniv og to brudstykker af en lerurne fra Tromsø amt. Til yngre jernalder hører 2 skålformede spænder, 1 sølvforgyldt bronceplade, 1 benspyd (vævske) et par benkamme, 1 benspade samt 3 spyd af jern, 1 øks og 1 kastespydspids. En dolk, funden i jorden på Vardø, tilhører middelalderen og et andet jordfund fra samme sted nyere tid. Til kristelig tid hører 3 middelalderske billeder fra Sands gamle kirke samt en altertavle fra Melø kirke, som nedtoges i 1868. Tavlen skal ifølge sagnet være reddet ud af en tidligere nedbrændt kirke; den har følgende indskrift:

Anno 1668.

Gud. til. ere. oc. kirken. til. Beprydelse. Hauer. ViBicHe. ottisdatter. Salig. Elias. Christoffersen. dene. Foreret.

For oldsamlingen foretoges i sommer arkæologiske undersøgelser i Hadsel og Bø i Nordlands amt samt i Berg og en del af Tranø i Tromsø amt. Indberetning om undersøgelserne er sendt til «Foreningen for norske fortidsmindesmerkers bevaring» for at optages i årsberetningen. Separataftrykkene af indberetningen uddeles til dem, som ved gaver til oldsamlingen og ved meddelelse at arkæologiske oplysninger har udvist interesse for museets oldsamling.

B. De naturhistoriske samlinger.

a. De zoologiske afdelinger.

Museets zoologiske samlinger er også iår bleven betydelig forøget. Af pattedyr er således indkjøbt skelet af en yngre narhval (hun) og snad *(Phoca hispida)*; desuden er anskaffet forskjellige kobbe- og narhval- samt et par ejendommelige hvalroskranier. En på Kvænangen skudt springer *(Delphinus albirostris)* er under præparering som skelet. Endvidere er et fuldbåret foster af storkobbe og et af hvalros under udstopning foruden nogle andre mindre arter pattedyr. — Af fugle er i årets løb indkommet ca. 80 eksemplarer, hvoraf 45 udstoppet for museets regning, resten ved bytte. Endvidere er tilbyttet ca. 20 fugle skudte i Finmarken, men endnu ikke modtagne, så at det samlede antal bliver omkring 100. En stor del af disse er nye for museets samling og af stor interesse, deriblandt flere unger i dundragt af tildels sjeldne arter. Fra Malangen, Kvalø,

Tromsø og Talvig erholdtes i løbet af høsten 4 ekspl. af nøddekraaken *(Nucifraga caryocatactes)*, som tidligere ikke har været observeret nordenfor Trondhjem. Endvidere en på Storstennæs i Balsfjord sjelden art sumphøne *(Gallinula chloropus)*, som siden 1838 ikke har været observeret nordenfor polarcirkelen, samt en i Balsfjord skudt vagtel *(Coturnix communis)*. Som en stor sjeldenhed maa nævnes æg, rede og unger i dundragt af ismåse *(Larus eburneus)* fra Storøen ved Kap Smith (Nordostland), Spitsbergen (80°9′ N. B.). Kaptein Edv. H. Johannesen hjembragte fra nævnte sted 2 voksne individer, 3 unger i dundragt, 1 rede og 19 æg af denne art, hvilke indkjøbtes af konservator Foslie og overlodes museet som gave med undtagelse af 7 æg. Skjønt arten som bekjendt er cirkumpolar og meget almindelig i de arktiske trakter, kjender man kun få hækkepladse, og på Spitsbergen er såvidt vides kun én gang tidligere fundet 2 reder (i Murchinson bay — 80°2′ N. B. — af Dr. Malmgren) med 1 æg i hvert rede. De af Johannesen hjembragte æg fandtes på den nordre side af Storøens østlige næs, hvor fuglen hækkede i lidet antal lige ved flodmaalet (øverste vandmerke). I hvert rede fandtes kun 1 — 2 æg eller unger og samtlige æg, tagne 8de august, indeholdt dunklædt unge. Ismaasen synes imidlertid også at hække noget sydligere og temmelig høit tilfjelds, da flere ishavsfarere har meddelt, at de har seet reder og unger i de utilgjængelige fjeldpartier langs Isfjorden og andre steder på Spitsbergen. Beskrivelse og afbildning af unger, æg og rede vil blive givet i Proceedings af the Zoological Society, London. — Af f i s k e har tilvæksten været ubetydelig, sjeldnere arter er ikke indkomne. En større del af fiskesamlingen vil blive fornyet med friske eksemplarer, såsnart de til anskaffelse af glas og spiritus fornødne midler vil kunne afsees. — Samlingen af h v i r v e l l ø s e d y r har også i 1887 fået en betydelig tilvækst, hovedsagelig af crustaceer, mollusker og andre lavere sødyr indsamlede af konservator Schneider paa hans rejser til Hillesø og Malangen samt Tromsøsundet. Desuden har museet modtaget vakre eksemplarer af diverse lavere sødyr fra samlagsbestyrer Dahl i Vardø, som med stor interesse har begyndt at foretage indsamlinger for museet. For insekter var sommeren ugunstig, dog er navnlig fra Hillesø medbragt et større antal *Coleoptera* hvoriblandt flere for samlingen nye arter. Fra Nordreisen er af konservator Foslie hjembragt en usædvanlig stor blæksprut, der vistnok var i mindre god forfatning, men ikke destomindre frembyder en usædvanlig interesse, da den efter en foreløbig undersøgelse sandsynligvis tilhører den sjeldne *Architeuthis harveyi*, der måske er indentisk med den af Steenstrup fra Øresund beskrevne mærkelige «sømunk.»

b. Den botaniske afdeling.

Den botaniske afdelings dendrologiske samling har ikke modtaget nogen nævneværdig tilvekst, og man skal herved tillade sig at henstille til dem, der maatte interessere sig for sagen, velvillig at indsende til museet tversnit af træer o. s. v., som måtte antages at kunne tjene til belysning af vekstforholdene inden stiftet og supplering af den allerede nu forholdsvis betydelige og interessante samling. Samlingen af kryptogame planter er derimod bleven betydelig forøget dels ved gaver og dels indsamlet paa ekskursjoner. Fra dr. Brotherus i Helsingfors har man således modtaget en samling paa ca. 200 arter moser og fra sogneprest Chr. Kaurin, Sande, ca. 700 arter. Et herbarium paa ca. 850 arter karplanter i 19 fascikler er erhvervet af sogneprest Landmark, Flakstad, og fra provst Balke i Karasjok har man modtaget som gave ca. 200 arter finmarkske karplanter.

c. Den mineralogiske og geologiske afdeling.

Stiftets geologiske afdeling er forøget med et større

antal haandstykker af bergarter **indsamlet af afdelingens bestyrer** under hans befaringer i indeværende sommer.

Gjennem et par ishavsfarere er der **indsendt forskjellige bergartstuffer** og fossiler fra Novaja Semlja og Spitsbergen.

Fra den bekjendte polarrejsende kapt. I. A. Jacobsen har man modtaget et stykke nephrit fra Irkutsk i Øst-Sibirien.

Fortegnelse
over de til museets bibliothek i 1887 indkomne skrifter.

Bergen. *Museum.* Årsberetning 1886.

Bonn. *Naturhistorischer Verein für preuss. Rheinlande und Westfalen.*
Verhandlungen XLIII. 2.
XLIV. 1.

Boston. *Society of natural history.*
Proceedings XXIII. 2.

Bremen. *Naturwissenschaftlicher Verein.*
Abhandlungen IX. 4.

Breslau. *Schlesische Gesellschaft für vaterländische* Cultur
Jahresbericht 64,
Zacharias Allerts Tagebuch aus dem Jahre 1627 von Dr. Julius Krebs.

Bruxelles. *Societé geologique de Belgique.*
Proces verbale de l'assemblée general du 21 novbr. 1886.

« *Societé entomologique de Belgique.*
Bulletin 1886. (slutning).
do. 1887.
eftersendt do. 1883 no. 28—40.
do. 1884 no. 47—49 og 53.

« *Societé malacologique de Belgique.*
Proces verbaux.
Tome XVI pag. I—IXXX.
Annales XXI. 1.

Cordoba. *Academia nacional de ciencias de republica Argentina.*
Boletin IX, 1, 2, 3, 4.
Actas Tomo V. 3.

Danzig. *Naturforschende Gesellschaft.*
Sitzungsbericht VIII. 1,

Dorpat. *Naturforscher Gesellschaft.*
Sitzungsbericht VIII. 1.
Dresden. *Naturwissenschaftlicher Gesellschaft* »Isis«.
Sitzungsbericht und Abhandlungen.
1886 Juli—Decbr.
1887 Januar—Juni.
Edinburgh. *Geological Society.*
Transactions vol. V. part III.
« *Rogal Society.*
Proceedings vol. XII. 2, XIII. 1. 2.
XIV. 1.
Elberfeld. *Naturwissenschaftlicher Verein.*
Jahresbericht VII.
Emden. *Naturforschende Gesellschaft.*
Jahresbericht 71.
Frankfurt a. M. *Senckenbergische naturforschende Gesellschaft.*
Bericht 1887.
Frankfurt a. O. *Naturwissensch. Verein des Regier. Bezirks Fr. a. O.*
Monatliche Mittheilungen.
4 Jahrgang no. 8—12.
5 « « 1—8.
Societatum litteræ. 1887 no. 1—10.
Giessen. *Oberhessische Gesellschaft für Natur und Heilkunde.*
Bericht 25.
Greifswald *Naturwissenschaftlicher Verein für Pommern und Rügen.*
Mittheilungen XVIII.
Gustrow. *Der Verein der Freunde der Naturgeschichte in Mecklenburg.*
40 Jahrgang.
Gorlitz. *Naturforschende Gesellschaft.*
Abhandlungen Bd. 19. 1887.
Halle a. S. *Naturwissenschaftlicher Verein für Sachsen und Thüringen.*
Zeitschrift LIX. 2—6.
LX. 1, 2, 3, 4.
Hamburg. *Wissenschaftliche Anstalten.*
Jahrg. IV.
« *Naturwissenschaftlicher Verein.*
X Bd. (Festschrift zur Feier des 50 jähr Bestehens.
Kieff. *La Societé des Naturalistes.*
Memoires VIII.
Kjøbenhavn. *Kgl. Danske Videnskabs Selskab.*
Skrifter VI Række. naturh. og math. Afdeling.
2 Bd. XI. 3 Bd. IV. 4 Bd. II. III.
Oversigt. 1886. 2. 3. 1887. I.

Kristiania. *Kirke-Departementet.*
Ordbog over det lappiske sprog ved I. A. Friis. Hefte V. VI.
Nyt Magazin for Naturvidenskaberne. 31 Bd. 1. 2.
« *Norske Commission for den europæiske Gradmåling.*
Vandstandsobservationer. Hefte 4.
Geodætische Arbeiten. V.
« *Norske Nordhavsexpedition.*
XVII. Alcyonidæ ved Danielssen.
XVIII. Nordhavets Dybdetemperatur og Strømninger ved Mohn.
« *Videnskabs-Selskabet.*
Forhandlinger 1885. 1886.
Skandinaviske Naturforskeres 13 Møde.
Forhandlinger.

Kønigsberg *Physikalisch-oekonomiche Gesellschaft.*
Schriften Jahrg. 27, endvidere af ældre Årgange: Jahrg. X. 2, XII—XV, XVI. 2.

Lausanne. *Societé Vaudoise des Sciences naturelles*
Bulletin No. 96.

Leiden. *Dierkundige Vereeniging.*
Tijdschritt Deel I 3. 4.

Leipzig. *Kgl Gesellschaft der Wissenschaften.*
Berichte math. phys Classe Supplement 1886.

Lund. *Universitet.*
Acta XXII. 1. 2.
do. III—XIII.

Milwaukée-Wisconsin. U. S. A.
Public Museum.
Annual Report 1886.

Moscou. *Societé imperiale des* Naturalistes
Meteorologische Beobactungen 1886. 2 1887.,
Bulletin 1886, no. 2. 3. 4. 1887, 1. 2. 3. 4.

Neuchatel *Societé des Sciences naturelles.*
Bulletin XV.

Nürnberg. *Naturhistorische Gesellschaft.*
Jahresbericht 1886.

Paris. *Le Naturalist.*
9 année no. 1—18.
« *La feuille des jeunes Naturalistes.*
no. 205, 206, 207.

Pisa. *Societa Toscana di Scienze naturali.*
Atti vol V. pag. 119—304.

Riga. *Naturforscher Verein.*
Korrespondenzblatt XXX.

San Francisco. *California academy of sciences,*
Bulletin 1884 nr. 1,

Bulletin 1885 nr. 2, 3.
« 1886 « 5, 6, 7.

St. Gallen. *St. Gallische naturwissenschaftliche Gesellschaft.*
Bericht 1884—85.

Stockholm. *Vetenskaps Akademien.*
Öfversigt 1886 no. 9—10
1887 « 1—8.
Bihang XI bd. 1, 2.
XII « 1, 2, 3, 4.
Meteorologiska iaktagelser i Sverige bd. 23, 24.
Vega-expeditionens vetenskapliga iagtagelser bd. 4, 5. 1887.

Entomologiska Föreningen.
Tidsskrift årgang 7 no. 1—4.

Byrån för Sveriges geologiska undersökning.
Serie C. nr. 65. Beskrifning över Skånes stenkolsfält och grufvor af Edv. Erdmann 1887.
« 78. Gabbron på Rådmannsø och angränsande trakter af Rosslagen. af Eugen Svedmark 1885.
« 79. Några ord om Visingsø-serien af A. G. Nathorst 1886.
« 80. Lagföljden inom Dalarnes Silurområde af Törnqvist 1886.
« 81. Berättelse om en resa til Grønland 1880 af N. O. Holst 1886.
« 82. Über die Ausbildung des Hypostomes bei einigen skandinavischen Asapheden von W. C. Brögger 1886.
« 83. Öfversigt öfver Norrbottens geologi inom Pajala, Muonionalusta och Tärendo socknar af K. A. Fredholm 1886.
« 84. Ett konglomerat inom urberget vid Vestanå i Skåne af Gerh. de Geer 1886.
« 85. Om floran i Skånes kolförande bildningar.
I Floran vid Bjuf 3 hefte. 1886 af A. G. Nathorst.
« 86. Om vindnötta stenar af Gerard de Geer. 1887.
« 87. 5 afhandlinger ved G. de Geer, A. G. Högbom, I. C. Moberg, B. Santesson og H. v. Post.
« 88. Orografiska studier inom Rosslagen

af Eug. Svedmark. 1887.
nr. 89. Praktisk geologiska undersökningar inom Jämtlands län.
Om malmförekomsten i Jämtland og Herjedalen af I. H. L. Vogt. 1887.
« 90. Om Barnakallegrottan af G. de Geer 1887.
« 91. Undersökningar öfver istiden III af Otto Torell. 1887.

Stavanger. *Museum.*
Årsberetning 1886.

Upsala. *Vetensk. Societeten.*
Nova Acta XIII. 2.

Washington. *Smithsonian Institution.*
Report 1884. 2.

Wien. *Zoologisch-botanische Gesellschaft.*
Verhandlungen XXXVI. 3. 4.
XXXVII. 1. 2. 3. 4.

Naturhistorisches Hofmuseum.
Annalen Bd. II. 1. 2. 3.
Jahresbericht 1886.

Ornithologischer Verein.
Mittheilungen 1887.

K. K. Akademie der Wissenschaften.
Die østerr: Polarstation Jan Mayn, Bd. II. 2.

Wiesbaden. *Nassauischer Verein für Naturkunde.*
Jahrbücher nr. 40.

Amtmanden i Finmarkens amt.
Amtsformandskabets Forhandlinger 1886, 1887.

Mark Stirrup. Manchester.
Transactions of the manch. geological Society XIX 1, 2, 3, 4, 5.

W. Storm, konservator Trondhjem, notitser til Trondhjems Flora II.

W. M. Schøyen, Kristiania.
Yderligere tillæg til Norges Lepidopterfauna. Kr.nia 1882.

Jule de Guerne, Bruxelles.
Notes sur l'histoire naturelle der regions arctiques de l'Europe. Bruxelles 1886.

Schneider, konservator Tromsø.
Variations malacologiques.
Bd. 1. 2. par Locard, Lyon 1882.

Foslie, konservator.
Havsalgernes praktiske anvendelse. Tromsø 1887.
Nye havsalger. Tromsø 1887.

Extrakt

af Tromsø museums regnskab for 1887.

Indtægt.

Beholdning efter forrige aars extrakt		kr.	814.18
Bidrag af h. m. kongen	kr. 200.00		
— Tromsø samlag	« 1000.00		
— Tromsø amtskomune . .	« 300.00		
— Nordlands do. . .	« 100.00		
— Finmarkens do. . .	« 120.00		
— Medlemskontingent . .	« 199.00		
		«	1919.00
Statstilskud for budgetterminen $^1/_7$ 87—$^{30}/_6$ 88		«	5600.00
Entré ved reisende . . , ...		«	244.60
Salg af aarshefter . . . . . , ...		«	2.00
Renter i Tromsø sparebank		«	34.44
		kr.	8614.22

Udgift.

Den historisk antikvariske afdeling .		kr. 60.80	
« naturhistoriske do. .		« 603.21	
Reisebidrag til den antikvariske afdelings bestyrer		« 100.00	
Bibliotheket		« 122.47	
Lønninger:			
Konservatorer . .	kr. 3970.00		
Præparant	« 300.00		
Tilsynsmænd . . .	« 111.95		
		« 4201.95	
Husleie med vadsk		« 1575.20	
Årshefter og årsberetning		« 928.97	
Assurance		« 150.00	
Porto		« 94.95	
Forskjelligt		« 97.63	
Beholdning:			
Restancer	kr. 241.00		
I kasse	« 438.04		
		« 679.04	
			kr. 8614.22

Fortegnelse

over bidragydende medlemmer.

Weber Professor Amsterdam		Kr. 15
Overretssagfører Lund, Hammerfest		« 4
Toldinspektør Nilsen	do.	« 4
Seminarbestyrer Qvigstad Tromsø		« 6
Chr. Wadel, Kjøbmand	do.	« 4
Urdal, Boghandler	do.	« 2
Pettersen Toldkasserer	do.	« 8
Anton Næss Kjøbmand	do.	« 8
A. Moursund Sagfører	do.	« 4
A. Klæboe Smedemester	do.	« 2
Chr. Kjerschow Stiftamtmand	do.	« 8
P. O. Killie Kjøbmand	do.	« 4
Conr. Holmboe Konsul	do.	« 8
P C. Hansen Kjøbmand	do.	« 4
John Giæver do.	do.	« 4
Th. Fosse Klasselærer	do.	« 2
Foesnæs Farver	do.	« 4
I. C. Figenschou Sorenskriver	do.	« 4
W. R. Ebeltoft Bogbinder	do.	« 4
Chr. Dreyer Kjøbmand	do.	« 20
Benum, Skoleinspektør	do.	« 2
Fr. Bentzon, Apoteker	do.	« 10
O. L. Aune Kjøbmand	do.	« 2
O. Albrethson	do.	« 6
J. Aas Bagermester	do.	« 4
Andr. Aagaard Konsul	do.	« 8
N. Rasch, Kjøbmand Skjærvø		« 4
A. Solem Forstmester Lyngen		« 4
Torbersen Snedker Tromsø		« 2
P. O. Svanem Handelmand Kvedfjord		« 4
Knap Rektor Lillehammer		« 5
G. Robertson Konsul Hammerfest		« 4
J. Killengreen Skoledirektør Tromsø		« 6
Stuwitz Lensmand Vadsø		« 4
Hegge, Lensmand, Skjærvø		« 4
Jentoft, Konsul, Vardø		« 6
Danchertsen, Distriktslæge, Fredrikshald		« 8

Tromsø d. 6 Marts 1887.

Chr. Kjerschow. Karl Pettersen. Fredr. Bentzon.

J. Killengreen. J. Qvigstad.

Dyrlivet på vore havskjær.

En zoologisk udflugt til Hillesø juni 1887.

Af

J SPARRE SCHNEIDER.

Når man med noget forbehold kan sige, at det nordlige Norge i det hele og store taget i naturhistorisk henseende nu er tålelig godt undersøgt, da må herfra helt og holdent undtages den tætte ørække, som også skjærmer for det polare Norges kyster lige til Nordkap, idet vistnok botanikerne også her har fundet veien lige ud til de yderste holmer, medens derimod de lavere landdyr kun har været samlede på et og andet punkt under et flygtigt besøg. Og dog har disse utallige større og mindre øer også meget af interesse at byde zoologen, som herfra vil kunne hente mange oplysende kjendsgjerninger for det vigtige spørgsmål angående dyrenes indvandring og udbredelse, ialfald her kunne gjøre mange yderst overraskende fund, om han ellers formår at tyde dem.

Som regel vil det naturligvis findes, at faunaen på øerne i den indre lukkede led kun uvæsentlig afviger fra fastlandets, om de end kan frembyde en eller anden ejendommelighed, hvorfor det nærmest er de i det åbne hav yderst beliggende øer, hvortil interessen hovedsagelig knytter sig; det er denne livets blomstren under de aller ugunstigste betingelser, som naturforskeren finder det så interessant at iagttage.

Jeg har ved etpar tidligere anledninger (Tromsø museums årsberetning for 1882 og 84) givet en kortfattet fremstilling af dyrlivet på Vardø og den barske Nordfuglø udenfor mundingen af Lyngenfjord og skal i det følgende levere en lignende skisse af Hillesø ved mundingen af Malangenfjord. Det er jo selvsagt, at et sådant flygtigt besøg, især under ugunstige veirforholde, kun kan give meget usikre og utilfredsstillende resultater; men i betragtning af at selv det mindste bidrag til kjendskabet om dyrverdenen på slige ensomt beliggende punkter vil kunne frembyde noget af interesse, har jeg troet, at udbyttet af min tur til Hillesø nok kunde fremlægges for en større læsekreds. Der tør vel hengå en rum tid, førend skjærgårdsfaunaen får en systematisk undersøgelse og bearbeidelse, og derfor mener jeg, at selv sådanne brudstykker har sin berettigelse og tjener et videnskabeligt formål.

Hillesø ligger på den nordre side af indløbet til Malangenfjord circa 35 kil. ret i vest for Tromsø på samme høide (69° 40′), og er den næst sydligste af en række ganske høie mindre øer, der danner ligesom en bræm om vestsiden af den store Kvalø. Den er, som naboerne, bygget af granitiske bergarter og består ligesom af 3 fjeldpartier, hvoraf det høieste dog ikke er mere end c. 300 meter o. h. (efter opmålingen 648 fod), ligesom hele øen ikke på nogen kant har større gjennemsnit eud c. 2 kil. Den er således bare som en liden prik og har overhovedet i sit ydre intet af særegen interesse, men da jeg endnu intet ved at berette om de mere imponerende søsterøer, hvoraf især Håja i vildhed minder om Nordfuglø, får vi denne gang nøies med den mere beskedne Hillesø, der ved nærmere bekjendskab tør vinde i interesse.

Mod vest og nord falder den steilt ned med vilde urer, mod syd og øst er afheldet jevnere, og her findes en større strækning lavland med dyrkbart jordsmon, hvor den gamle kirke og de 2 gårde ligger. De talrige skjelrester, der overalt stikker op, røber denne flade som gammel havbund; marken er dels græsklædt, dels halvt som myr med tuer, men forholdsvis tør; brændtorv findes på etpar små myrer nogle hundrede meter bag husene oppe i fjeldet. Om skov er her naturligvis ikke tale; den repræsenteres af noget lavt birke- og vidjekrat i nogle beskyttede fordybninger og fjeldkløfter, samt hist og her af nogle fodhøie rogne- og aspe- «trær». Mine botaniske kundskaber tillader forøvrigt ikke nogen nærmere redegjørelse for vegetationsforholdene; jeg forsøgte at tage en fortegnelse over de phanerogame planter, men plantevækstens ringe udvikling paa grund af den sene vår gjorde resultaterne saa usikre, at jeg atter opgav det. Nævnes skal kun, at den almindelige vilde stedmodersblomst *(Viola tricolor)* i de bratte urer mod vest stod blomstrende i slige mængder, som jeg aldrig tidligere har iagttaget det nogetsteds. I gode år høstes der paa øen endel multer *(Rubus chamæmorus)*, som vel tilfældet er på de fleste af øerne her nord.

Når man en regntung eftermiddag i en sur sydvestvind nærmer sig Hillesø, ser den ligeså grå og uindbydende ud som vore andre ishavsøer under lignende omstændigheder, men det triste indtryk svinder, når man får sætte foden på det bløde grønne græs og navnlig en blank solskinsdag kan få streife omkring høit og lavt. Vegetationen er dog ikke rig, og øen har ikke den vakre grønne dragt, som klæder såmange fjelde her nord lige op til et par tusind fods høide over havet. Forøvrigt indtraf mit ophold under meget ugunstige betingelser, da sommeren kom usædvanlig sent i 1887, så kun en og anden af de aller tidligste blomster *(Caltha palustris* og etpar andre) havde begyndt at vise sig, da jeg

St. Hansdag for en uges tid indlogerede mig hos den venlige lodsfamilie, hvor jeg nød en udmærket forpleining.

Hovedformålet for min tur ud til Hillesø var egentlig her at påbegynde de undersøgelser af havfaunaen i Malangenfjord, som senere på sommeren fortsattes i bunden af fjorden, men da veiret næsten hver dag hindrede alle operationer tilsøs, benyttedes tiden til at gjøre iagttagelser over landfaunaen, og saaledes samledes da materialet til denne lille afhandling. Det er egentlig kun udbyttet af de entomologiske undersøgelser, som her skal fremlægges, men for dog at give billedet af det dyrliv, som kjæmper for tilværelsen paa slig en liden ø i det barske Nordhav, en noget fyldigere afrunding, har jeg ligesom ved skildringen af Nordfuglø og Vardø her også medtaget de sparsomme iagttagelser over landfaunaens øvrige repræsentanter.

Af egentlige *landpattedyr* er røskatten (*Mustela erminea*) det største og skal forekomme i stort antal. Lemæn (*Myodes lemmus*) og «jordmus» (vistnok *Arvicola* eller *Hypudæus*) viser sig talrige enkelte år, men udryddes snart af de talrige røskatte; en art spidsmus (*Sorex*) findes også. Oter (*Lutra vulgaris*) findes selvfølgelig her som overalt i Norge, de almindelige sælsorter (*Phoca vitulina* og *barbata*) ligeså; i sommeren 1887 holdt en stor hanhvalros (*Rosmarus arcticus*) sig nogen tid ved en holme lige ud for Hillesø, blev flere gange anskudt men forsvandt så.

Fuglelivet er rigere repræsenteret, og Hillesø med omliggende småøer er et godt fuglevær. Her ruger gås (*Anser cinereus*), fiskand (*Mergus merganser*), efugl (*Somateria mollissima*), lom (*Colymbus*, sandsynligvis *septentrionalis*), begge arter skarv (*Phalacrocorax cormoranus* og *graculus*) teist (*Uria grylle*), tenne (*Sterna arctica*), svartbag (*Larus marinus*), blåmåse (*L. argentatus*), småmåse (*L. canus*), sjeldnere gulföting (*L. fuscus*), samt på en liden brat holme endel par af krykje (*L. tridactylus*), jobo (*Lestris*), kjeld (*Hæmatopus ostralegus*), gåsbue ell. småspove (*Numenius phoeopus*) og vel endnu nogle af de mindre vadefugle. Af landfugle hækker her havørn (*Aqvila albicilla*), falk (*Falco gyrfalco*), fjeldvåk (*Buteo lagopus*) efter beskrivelsen at dømme), ravn (*Corvus corax*), kråke (*C. cornix*), sjur (*Pica caudata*); ringtrosten, her kaldet vastrast (*Turdus torqvatus*), er almindelig, jeg bemærkede også linerle (*Motacilla alba*), en piplærke-art (*Anthus pratensis* ell. *rupestris*), gråsisik (*Linota linaria*), ligesom begge arter rype (*Lagopus subalpina* og *alpina*) findes på øen.

Foruden disse ruger vel endnu nogle småfuglearter herude, men da befolkningen i Nordland ikke har særskilte navne på størsteparten af de mindre fugle, ved jeg ikke med sikkerhed at nævne flere end disse.

Den almindelige frosk (*Rana temporaria*) findes hverken på Hillesø eller nærliggende øer, derimod på Kvaløen; det vilde været af interesse at få undersøgt denne vor eneste arktiske amphibiearts udbredelse i skjærgården. Af *landmollusker* erholdtes hele 11 arter nemlig: *Arion subfuscus, Limax agrestis, Arionta arbustorum, Hyalinia hammonis, Vallonia costata, Clausilia bidentata, Conulus fulvus, Vitrina angelicæ, Pupa muscorum, P. inornata v. gredleri* og i en liden dam i nærheden af kirken erholdtes endel eksplr. af en endnu ubestemt *Pisidium.* En eller anden form af *Limnæa ovata* findes ikke usandsynligt i de småvand, der skal ligge nord på øen, men som jeg ikke fik anledning til at undersøge. Fra Nordfuglø medbragtes 6 arter, og på Vardø er fundet 8, deriblandt en *Lymnæa* og en *Pisidium;* 2 arter, nemlig *Vitrina angelicæ og Conulus fulvus* er fælles for alle tre øer.

Når hensyn tages til de meget ugunstige veirforholde, under hvilke indsamlingen foretoges, så må udbyttet af insekter kaldes ganske upåklageligt, skjønt det selvfølgeligt kun kan repræsentere en brøkdel af de her i virkeligheden forekommende arter. Med undtagelse af *Bombus alpinus,*

2 arter *Tenthredinider* og en mindre parasithveps består fangsten udelukkende af *Coleoptera* og *Lepidoptera*, af de sidste rigtignok kun nogle få arter, men da deriblandt er flere af megen interesse, er nedenfor givet en fortegnelse over alle arter, som observeredes.

Størst interesse knytter der sig til de medbragte *Coleoptera*, i alt 64 arter, hvoraf ikke mindre end 8, alle *Brachelytra*, hidtil ikke har været opførte som tilhørende Norges fauna; af disse er der atter 4, som jeg ikke har bemærket andetsteds inden vor arktiske region, medens jeg for den anden halvparts vedkommende endnu kjender en enkelt lokalitet til, så også disse synes at være sjeldne.

Som tilfældet er med de fra Nordfuglø og Vardø kjendte *Coleoptera*, således frembyder også udbyttet fra Hillesø et meget broget udseende, idet næsten alle familier er repræsenterede; heraf at ville drage afgjorte slutninger angående faunaens karakter er naturligvis ikke tilrådeligt, da tilfældige årsager ved en så flygtig undersøgelse selvfølgelig kommer til at spille en fremtrædende rolle, men nogle almindelige bemærkninger kan være tilladte. Der er al grund til at antage, at senere undersøgelser ikke i noget væsentligt mon vil forrykke forholdet ialfald for enkelte familiers vedkommende, og at således det nu medbragte udbytte giver et temmelig korrekt billede af faunaens karakter. Udregnet procentvis giver de 16 *Carnivori* netop 25 % af det hele antal og de 25 *Brachelytra* omtrent 39 %; sammenlignes hermed faunaen på Tromsøen og allernærmeste omegn, en af de bedst kjendte i vort land, så viser den henholdsvis 24 og 38.4 %, altså næsten nøiagtigt samme forhold som på Hillesø, så tilfældighedens betydning herved i høi grad afsvækkes; af de øvrige familier viser *Rhynchophori* 7.8 % mod 7.5 på Tromsø, medens *Lamellicornes* og *Serricornes* viser en høi procent på Hillesø nemlig 7.8 og 10.9 mod 2.2 og 6.7 på Tromsø; det er visselig nærmest begrundet deri, at arterne af de to sidste familier er iøienfaldende og lette at indsamle.

Hvad faunaens karakter i sin almindelighed angår, da viser den sig som på Nordfuglø at eje forholdsvis mange temmelig udpræget sydligere arter, således at den med forholdene ubekjendte ved at mønstre den lille samling fra Hillesø neppe vilde være kommen på den tanke, at den var tilbleven under en så høi nordlig bredde, et bevis for, at vor arktiske region har modtaget en ikke ringe del af sine elementer gjennem indvandring langs kysten og ikke udelukkende fra de store landstrækninger mod øst, som det skulde ligge nær for hånden at tro; endel af disse arter synes nemlig kun at være udbredte på kysterne af vor arktiske region, og da ligger det vel nærmest at antage, at indvandringen er foregået ad denne vei.

Det frembyder ikke liden interesse hermed at sammenligne coleopterfaunaen på Nordfuglø (70° 13′), hvorfra jeg på min tur i 1884 medbragte næsten nøiagtigt samme antal, nemlig 65, idet jeg angående *Carabus glabratus* er i tvivl. Heraf er ligeledes 25 *Brachelytra* (38 %), medens de 20 *Carnivori* repræsenterer næsten 31 %; *Serricornes* med 7 arter giver 10.8 %, altså samme forhold som på Hillesø, derimod har Nordfuglø kun en eneste repræsentant af *Lamellicornes* og de 3 *Rhynchophori* giver kun 4.6 %. Hvad antallet af arter angår, synes begge øer altså at være nogenlunde ligeligt udstyrede, men i henseende til artskvaliteten viser der sig en meget påfaldende ejendommelighed: kun 27, altså ikke engang halvparten, er fælles for begge øer; er dette atter et spil af tilfældige årsager eller er et virkeligt forhold her tilnærmelsesvis antydet? På undersøgelsernes nuværende standpunkt er det vanskeligt at opgjøre sig nogen begrundet formening herom, men et er sikkert, at et udbytte af 92 arter fra nogle dages undersøgelse af 2 små i det åbne Nordishav beliggende øer er et mægtigt bevis på de gunstige naturforholde, som det nordligste Norge nyder i sammenligning med andre polarlande; mod dette kan Island med sine 1800 kvadratmile ikke opstille mere end 82 arter! Herved vinder mine, som det kan synes, noget drøie sandsynlighedsberegninger over Nordfugløs Coleopterfauna en ikke liden støtte, idet jeg altid går ud fra, at tilfældighederne ved slige flygtige besøg bliver altfor vægtige faktorer. Som et eksempel skal kun anføres, at da jeg i 1879 efter 3 års undersøgelser leverede en fortegnelse over Tromsøtraktens Coleoptera (Tr. museums årshefter II), troede jeg, at der til de opførte 134 arter ikke skulde blive såmeget at tilføie; i dette øieblik viser min fortsatte fortegnelse fra dette meget begrændsede område 276 arter, og endnu tænker jeg, der skal blive mangen interessant tilvækst; et stærkt varsko mod forhastede slutninger og for knappe beregninger!

Hr. professor J. Sahlberg i Helsingfors har med sin sædvanlige imødekommenhed undersøgt alle tvivlsomme eksplr., og for bestemmelsernes rigtighed haves der således den bedste garanti; jeg skylder ham derfor min bedste tak.

Tromsø i februar 1888.

I. Fortegnelse over *Coleoptera* indsamlede på Hillesø (69°40′) 24—30 juni 1887.

1. *Carabus glabratus* Payk. Syntes at være meget almindelig navnlig i urerne mod vest. Denne art er vistnok udbredt overalt i vor arktiske region men synes mere at tilhøre indlandet, jeg havde herude nærmest ventet *C. violaceus*, der mere er en kystform, og som også blev funden på Nordfuglø.

2. *Cychrus rostratus* L 2 stykker i uren. De tilhører efter Sahlbergs bestemmelse hovedformen, medens den ved Tromsø optrædende race for en del går ind under *v. pygmæus*

J. Sahlbg. (Chaud. ?). Spredt over hele området, men meget sparsom og næsten udelukkende langs kysten.

3. *Nebria gyllenhali* Schoenh. Almindelig, dog kun i hovedformen. De rødvingede og gulbenede varieteter er endnu på Tromsø høide fornemmelig alpine, i Østfinmarken f. eks. ved Vardø og Vadsø synes de derimod at være næsten enerådende.

4. *Notiophilus aqvaticus L* 3 stykker medbragte; et overalt almindeligt insekt. På Nordfuglø forekom dertil endnu *palustris* og *biguttatus*, den sidste endog hyppig.

5. *Patrobus excavatus* Payk. *v. assimilis* Chaud. (*clavipes* Thoms). 4 eksplr. Med følgende en i vor arktiske region overalt udbredt og almindelig art.

6. *P. picicornis* Zett. Kun 2 stykker medbragte, begge tilhørende hovedformen.

7. *Feronia nigra* Fabr. I uren erholdtes 10 eksplr. sammen med *Car. glabratus*. Dette er det interessanteste coleopterologiske fund fra reisen, og overmåde overraskende var det heroppe at træffe denne sydlige form, der hidtil ikke var bemærket nordenfor Trondhjem. Om den er udbredt i vor skjærgård, eller om dette er en rent sporadisk forekomst, det får senere undersøgelser gjøre nærmere rede for; at den er indvandret langs kysten, antager jeg for givet, da en så stor og iøinefaldende art vanskeligt skulde have undgået opmærksomheden i indlandet, der gjennem årenes løb har været bereist af mange samlere.

8. *Amara torrida* Illig. Af dette ellers så almindelige insekt medbragtes kun 5 eksplr.

9. *A. qvenselii* Schønh. ? Jeg fandt kun et stykke af et vingedække. der uheldigvis ikke blev opbevaret, men som kun, efter farven at dømme, kan have tilhørt denne eller *A. apricaria* Fabr. På Nordfuglø blev foruden *A. torrida* funden *A. præternıissa* Sahlbg. ganske talrig.

10. *Calathus melanocephalus* L. & *v. nubigena* Hal.

Rent udpræget forekom hovedformen neppe; de fleste eksplr. tilhører varieteten eller overgangsformer. Denne art fattes neppe på noget punkt i vor arktiske region, hvor der overhovedet er betingelser for insektliv.

11. *Harpalus luteiornis* Duft. Et par medbragt. Denne art synes at være adskillig udbredt på øerne, idet den foruden på Tromsøen også er funden på Renø og Karlsø.

12. *Bradycellus pubescens* Payk. Jeg fandt kun 2 hanner af den her nord som det synes udelukkende optrædende ensfarvet begsorte form.

13. *Br. deutschii* Sahlbg. 1 enkelt eksplr. En til Tromsø høide meget udbredt art; på Nordfuglø erholdtes mange eksplr. af den her nord langt sjeldnere *Br. cognatus* Gyll.

14. *Aucupalpus collaris* Payk. Jeg fandt kun 2 individer. Den synes at være meget udbredt på øerne, men er sjelden i de indre distrikter.

15. *Hydroporus planus* Fabr. 2 eksplr. erholdtes i et myrhul i nærheden af kirken. Denne art har jeg navnlig fundet talrig i Tromsø nærmeste omegn, forøvrigt temmelig sporadisk i vor arktiske region.

16. *H. atriceps* Crotch & *v. opacino* Sahlbg. 1 eksplr. af hovedformen og 2 af varieteten sammen med foregående. Dette er en meget almindelig og udbredt art.

17. *Helophorus planicollis* Thoms. Kun 2 individer på samme lokalitet. Dette er ved siden af *H. glacialis* Vil. den på Tromsøen almindeligst forekommende art, den 3die, *H. strigifrons* Thoms. er derimod sjelden. På Nordfuglø erholdtes *H. glacialis* i talrige eksplr.

18. *Cercyon melanocephalum L.* Denne i de 2 sydlige amter almindelig udbredte art blev også funden talrig på Hillesø; på Tromsøen forekommer næsten bestandig i dens selskab og ofte ligeså hyppig *C. hæmorrhoidale* Fabr.

19. *Philonthus sordidus* Gr. 2 eksplr.; en i vor

arktiske region udbredt men ikke hyppig art.

20. *Ph. puella* Nordm. Et enkelt individ; sjeldnere end foregående men vistnok ligeså udbredt.

21. *Ph. nigrita* Grav. Har hidtil ikke været opført som norsk og er ellers kun fundet i et enkelt individ i Tromsdalen, hvortil kan føies et til fra Hillesø.

22. *Ph. marginatus* Strøm (Fabr.) Medbragtes kun i et enkelt eksplr.; dette var på Nordfuglø slægtens eneste repræsentant. Ganske påfaldende forekommer det mig, at den almindelig udbredte og i Tromsø omegn så overordentlig hyppige *Ph. cephalotes* Gr. ikke blev observeret på Hillesø, hvor den dog neppe mangler.

23. *Gabrius aterrimus* Grav. Erholdtes kun i et enkelt eksplr; den var hidtil ikke funden nordenfor polarcirkelen.

24. *Qvedius molochinus* Gr. Kun 2 stykker medbragte; dette er af vor arktiske regions mest karakteristiske og udbredte arter.

25. *Raphirus attenuatus* Gyll. Ligeledes kun 2 eksplr. om denne gjælder samme bemærkning som ved foregående.

26. *Othius lapidicola* Kies. 2 stykker medbragte. Den forekommer overalt enkeltvis, men har en stor udbredelse også på øerne og synes neppe at mangle nogetsteds.

27. *O. myrmecophilus* Kies. Jeg fandt kun et enkelt eksplr. Denne art har hidtil ikke været opført som norsk, men jeg har dog også taget den i Balsfjord ved Tromsø i juni 1885. Det er en udpræget sydlig form.

28. *Lathrobium loongulum* Gr. Af denne ligeledes mere sydlige og i vor arktiske region hidtil ikke bemærkede art medbragtes et enkelt lidet eksplr.

29. *Baryodma villosa* Mann. Også en udpræget sydlig art, der mig bekjendt endnu ikke har været fundet på den skandinaviske halvø. Kun et enkelt individ erholdtes.

30. *Bessopora ferruginea* Er. Atter en interessant

tilvækst til Norges fauna, som imidlertid ligeledes kun medbragtes i et eneste eksplr.; på Nordfuglø erholdtes den nærbeslægtede *B. soror* Thoms. der synes at være adskillig udbredt inden Tromsø amt, ihvorvel den viser sig meget sjelden.

31. *Amischa cavifrons* Sharp. En hun medbragt. Denne art blev også funden på Nordfuglø, men er mig bekjendt endnu ikke bemærket søndenfor polarcirkelen.

32. *Liogluta crassicornis* Gyll. Af denne i de 2 sydligere amter meget udbredte art medbragtes et enkelt individ.

33. *Atheta graminicola* Grav. Denne almindeligt udbredte art blev funden i et enkelt eksplr.

34. *Atheta aubei* Bris. Jeg medbragte ligeledes kun et eneste eksplr. af denne hidtil ikke i Norge bemærkede art.

35. *Atheta eremita* Rye. Heller ikke af denne erholdtes mere end 1 individ.

36. *A. atramentaria* Gyll. Forekom talrig i kogjødsel. En i vor arktiske region udbredt art, der nærmest vel kun er overseet i det søndenfjeldske Norge, hvorfra der hidtil ikke har foreligget observationer om dens forekomst.

På Nordfuglø erholdtes følgende arter: *graminicola* Gr., *eremita* Rye., *melanocera* Thoms., *atramentaria* Gyll. og *frigida* J. Sahbg.

37. *Bessobia excellens* Kraatz? Sahlberg har med tvivl bestemt et eksplr. som tilhørende hunnen af denne hidtil ikke i Skandinavien observerede art.

38. *Geostiba circellaris* Gr. Jeg medbragte kun et enkelt eksplr. af en mindre og mørkere varietet. Den blev også funden på Nordfuglø.

39. *Tanycrærus laqeatus* Marsh. Denne almindelige og udbredte art forekom heller ikke sjelden på Hillesø i selskab med *Ath. atramentaria*.

40. *Tachinus collaris* Gr. 2 stykker. En i de to sydligere amter og navnlig i Tromsø omegn meget hyppig art.

41. *Arpedium brachypterum* Gr. Ligeledes 2 stykker Også denne er meget udbredt i det polare Norge; den blev i flere eksplr. medbragt fra Nordfuglø.

42. *Omalium septentrionis* Thoms. Jeg fandt kun et enkelt individ; den har hidtil ikke været opført som norsk, men jeg har også taget etpar stykker ved Bjerkeng i Målselven i 1885.

43. *Micralymna marina* Strøm. Erholdtes talrig under stene langt nedenfor flomålet, således at dyrene en stor del af døgnet må stå under vand. Den har vistnok en stor udbredelse men er hidtil kun lidet bleven observeret, da dens forekomst er så lokal.

44. *Thanatophilus lapponicus* Fabr. Denne i de indre distrikter så almindelige art synes at være sjelden ude ved kysten; jeg fandt et enkelt eksplr. under en død skarv.

45. *Aphodius lapponum* Schoenh. På Hillesø almindelig som overalt i vor arktiske region.

46. *A. borealis* Gyll. 2 eksplr. i selskab med de øvrige *Aphodius*-arter. Efter Stein & Weisse's katalog er denne art forskjellig fra *putridus* Sturm, hvormed den af Thomson identificeres, og skulde således være ny for Norges fauna. Den ellers så almindelige *A. piceus* Gyll. blev mærkeligt nok ikke funden på Hillesø ei heller på Nordfuglø.

47. *Aphodius rufipes* L. Et enkelt ekspl. under en sten. Den er endnu temmelig hyppig ved Tromsø, men er heller ikke hidtil bleven observeret nordligere.

48. *A. depressus* Kug. & *var. nigripes* Gyll. Begge former forekom omtrent lige hyppigt. En i de to sydlige amter indtil den 70de grad almindelig udbredt art.

49. *Ægialia sabuleti* Payk. Nogle få ekspl. erholdtes under stene tæt ved søen. Dette er en af vor arktiske re-

gions mest karakteristiske insekter.

50. *Corymbites affinis* Payk. Af denne meget udbredte arktiske art medbragtes 2 stykker.

51. *C. impressus* Fabr. Kun et eneste eksplr. Denne art synes at have en vidtstrakt udbredelse men forekommer meget sjelden og sporadisk i det polare Norge.

52. *C. æneus* L. Denne art er langt hyppigere på øerne end i de indre distrikter, og jeg har saaledes endnu ikke fundet den nærmere Tromsø end c. 20 kil. Fra Hillesø medbragtes 15 stykker, hvoraf de fleste blev fundne i de store urer; kun 2 af dem tilhører hovedformen, de øvrige er enten udprægede *v. germanus* eller har kun den øverste del af tibierne rødfarvede. Et eksplr. er kun halvt så stort som normalt og har grønblå vingedækker.

53. *C. holosericeus* Fabr. Synes at være meget sjelden i vor arktiske region, idet den hidtil kun var funden ved Skjærvø i 1823 af Zetterstedt. På Hillesø tog jeg 2 stykker under stene i en brat fjeldskråning ikke langt fra gården, og i den forløbne sommer har forstkand. A. Hagemann også erholdt nogle eksplr, i Saltdalen.

54. *Sericosomus brunneus* L. Et enkelt eksplr. medbragt; denne art synes at være langt hyppigere i de indre varmere dalfører end ude ved kysten, hvor den vistnok er meget udbredt men forekommer meget enkeltvis.

55. *Cryptohypnus riparius* Fabr. Kun 3 stykker erholdtes; den er udbredt overalt vestenfor og søndenfor Nordkap, navnlig i kystdistrikterne, men er ikke så hyppig som følgende, med hvem den af og til forekommer i selskab.

56. *Cr. rivularius* Gyll. Syntes at være sparsom på Hillesø, idet jeg kun har medbragt 2 stykker; den er ellers en af de mest karakteristiske og udbredte arter i det polare Norge. Begge arter blev også fundne på Nordfuglø.

57. *Otiorrhynchus maurus* Gyll. Dette almindelig udbredte insekt manglede heller ikke på Hillesø, og denne og

følgende synes at forekomme overalt, hvor der kan være tale om forekomst af *Coleoptera*.

58. *O. monticola* Germ. (*blandus* Schoenh.) 2 eksplr.- Fattes neppe på noget punkt i vor arktiske region og er navnlig talrig langs kysten på sandede strandbredder.

59. *O. rugifrons* Gyll. 1 individ medbragt. Den er overalt sparsom men har en vidtstrakt udbredelse og synes ligesom foregående at foretrække kysten for indlandet, medens *O. maurus* er talrigst i de indre distrikter, i lavlandet som på fjeldene.

60. *Barynotus schoenherri* Zett. Udbredt i de 2 sydlige amter men overalt en sjeldenhed. Jeg fandt et enkelt eksplr. i den store ur mod vest.

61. *Erirhinus æthiops* Fabr. 2 stykker under en sten tæt ved en liden bæk i nærheden af kirken. En vidt udbredt men ingenlunde hyppig art.

62. *Chrysomela marginata* L. Jeg fandt kun et enkelt individ. Overalt udbredt men hyppigst langs kysten.

63. *Ch. staphylæa* L. 5 eksplr. er medbragte. Denne under sydlige bredder så almindelige art er også i det polare Norge vidt udbredt men ingenlunde at regne blandt de almindelige former.

64. *Phratora vitellinæ* L. Nogle få stykker på en af de blågrønne *Salices*. Overalt udbredt og enkelte år i uhyre masser fuldstændigt afbladende især *Salix nigricans*.

II. Fortegnelse over *Lepidoptera* fundne på Hillesø.

---

1. *Pieris napi L. v. bryoniæ*. Fløi temmelig talrig i den store ur i normale eksplr.

2. *Zygæna exulans* Hoch. Jeg fandt på *Salix* en ung larve, som vistnok har tilhørt denne art, hvis larve jeg forøvrigt aldrig har seet, og et stykke af en kokong. Den blev også funden på Nordfuglø.

3. *Nemeophila plantaginis* L. 2 larver, hvoraf 18 juli fremkom en hun af den almindelige form og 27de en han af *ab. hospita*, der her nord er hyppigere end hovedformen. Også denne blev funden på Nordfuglø.

4. *Arctia caja* L. Allerede for flere år tilbage var der mig berettet af en af beboerne på Hillesø, at der jevnlig forekom en art store lodne «åmer», der enkelte år optrådte i stor mængde. At dette måtte være en eller anden *Arctia* var jo klart, men hvilken? Jeg tænkte på *A. qvenselii* eller måske *festiva*, men fandt det neppe rimeligt, at disse 2 sjeldne arter nogetsteds skulde optræde i masse; *caja*, der ikke var funden nordenfor Grøtø, faldt mine tanker slet ikke på. Dette spørgsmål var dagen efter min ankomst let at besvare, idet jeg på det angivne sted i de store urer straks fandt etpar unge larver af det velbekjendte udseende og straks derefter flere fuldvoksne, tildels allerede indspundne til forpupning; det lykkedes mig snart at samle c. 50 stykker, men de var iår efter beboernes udsagn sparsomme, medens man ofte kunde se indtil en snes stykker på samme tue. Af larvernes meget forskjellige størrelse blev det mig straks klart, at her forelå 2 forskjellige generationer, idet arten her nord ligesom *A. qvenselii* har en 2årig udvikling, og man kan således samtidigt finde insektet i alle 4 stadier: som æg, larve, puppe og udviklet sommerfugl. Larvens overvintringsstadium er dog langt mere fremskreden end sydpå ved en 1årig generation, idet den det 2det år neppe gjennemgår mere end sidste hudskifte, hvad jeg dog endnu ikke har havt anledning til at konstatere. Hvad næringsplanter angår, da synes larven at være polyfag her som andetsteds, jeg opfødte de indsamlede larver med *Rumex domesticus*. Det var med adskillig forventning jeg imødeså de første sommerfugle, der klækkedes 29 juli; ved Bodø, hvor *caja* er almindelig, optræder den nemlig med et vakkert rosenrødt skjær over de ellers hvide bånd på forvingerne, og konsekvent mente jeg,

at dette måtte være endnu mere udviklet hos arten ved dens sandsynlige nordgrændse. Heri blev jeg dog skuffet, idet kun enkelte viser en ganske svag antydning til dette røde anstrøg nærmest indkanten; forøvrigt forekommer mig disse arktiske eksplr. vakrere end søndenfjeldske og navnlig mellemeuropæiske, idet bagvingernes mere teglrøde farve hos disse her nord er nærmere karmin, mest intens hos et individ fra Bodø. Et par særlig smukke eksplr. fra Hillesø har thorax og forvingernes grundfarve næsten rent fløielsort, og hos flere synes de almindelige hvide skulderpletter forsvundne, ellers frembyder de 10 eksplr. ikke nogen mere specielle ejendommeligheder; ved at klække et stort antal vilde visselig interessante varieteter være fremkomne, da arten også her nord har stærk tendents til at variere. Det største individ måler 60 mm. Med hensyn til den almindelige udbredelse i Norge, da er den hyppige forekomst nordenfor polarcirkelen meget påfaldende, så man kunde være fristet til at sige, at dens rette hjem er det polare Norge. Den er almindelig i Kristianiatrakten og er ellers bemærket hist og her i det sydøstlige, nordligst mig bekjendt i Odalen; mod vest bliver den alt sparsommere, er på Arendalskanten allerede en stor sjeldenhed, og fra det vestenfjeldske kjendes kun de gamle optegnelser fra Hardanger af Schnabel og Søndmøre af H. Strøm, begge i det forrige århundrede. Så dukker den pludselig op som et ved Bodø almindeligt insekt, er dertil funden på Grøtø og Helligvær i Vestfjorden, og med dens hyppighed helt op på Tromsø høide antager jeg det for sandsynligst, at den er at finde i hele det arktiske Norges skjærgård. En indvandring langs kysten er således ligetil at antage, da den endnu ikke er fundet nogetsteds i indlandet, længst inde er den taget i Skjærstad ved Saltenfjorden af forstkandidat Hagemann. I Sverige er den bemærket op til Lapmarkerne, jeg besidder selv et eksplr. fra de trakter, men dens talrighed og udbredelse der er mig forresten ubekendt.

Foruden på Hillesø skal den også findes på de nærliggende Sommerøer, og neppe er den indskrænket blot til dette økompleks, hvorom jeg imidlertid mangler nærmere opgaver; at den her er temmelig nær sin nordgrændse, antager jeg dog for givet.

5. *Spilosoma fuliginosa* L. Et par in copula i den store ur. Denne art er ikke sjelden ved Tromsø og har ellers adskillig udbredelse i de to sydlige amter.

6. *Eupithecia venosata* Hb. En nyklækket hun på samme sted som foregående. Denne art har en meget sporadisk udbredelse hertillands, idet den kun, mig bekjendt, er funden ved Kristiania, på Dovre samt ved Børselv i Porsanger i Østfinmarken.

7. *Phoxopteryx ungvicella* L. og

8. *Ph. myrtillana* Tr. bemærkedes i enkelte eksplr. Begge er almindelig udbredte i de 2 sydlige amter, den sidste også funden i Østfinmarken.

9. *Penthina* sp. På *Salix* fandtes flere larver, som det imidlertid ikke lykkedes mig at udklække.

10. *Simæthis oxyacanthella* L. Larven var ikke sjelden på *Urtica*, og 1 eksplr. erholdtes udklækket. Denne art er hidtil kun bleven meget sparsomt bemærket i vor arktiske region nemlig i Talvik af Zetterstedt, hvorhos den på Tromsøen ikke er sjelden.

11. *Coleophora* sp. 1 eksplr. observeret, rimeligvis *laripennella* Z. Udbyttet af *Lepidoptera* blev således overmåde tarveligt, men omstændighederne var da også så ugunstige som vel muligt, stadigt koldt og regnfuldt veir og især den tidlige årstid. På Nordfuglø blev under ligeledes meget ugunstige veirforholde noteret 27 arter, og jeg har vovet at anslå det sandsynlige antal af i virkeligheden der levende arter til c. 100; Hillesø er vel neppe i lepidopterologisk henseende dårligere udstyret, og allerede fundet af 3 *Bombycider* tyder på en ikke så fattig fauna.

Tromsø Museums Aarsberetning

for

1888.

Tromsø.

Trykt i Tromsøpostens Bogtr. ved M. Astad.

1889.

Tromsø Museums

Aarsberetning

for

1888.

TROMSØ.

Trykt i Tromsøpostens Bogtr. ved M. Astad.
1889.

Museets samlinger har i 1888 i tidsrummet fra 4de marts til 4de november været åbnede for almenheden i de sædvansmæssige eftermiddagstimer 3—5 i 38 søn- og helligdage. De besøgendes antal har herunder udgjort 10455. Udenfor de almindelige åbningsdage har samlingerne været besøgte af omkring 1000. Det samlede antal besøgende vil således i årets løb have udgjort omkring 11500.

Af de til museet knyttede arbejdskræfter har konservator Foslie i månederne januar og februar i museets anliggender været fraværende under et ophold i Kristiania.

Oldsamlingens bestyrer klasselærer O. Nicolaissen har med offentligt stipendium fortsat sine arkæologiske undersøgelser inden det nordlige Norge Konservator Schneider har — ligeledes med offentligt stipendium — i entomologisk retning undersøgt strøgene om det indre af Målselven. Konservator Foslie har fortsat sine algologiske undersøgelser inden Tromsø amt, og herunder blandt andet besøgt Gratangen i Ibestad og Pollen i Lyngen. Den geologiske afdelings bestyrer har udstrakt de geologiske revisionsundersøgelser til strøgene om Lavangen og Gratangen i Ibestad, til fjeldpartierne efter Målselvens nedre løb samt til strøgene langs efter Lyngenfjordens vestside fra Pollen nordover til Rottenvik straks udenfor Lyngseidet.

Disse forskjellige undersøgelsesrejser er foretagne uden væsentlig udgift for museet.

Museets bibliothek har i årets løb vundet en ganske betydelig tilvækst dels gjennem den literære bytteforbindelse og dels og det navnlig gjennem et stort antal tildels værdifulde værker, som er modtaget som gave fra Universitetsbiblioteket af sammes dubletsamling. Disse skrifter blev udtagne af konservator Foslie under hans ophold i Kristiania i årets begyndelse.

Den literære bytteforbindelse er i årets løb bleven forøget med følgende nye: Hungarian National Museum Budapest, Museum af comparativ Zoology (Harward College) Cambridge Mass, Naturwissenschaftlicher Gesellschaft Chemnitz, Naturforschende Gesellschaft Graubündens Chur, Nova Scotian Institute of Natural Science Halifax, Naturhistoriske Forening, Kjøbenhavn, Royal Society London, Linnean Society, London, Zoological Society, London, Naturhistorisches Museum, Lübeck, Ungarischer Karpathen-Verein, Löcsen, (Leutschau), Natural History Society, Montreal, Academy af Science New-York, Geological and natural history Survey of Canada Ottawa, Essex Institute Salem Mass. Academy of natural Sciences, Philadelphia, Royal Society of New South-Wales Sidney, Canadian Institute Toronto.

Museets årshefte XI var ved november måneds udgang færdigt til uddeling. Heftet indeholder følgende afhandlinger:

Den nord-norske fjeldbygning. Afd. II. afsnit 1 af Karl Pettersen.

Karakteristik af några bergartsprof från nordliga Norge af A. E. Tørnebohm.

Oversigt over de i Norges arktiske egne fundne Coleoptera af J. Sparre Schneider.

Skuringsmærker efter det nuværende strandbelte af Karl Pettersen.

Som tidligere fremholdt i de par foregående årsberetninger har bestyrelsens opmærksomhed i længere tid været rettet på nødvendigheden af snarest muligt for museet at søge tilvejebragt et eget hensigtsmæssigt lokale. I det man troede at kunne have grund til at forudsætte at stiftets befolkning her måtte have vilje til at træde støttende til, udsendte bestyrelsen under 19 marts en rundskrivelse, hvori spørgsmålet noget nærmere blev omhandlet, og hvorunder opfordring blev rettet til enhver, der hertil måtte have evne, at yde sit bidrag. Gjennem vedkommende amtmænd blev rundskrivelsen endvidere indsendt til stiftets trende amtsformandskaber ligesom til samtlige heredsstyrelser. Under 26 juli henvendte man sig i en egen rundskrivelse til stiftets samtlige skolelærere med opfordring til hver inden sin skolekreds at søge sagen bragt frem for den store almenhed — mænd, kvinder som børn.

Denne således til almenheden stilede opfordring er fra mange kanter bleven mødt med en højst påskjønnelsesværdig tilslutning. Nordlands og Tromsø amtsformandskaber har således til byggefondet bevilget 500 kr. hver. Flerheden af Tromsø amts heredsstyrelser har bevilget bidrag fra 25 til 50 kroner og lignende bidrag er tilstået af flere af Finmarkens heredsstyrelser. Af bykommunerne har Vardø tegnet sig for et bidrag af Kr. 100. Større og mindre tilskud er endvidere indkommet fra private bidragsydere rundt om i stiftet. Størstedelen af de udsendte lister er endnu ikke vendt tilbage og det lader sig således for tiden ikke gjøre at drage bestemtere slutninger angående det endelige resultat. Til dato er indkommet i overenstemmelse med nedenfor afgivne opgave omkring Kr. 4700.

Med hensyn til de enkelte afdelingers virksomhed henvises til nedenstående oversigter, afgivne af vedkommende samlingsbestyrere.

A. De historiske antikvariske samlinger.

a. den lappiske (finske) afdeling.

Denne er i 1888 bleven forøget med endel gjenstande fra Porsangerfjorden, ialt 24 nr. Som Gave har man modtaget et meget værdifuldt verk: *P. Montegazza e S Sommier*, studii antropologici sui Lapponi. Firenze. 1880.

b. Oldsamlingen.

Den historisk-antikvariske afdeling er i år bleven forøget med 28 nummere, hvoraf 7 tilhører den arktiske stenalder og er indsendte fra forskjellige steder i Finmarkens, Tromsø og Nordlands amter. Det nordligste findested for de iår indkomne stenredskaber er Langfjord i Alten, hvorfra hidrører en stenkviv, der udmærker sig ved smuk form og fin slibning, det sydligste Borge i Lofoten med et stenspyd. De øvrige gjenstande fra samme tidsrum er to meisler samt en liden hammer fra Tennevik i Trondenes, en stenkviv fra Vanø i Karlsø og en do. fra Sørreisen i Tranø. Til yngre jernalder må henføres to sverd, en pålstav, to spyd, to økser, et broncehåndtag til en dolk, et håndsneldhjul af klebersten samt en del andre gjenstande. Disse sager er fundne i gravhauger i Tromsø og Nordlands amter. Af kirkelige sager kan nævnes en udskjæring i træ fra Trænens kirke på Helgeland samt en model af en Nordlandsjægt fra samme kirke. En fuldstændigere og såvidt muligt nøiagtig beskrivelse over samtlige gjenstande er ligesom i de foregående år indsendt til foreningen for norske fortidsmindesmerkers bevaring for at trykkes i foreningens årsberetning. Arkæologiske undersøgelser foretoges i sommer i Nordlands og Tromsø amter og de på reisen indsamlede gjenstande er indlemmede i museets oldsamling. Beretningen om undersøgelserne vil blive trykt i årsberetningen fra ovennævnte forening. Separataftryk af tidligere reiseberetninger i arkæologiske øiemed er tilstillede mænd, som antages at interessere sig for museet, eller som ved gaver, meddelelse af oplysninger og paa andre måder har støttet anstalten i dens virksomhed. Af Ryghs «Norske oldsager» er 2det og 3die hefte uddelt til hr. telegrafbestyrer Aslachsen, Fredriksværn.

Oldsamlingen tæller for tiden 857 numere.

B. De naturhistoriske samlinger.

a. de zoologiske afdelinger.

Museets zoologiske samlinger ere blevne forøgede med 14 udstoppede pattedyr, blandt hvilke her skal nævnes elg, hjort, gaupe, mår, pindsvin og unge af jerv; ligeså en ved Gjesvær skudt grønlandssæl *(Phoca grønlandica)* samt unger (han og hun) af klapmyds *(Cystophora cristata)* og ringsæl *(Phoca hispida)* fra Spitsbergen. Endvidere skelet af sejhval *(Balænoptera borealis)* og næbhval samt ca. 20 kranier. Sejhvalskelettet har man modtaget som gave fra Anglo-norwegian Fishing Co. gjennem dets disponent hr. Johs. H. Giæver hersteds. Af skeletter haves nu 7 stkr., hvortil plads mangler, nemlig blaahval (74 fod langt), sejhval, narhval (hun), næbhval (hun), ringsæl, springer *(Delph. albirostris)* og jerv. Af de her nævnte arter er tidligere opstillet narhval (han) og næbhval (han).

Af fugle er som gave, ved bytte eller kjøb indkommet ca. 90 ekspl. Blandt disse skal her nævnes et ved Guldhav i Målselven i midten af oktober skudt pragteksemplar af en hvid århane (albinos). Dragten er rent hvid med tre neppe synlige mørke pletter i brystet og en paa venstre vinge. Den havde holdt sig over 1 år ved Guldhav, stadig efterstræbt, men yderst sky. Desuden en rypeorre fra Østerdalen, turteldue (skudt paa Skjærvø) samt bjerglærke *(Alauda alpestris)* fra Tromsø omegn. Endvidere 2 unger i dundragt af landørn *(Aquila chrysaetos)*, hornugle *(Otus vulgaris)* fra Rissen ved Trondhjem, kirgisisk steppehøne *(Syrrhaptes paradoxus)* fra Mandal og storjo *(Lestris catarrhactes)* skudt i begyndelsen af december på Vengsø ved Tromsø, samt havhømmer (*Colymbus glacialis*) og *Falco candicans* fra Grønland.

Af fiske er der i årets løb ikke tilkommet mange eksplr., væsentlig fordi der fattes plads til i nogen betydeligere grad at udvide samlingen af de høiere dyr. Af værdifuldere arter må nævnes en på Andenæs i Vesterålen fanget sildekonge (*Regalecus*), 2 laksestørjer (*Lampris*) samt flere stykker sølvkveiter (*Trachypterus*), der imidlertid ikke har været i brugbar stand, skjønt det jo altid er af videnskabelig interesse at få undersøgt så mange eksemplarer som muligt af sådanne sjeldne arter. Nævnes må også et fuldvokset eksplr. af den ganske sjeldne *Carclophus ascaris* fra Vardø, hvoraf museet tidligere kun besad spæd yngel, samt 2 stykker *Lycodes esmarkii* (»ulvefiske») fra Varangerfjordens munding, det sædvanlige findested for denne art.

Af hvirvelløse dyr er som sædvanligt indkommet adskilligt, hovedsagelig som udbytte af konservator Schneiders reiser i amtet, der i 1888 fornemmelig var rettet på undersøgelse af insektfaunaen i Målselvens og Bardo's dalfører, hvortil der af universitetet var bevilget ham stipendium. Bundskrabning har været drevet i mindre udstrækning end sædvanligt, nærmest på grund af de ugunstige veirforholde udover høsten, hvilken årstid sædvanlig har været anvendt til denne slags undersøgelser. Samlagsbestyrer Dahl i Vardø har også i år med stor liberalitet overladt museet sine indsamlinger af sødyr, hvoriblandt flere for samlingen nye arter, hovedsagelig mollusker. Som nævnt er det fornemmelig insektsamlingen, der i det forløbne år har modtaget størst tilvækst, dels ved det af konservator Schneider fra hans ekskursjoner medbragte udbytte, dels derved, at museet som gave er bleven overdraget hans store privatsamling af *Lepidoptera* fra den palæarktiske zone, opstillet i 4 skabe med tilsammen 110 skuffer. I vinterens løb er påbegyndt omordning af de entomologiske samlinger, foreløbig kun af *Coleop-*

tera og *Lepidoptera*, da materialet af de øvrige grupper endnu for en del henstår ubestemt; etpar fremragende udenlandske videnskabsmænd har dog velvillig lovet at assistere ved bestemmelsen også af dette, så museet forhåbentlig snart vil få en arktisk samling omfattende alle insektordener. I 1888 er også påbegyndt en systematisk indsamling af edderkoppe (*Araneæ*), hvoraf museet hidtil ingen samling har besiddet.

b. Den botaniske afdeling.

Den botaniske afdeling har havt en tilvækst af omkr. 600 arter karplanter (i omkr. 1500 ekspl.) og en samling tversnit af dvergbirk, hæg, asp, silje og older fra Målselven. Desuden modtaget som gave ca. 300 britiske havsalger fra Mr. G. Sanders, Monkstown, Irland. Der er ikke længere plads til at udstille nogetsomhelst i denne afdeling.

c. Den mineralogiske og geologiske afdeling.

Stiftets geologiske afdeling er forøget med et større antal håndstykker af bergarter indsamlet af afdelingens bestyrer under hans befaringer i afvigte sommer. Særlig skal fremhæves stuffer af enstatitfels fra Lavik i Gratangen, Pollennes i Lyngen samt fra Rottenvik udenfor Lyngsejdet.

Stiftets mineral-samling er bleven forøget med stykker af en smuk Smaragdit fra enstatitfeltet, Pollennes, samt med Malakolit i store søjler indvokset i kalksten fra Lyngen.

Fortegnelse

over museets literære bytteforbindelser og de til museets bibliothek i 1888 indkomne skrifter.

(Intet indkommet i 1888 fra de med * betegnede selskaber.)

Augsburg. *Naturhistorischer Verein.*
Berichte. XVII, XVIII, XIX, XX, XXI, XXII, XXV, XXVII, XXIX.
Bergen. *Museum.* Årsberetning 1887 Naturen 1887.
Berlin. *Central Bureau der Internationalen Erdmessung.*
Verhandlungen der Conferenz der permanenten Comision der internationalen Erdmessung. 1887. Supplement-heft.
R. Fridländer & Sohn.
Naturæ novitates 1879—83.
Cataloger Nr. 372—81
Bonn. *Naturhistorischer Verein für preuss. Rheinlande und Westfalen.*
Verhandlungen 44 Jarhg. Hefte 2.
45 « « 1.
Boston. * *Society of natural* History.
Braunschweig. *Herzogl. naturhist. Museum.*
Beiträge zur Kenntniss der Vogelfauna von Celebes von W. Blasius.
Die Vögel von Palavan von ds.
Lebensbeschreibungen Braunschweigerischen Naturforscher von ds.
Bremen. *Naturwissenschaftlicher Verein.*
Abhandlungen X 1—2.
Breslau. *Schlesische Gesellschaft für vaterländische Cultur.*
Jahresbericht 65.
Zach. Allerts Tagebuch aus dem Jahr 1627.
Bruxelles. *Societé Royale malacologique de Belgique.*
Proces verbaux. 1887.
« *Societé entomologique de Belgique.*
Compte Rendu 1888.
Budapest. *Hungarian National Museum.*
Természetrajzi Füzetek I—XI.
Vezeték 1877—86.
Cambridge. Museum af comparativ Zoology. (Harward College).
Bulletin vol XVI. 2. 3.

Cassel. * *Verein für Naturkunde.*
Chemnitz. *Naturwissenshaftliche Gesellschaft.*
Festschrift
Bericht X. 1887.
Chur. *Naturforschende Gesellschaft Graubündens.*
Jahresbericht XXXI.
Cordoba. *Academia national de Ciencias en Cordoba* (Republica Argentina).
Boletin X. 1. 2. XI. 1. 2.
Danzig. *Naturforschende Gesellschaft.*
Schriften Neue Folge. VII Bd. 1.
Dorpat. *Naturforschende Gesellschaft der Universität.*
Sitzungsbericht 8 Bd. 2.
Dresden. *Naturforschende Gesellschaft Isis.*
Sitzungsbericht und Abhandlungen. Jahrg. 1887. 2.
« 1888. 1.
Edinburgh. *Royal Society.*
Proceedings vol. XIV.
« *Geological Society.*
Transactions vol V. 4.
Elberfeld. *Naturwissenschaftlicher Verein.*
Jahresbericht 1. 3. 5.
Emden. * *Naturforschende Gesellschaft.*
Frankfurt a. M. *Senckenbergische naturforschende Gesellschaft.*
Bericht 1888.
Frankfurt a. O. *Naturwissenchaftlicher Verein des Regierungsbezirks Fr. a O.*
Monatliche Mittheilungen 5 Jahrg. no. 9—12
6 « « 1—6.
Societatum litteræ 2 Jahrg. 1—8.
Freiburg i. B. *Naturforschende Gesellschaft.*
Berichte II. VII. 1. 2. 3.
Giessen. * *Oberhessische Gesellschaft für Natur und* ***Heilkunde.***
Graz. *Naturwissenschaftlicher Verein für Steiermark.*
Mittheilungen 1886.
Greifswald. *Naturwissenschaftlicher Verein für Neu-Pommern und Rügen.*
Mittheilungen Jahrg. XIX.
Gröningen. *Naturkundig Genootschap.*
XXI Verslag. 1887.
Gustrow. *Verein der Freunde der Naturgeschichte in Mecklenburg.*
Archiv Jahrg. 41.
Gørlitz. * *Naturforschende Gesellschaft.*
Halifax. *Nova Scotian Institute of Natural Science.*
Proceedings and Transactions vol. III. 2.
Halle a. S. *Naturwissenschaftlicher Verein.*

Zeitschrift für die gesammten Naturwissenchaften LX. 5, 6.

« *Leopoldinisch Carol. Deutsche Akademie der Naturforscher.*
Leopoldina. 22, 23.
Zoographie West-Afrikas von Kolbe,
West-Afrikanische Tagschmetterlinge vor Devitz.
Cambrische Schichtensystems der Insel Sardinien.
Schutzeinrichtungen der Laubknospen vor Aug Feist
Die Entwiczelung und Lebensgeschichte von drei gesonderten Arten von Chaitophorus, — von H. E. Kessler.

Hamburg. *Naturhistorisches Museum.*
Jahrbuch V.

Helsingfors. *Komisionen for Finlands geologiska undersökning.*
Kartblad no. 10 med beskrifning.

« *Societas pro flora et fauna fennica*
Acta III. IV.
Meddelanden Heft 14.

Kiew. *Societé des Naturalistes.*
Memoires IX

Kiel. *Naturwissenschaftlicher Verein für Schleswig-Holstein.*
Schriften Bd. VII 1.

Kjøbenhavn. *Kgl. Danske Videnskabs Selskab.*
Oversigt 1887 2.
1888. 1. 2.
Skrifter 6 Række naturh. og mathem. Afdeling.
4 Bd. IV. V. VI. VII.

« *Naturhistoriske Forening.*

Kristiania. *Universitetet.*
Arsberetning 1887.
Index Scholarum 1 sem. 1888.
Norges Vækstrige 2 Bd 2. af F C. Schübeler.
Universitetsbibliotekets Årbog 1887.

« *Meteorologiske Institut.*
Tordenvejrenes Hyppighed i Norge 1867—82 af H. Mohn.
Oversigt over Luftens Temperatur og Nedbør i Norge i 1887.

« *Videnskabs Selskabet.*
Forhandlinger 1887.

Kønigsberg. *Physikalisch-økonomische Gesellschaft.*
Schriften Jahrg. 28.

Lausanne. *Societé Vaudoise des Sciences naturelles.*
Bulletin vol XXIII no. 97.
« XXIV. 98.

Leiden, *Nederlandsche Dierkundige Vereeniging.*

Tijdschrift. Supplementdeel. II. 1888.

Leipzig. *Kgl. Sächsische Gesellschaft der Wissenschaften.*
Berichte math. phys. Classe 1887. 1. 2.
Naturforschende Gesellschaft.
Sitzungsberichte Jahrg 13. 14.

Liége. * *Societé Geologique de Belgique.*

London. *Zoological Society.*
List of the animals. 1883.
Catalogue of the Library 1887.
Proceedings 1885. 86. 87.
do. 1888. 1. 2. 3.
Linnean Society.
Zoological Journal
vol XX. no. 116. 118. 119. 120. XXI. 126—131,
vol XXII 136—139. 140.
List 1887—88. 1888—89.
Proceedings 1886—87.
Royal Society.
Proceedings vol XLV no. 273.

Löcsen. (Leutschau). *Ungarischer Karpathen Verein.*
Jahrbuch XV. 1888.
Wegweiser 1888.

Lund. *Universitetet.*
Acta Universitatis Lundensis.
XXIII.

Lübeck. *Naturhistorisches Museum.*
Jahresbericht 1887.

Marburg. * *Gesellschaft zur Beførderung der gesammten Naturwissenschaften.*

Milwaukee. Wisconsin.
Public Museum.
Annual Report. 2. 3. 4. 5. 6.

Montreal. Natural History Society.
The Canadian Record af Science vol III- no. 5. 1888.

Moscou. *Societé imperiale des Naturalistes.*
Bulletin 1888 no. 1. 2,
Meteorologische Beobachtungen 1887. 2.

Neuchatel. * *Societé des Sciences naturelles.*

New-York. * *Academy of Science.*

Nürnberg. *Naturhistorische Gesellschaft.*
Jahresbericht 1887.
Festschrift 1887.

Osnabrück. * *Naturwissenschaftlicher Verein.*

Ottawa. Ont. *Geological & Natural History Survey of Canada.*
Annual Report I. with Map 1885,
do. — do. II. 1886.
Catalogue of Canadian Plants 1. 2. 3. 4.

Paris. *Le Naturaliste.*
1888 no. 20 — 44.
·*La feuille des jeunes Naturalistes.*
no. 207—219.
Philadelphia. * *Academy of natural Sciences.*
Pisa. *Societa Toscana di Scienze Naturali*
Atti vol VI. p. 1—84, 105—140.
Prag. * *K. Bøhmische Gesellschaft der Wissenschaften.*
Riga. * *Naturforscher Verein.*
San Francisco. *California Academy of Sciences.*
Bulletin vol II. no. 8.
St. Gallen. *Naturforschende Gesellschaft.*
Bericht 1885—86.
Salem. *Essex Institute* Bulletin 1887. 1888 1. 2. 3.
Stavanger, * Museum
Stockholm. *Vetenskaps Akademien.*
Öfversigt 1887 no. 9—10
1888 « 1—8.
Handlingar Bd. 21. 1. 2.
Bihang XIII. 1. 2. 3. 4.
Observations faites au Cap Thordsen, Spitzberg, par expedition Svedoise (Exploration international des regions polaires 1882—83).
Tome I. 4.
Entomologiska Föreningen.
Tidsskrift årgang VIII. 1. 2. 3. 4.
* *Sveriges geologiska undersökning.*
Toronto. *Canadian Institute.*
Proceedings. Third Series.
Vol V. 1. 2.
« VI. 1.
Trondhjem. *K. norske Videnskabernes Selskab.*
Skrifter VII. Bd. 2.
do. 1886. 1887.
Upsala. *Universitetet.*
Redogörelse for Universitetet under läsåret 1887—88.
Rotationskroppars hydrodynamik af Ernst Sundberg 1887.
Studier öfver Pathooxalylföreningar af H. Söderbaum 1888.
Studier öfver stammen såsom assimilerande organ af Alb. Nilsson 1887.
Washington. *Smithsonian Institution*
Annual Report 1885.
Wien. *Ornithologischer Verein*
Mittheilungen 1888.
K. K. Naturhistorisches Hof-Museum.

Annalen Bd. II. 4.
« III. 1. 2. 3.
Zool. bot. Gesellschaft.
Verhandlungen 1888. 1. 2.

Wiesbaden. *Nassauischer Verein der Erdkunde.*
Jahrbuch Jahrg 41.

Zürich. * Naturforschende Gesellschaft.

Amtmanden i Finmarkens Amt.
Amtsformandskabsforhandlinger 1887.

Rob. Collett Professor Kristiania.
On a Breeding Colony of Larus eburneus on Spitsbergen.

Danchertsen, Distriktslæge Fredrikshald.
Studie antropologici sui Lapponi ved P. Montegazza e S. Sommier. Fierenze 1880.

Dr. Krisch, Triest.
Tagebuch der Nordpolfahrers Otto Krisch. Wien 1875.

Dr. Otto Herman Budapest.
Ungarns Spinnenfauna. Bd. I—III,

Dr. Otto Lang Osterode a. Harz.
Beschaffenheit und Mächtigheit der Lettenkohlenstufe bei Gøttingen. 1887.
Nachtrag zur Abhandlung der Alaunschieferscholle von Bäkkelaget bei Christiania.
Über geriefte Geschiebe von Muschelkalkstein der Göttinger Gegend 1888.
Beobachtungen von Gletscherschliffe.

Norsk Lovtidende 1888: Afd. I. II.

Extrakt

af Tromsø Museums Regnskab i 1888.

Indtægt:

1.	Beholdning iflge f. Aars Regnskab			
	i Restance		239	
	i Kassa		438,04	
				Kr. 677,04
2.	Bidrag for 1888			
	H. M. Kongen		200	
	Tromsø Amtskommune . . .		300	
	Nordlands do.		100	
	Finmarkens do.		120	
	Tromsø Samlag for Brændevinsh.		1000	
	Medlemskontingent		187	
				« 1907,00
3.	Statstilskud for Budgetaaret 1888/1889 . . .			« 5600,00
4.	Entré af Reisende			« 332,50
5.	Salg af Naturalier			« 20,00
6.	Indvunde Renter			« 27,55
7.	Decisionspost ved f. A. Regnskab			« 50,20
				kr. 8614,29

Udgift:

1.	Den historisk antikvariske Afdeling		25,00	
2.	« naturhistoriske		629,03	
3.	Reiseudgifter		115.10	
4.	Biblioteket		191,10	
5.	Lønninger			
	Konservatorer . .	3935.00		
	Præparant . . .	300,00		
	Tilsynsmænd. . .	86,30		
			4321,30	
6.	Aarsberetning og Aarshefter . .		628,30	
7.	Husleje		1500,00	
8.	Assurance		150,00	
9.	Porto		73,05	
10.	Forskjellige Udgifter		236,86	
11.	Beholdning pr. 31/12 88			
	Restancer . .	Kr. 39,00		
	Kasse	« 689,80		
	Indst. i Tr. Sparebank	15.75		
			744,55	kr. 8614,29

Tromsø d. 30 marts 1889.

Chr. Kjerschow. Karl Pettersen. Frederik Bentzon.

J. Killengreen. J. Qvigstad.

Bilag til Tromsø Museums Aarsberetning for 1888.

Fortegnelse

over Bidrag til Museets Byggefond.

		Kr.
Nordlands Amtsformandskab		500
Tromsø do.		500
Vardø Bykommune		100
Tromsø Samlag		500
Dyrø Heredsstyrelse		50
Ibestad «		50
Balsfjord «		30
Karlsø «		30
Sør Reisen «		50
Tranø «		50
Maalselven «		30
Kvalsund «		25
Nord Reisen «		25
Lenvik «		30
Berg «		25
Loppen-Øxfjord «		20
Kvænangen «		30
Tromsøsundet «		50
Hasvig «		20
Skjærvø «		25
Trondenæs «		50
Kvædfjord «		25
Kautokeino «		25
Lebesby «		10
Kjerschow, Stiftamtmand,	Tromsø	40
Pettersen. Toldkasserer	«	150
Fr. Bentzon, Apotheker	«	500
J. Killengreen, Skoledirektør	«	30
J. Qvigstad, Seminarbestyrer	«	90
J. Sparre Schneider, Konservator	«	30
H. Horst, Overlærer	«	30
H. B. Heide, Adjunkt	«	15
Cl. Peterser, Krigskommissær	«	30
O. Nicolaissen, Klasselærer	«	15
H. J. Johannesen, Adjunkt	«	15
Johs. Holmboe, Distriktslæge	«	15
Chr. Hall, Stiftsprovst	«	25
M. Foslie, Konservator	«	30
Andr. Aagaard, Konsul	«	150
Anton Næss, Kjøbmand	«	150
P. Hanssen & Co.	«	150
Chr. Larsen, Uhrmager	«	5

Fru Aleksandra Schneider	Tromsø	Kr.		2	
O. Kristoffersen, Blikkenslager	«			5	
Frk. Gunda Schjølberg	«			5	
Fr. Schreiner, Stiftskapellan	«			5	
Frk. Hanna E. Koht	«			5	
Fru Emilie Guldbrandsen	«			10	
Frk. Hanna C. Koht	«			5	
S. Wold, Bagermester	«			10	
Johs. Holmboe, Kjøbmand	«			10	
B. H. Aslaksen «	«			6	
Hilm. Lehne «	«			10	
H. Garberg «	«			5	
Søren Giæver «	«			5	
H. D. Clodius, «	«			10	
H. D. Holst «	«			5	
K. Moursund, Sagfører	«			5	
L. Schjetlein, Lensmand	«			5	
I. H. Henriksen, Kjøbmand	«			5	
O. C. Berge, Missionskasserer	«			5	
H. A. Giæver, Kjøbmand	«			5	
J. Aas, Bagermester	«			4	
Johannes Klevstad	«			5	
K. E. Pedersen	«			5	
Johan D. Jensen	«			3	
En Ubenævnt	«			3	
Ferd. Jakobsen, Kjøbmand	«			3	
Lars L. Haugen, «	«			3	
P. O. Næsvold, Garver	«			2	
Ad. Thomsen, Organist	«			5	
Th. C. Mack	«			3	
Olsen, Klasselærer	«			3	
Bohne, Slagter	«			5	
Inds. i Tromsø ved Frk. Hall og Høegh				24	50
Y. Aagaard, Distriktslæge, Hammerfest				30	
Feddersen, Konsul	«			5	
N. Aagaard, Sagfører	«			15	
Schjørn, Læge	«			5	
E. Nielsen, Toldinspektør	«			5	
Chr. Lenning, Kjøbmand	«			5	
Jørg. Selmer, Byfoged	«			5	
Johan Simonsen, Kjøbmand	«			1	
Oluf Simonsen	«			2	
H. Sivertsen	«			2	
Ved Abr. Larsen, Skolebestyrer, Vardø:					
Georg Schreuder, Lærer			3		
Marguido Parelius, Sagfører			5		
K. Ingvaldstad, Lærerinde			3		

Abr. Larsen, Skolebestyrer	5		
14 Elever af Borgerskolen	5	21	
Ved Johanne Esbensen, Anna Huse, Anna Olsen, Hanna Hamborg, Efie Olsen, Laura Schulz:			
Vardø Borgerskoles Elever, indtægt af en Dukkebazar		33	50
Chr. Jentoft, Sagfører, Vadsø		5	
J. Hvoslef, Byfoged «		5	
Langberg, Amtmand «		10	
Hansen, Toldinspektør «		5	
P. Sandstad «		4	
2 Ubenævnte «		4	
Ved Johan Myrstad, Lærer, Ekkerø, Varanger:			
Ove Nilsen Ekkerø	1		
Johannes Rusfeldt	1		
Johan Myrstad	1		
12 Bidragydere	5.70	8	70
Ved Ivar K. Dahl. Kiby pr. Vadsø:			
25 Bidragydere	7.35		
Ivar K. Dahl	2	9	35
Ved I. P. Strøm, Lærer, Hop i Tanen:			
7 Bidragydere	1.95		
I. P. Strøm	3.05	5	
Ved C. G. Astrup, Kirkes. Langnæs i Tanen:			
O. Monsen	1		
Keyser, Distriktslæge	5		
Rigolette Kejser	5		
C. H. Aarestrup	1		
Øiaas	1		
N. Schanche	1		
Borckgrevinch	2		
Johannes Parelius	1		
Fru Øiaas	1		
C. G. Astrup	2		
23 Bidragydere	6,30	26	30
K. J. Smith, Telegrafbestyrer, Kistrand		2	
J. Nordang, Distriktslæge «		3	
J. Lillebo, Handelsmand «		2	
E. A. Grape, Lensmand «		2	
K. M. Ihle, Sognepræst «		3	
Ved F. Bjørnaa, Lærer, «			
O. Klykken, Repvaag	1		
O. Løkke, Honningsvaag	1		
F. Bjørnaa	2,60		
7 Bidragydere	2,40	7	

C. Wiig, Handelsmand, Havøsund . .		10	
O. C. Fandrem, Handelsmand, Komagfjord .		10	
Ved Chr Brygfjeld, Lærer, Komagfjord:			
C. M. Fandrem	2		
H. Pedersen	1		
Chr. Brygfjeld	1		
3 Bidragydere	1	5	
Ved H. F. Johannesen, Lærer, Riverbugt, Talvik:			
Ole Jensen Jordal . . .	1		
Anton Hansen Myrland . .	1		
H. F. Johannesen . . .	1,40		
5 Bidragydere . . .	1,60	5	
Johannes Bull, Handelsmand, Hasvik . .		10	
Ph. Schwensen		2	
Moe, Sognepræst, Loppen . . .		5	
Ved Kr. Brufladt, Lærer, Galten:			
A Schumacher, Handelsmand	2,50		
D. Schumacher . . .	2,50		
Mikkel Johnsen . . .	1		
Chr Nilsen	1		
Ole Andreas Korneliusen . .	1		
Hans P. Hass	1		
Kr. Brufladt	5		
10 Bidragydere . . .	3	17	
Ved H. K. Hansen, Kirkesanger, Loppen:			
P S Berg, Ansnæs . .	1		
Nils Berg	2		
Jens Jensen	1		
G. P. Ulich	5		
H. K. Hansen	2	11	
Ved Arne Foesnæs, Lærer, Tverfjord, Loppen:			
16 Bidragydere . . .	3,93		
A. Foesnæs . . .	1,27	5	20
Ved K. Møgster, Lærer, Brevikbunden:			
H. Hellestad, Brevik . .	5		
K. Møgster	2,75		
8 Bidragydere . . .	2,25	10	
Ved A. Jox, Lærer, Hasvik:			
3 Bidragydere . . .	0,55		
A. Jox	1,00	1	55
Ved D. J. Lie, Lærer, Kjækan, Kvænangen:			
E. Kjeldsberg, Kjækan . .	2		
Fr. Solseth . . .	2		
K. Skjeggesnæs . . .	1		

S. Sogge, Badderen	2		
Marie Sogge «	1		
Marit Sogge «	1		
E. Rød «	1		
Chr. Lockert, Handelsmand .	2		
Nils Henriksen	1		
Nils Salomonsen	1		
Anne Lie	1,50		
D. J. Lie	1,50	17	
Ved S. Fondal, Lærer, Kvænangen:			
Anders Hansen Seglvik . . .	1		
S. Fondal	5		
3 Bidragydere	1	7	
Ved P. V. Pedersen, Lærer, Jægervand, Karlsø:			
P. V. Pedersen	1		
17 Bidragydere . . . , .	3,05	4	05
Ved Hans Starup, Lærer, Karlsø:			
40 Bidragydere	5,42		
H. Starup . . . . , .	1,00	6	42
Ved Oluf Pedersen, Lærer, Tromsøsundet:			
Jens Johannesen Melvik . .	1		
Anders Torstensen	1		
Ole Eilertsen Kaarvik . .	1		
Elever i Melvik Skolekreds .	1		
11 Bidragydere	2.80	6	80
Inds. inden Tromsøsundet v. Kirkes. Nikolaisen		3	70
Ved J. R. Nilsen, Lærer, Tennæs, Balsfjord:			
N. Magelsen, Sognepræst . .	5		
A. Selmer, Distriktslæge . .	2		
J. R. Nilsen	1		
35 Bidragydere	7.35	15	35
Ved E. Løyning, Lærer, Balsfjord:			
E. Løyning	2.25		
47 Bidragydere	7.75	10	
Ved P. Kjeldseth, Hdlm., Mesterv., Malangen:			
K. Erlandsen, Kirkesanger .	1		
Baard Eriksen	1		
P. Kjeldseth	2		
9 Bidragydere	4.25	8	25
Ved P. M. Lilleeng, Lærer, Maalselven:			
P. C. Celius, Sognepræst . .	3		
18 Bidragydere	2.75	5	75
Ved J. R. Sandnes, Lærer, Maalselven:			
48 Bidragydere		11	

Ved L. Berild, Lærer, Sør Reisen:			
Henrik Sevaldsen	1		
Hans C. Johannesen . . .	2		
L. Berild	5		
31 Bidragydere	7.60	15	60
Ved J. Sørensen, Lensmand, Dyrø:			
O. Larsen, Hdlsmd., Langhavn .	10		
Julius Larsen	5		
J. A. Sørensen, Lensmand. .	10		
Haagen Estensen Dybvaag .	1		
Kristian Erlandsen Finset .	1		
Nikolai Larsen Storflaten . .	1		
Peder M. Pettersen Klubbenæs .	1		
Th Bell, Handelsmand . .	5		
M. Kramvik, Fuldmægtig . .	3		
F. V. Hansen, Kontorist . .	2		
3 Bidragydere	1.50	40	50
Ved Andr. Henriksen, Lærer, Vik pr. Kløven:			
12 Bidragydere i Tranø . . .		2	10
Ved B. Hjeldbø, Lærer, Kastnæshavn:			
73 Bidragydere i Dyrø . . .		15	25
Guldbrand Henriksen, Verksb., Havn i Senjen		20	
Ved Mikal Jakobsen, Lærer, Aarsten:			
Konrad Saugestad Aarsten .	1		
26 Bidragydere i Gratangen .	6	7	
Ved B. Dahl, Emissær, Engenæs pr. Havnvik:			
40 Bidragydere i Ibestad . . .		8	
H. Kjelsberg, Lensmand, Lødingen . .		6	
A. Schøning, Handelsmand « . .		10	
A. M. Foslie, Telegrafist « . .		2	
Ved Alb. Vesterlid, Lærer, Brettesnæs:			
D. P. Davidsen	2		
35 Bidragydere	5,60	7	60
Ved M. Robertson, Lærer, Gimsø Lofoten:			
Chr. Eilertsen, Handelsmand .	5		
Joh. Hveding	1		
Oluf Johannesen	1		
Edvard Simonsen	1		
Eilert Sivertsen	1		
Kornelius Andreasen	2		
M. Robertson	1.40		
23 Bidragydere	7 60	20	
O. Kaarbø, Dampskibsexpeditør, Svolvær .		10	
Ved J. O Nilsen, Kirkesanger, Andenæs:			
J. A Kiil, Handelsmand . .	10		
Joh. Wolff	1		

H. Andreasen	3		
Andr. Pedersen	2		
H. Erland	1		
J. O. Nilsen	5		
7 Bidragydere	3 50	25	50
Ved T. Lian, Leinæs:			
Gylseths Gaard	2		
Ubenævnt	3	5	
Jacob Coldevin, Proprietær, Mo i Ranen		30	
Ved H. Heitmann, Kirkes., Søvigstranden:			
H. & P. Heitmann	1		
R. Erlardsen	1		
86 Bidragydere	10 30	12	30
Ved Peter A. Skogsaas, Lærer, Mosjøen:			
T. Halvorsen Vanve	1		
Th. Halvorsen	1		
74 Bidragydere	14.35		
P. A. Skogsaas	2	18	35
Ved Gotaas, Dampskibsexpeditør, Brønø:			
Bernt Friele Bergen	10		
O. Nilsen Brønø	2	12	
R. Collett, Professor, Kristiania		10	
G. O. Sars « «		10	
H. Reusch, Universitetsstipendiat «		5	
S. Danielsen, Telegrafist «		6	
K. Fosse « «		6	
H. Danielsen, Lærer «		6	
S. J. Sølsberg, Læge, Laurvik		15	
J. C. Danchertsen, Distriktslæge, Fredrikshald		100	
En Ubenævnt		5	
Tilsammen Kr.		4759	62

Tromsø 30. marts 1889.

Fr. Bentzon,

Byggefondets Kasserer.

Man tillader sig atter at opfordre dhrr., til hvem museet har rettet opfordring om at indsamle bidrag til byggefondet, fremdeles at have denne sag i erindring og engang i løbet af indeværende år at indsende hertil de modtagne bidragslister — i tilfælde med pålydende bidrag.

Museets bestyrelse.

Tromsø Museums

Aarsberetning

for

1889.

Tromsø.

Trykt i Tromsøpostens Bogtrykkeri

1890.

Tromsø Museums

Aarsberetning

for

1889.

Tromsø.

Trykt i Tromsøpostens Bogtrykkeri

1890.

Museets samlinger har i 1889 i tidsrummet fra 3die marts til 3die november været aabnede for almenheden i de sædvansmæssige eftermiddagstimer 3—5 paa 38 søn- og helligdage. De besøgendes antal har herunder udgjort 9237. Udenfor de almindelige aabningsdage har samlingerne været besøgte af omkring 1000. Det samlede antal besøgende har saaledes udgjort omkring 10200.

Oldsamlingens bestyrer har med bidrag af museets kasse i løbet af sommeren foretaget arkæologiske undersøgelser i den nordlige del af Tromsø amt samt i Vestfinmarken. Disse foreløbige undersøgelser, som i en række af aar har været udførte ved museet, er saaledes nu udstrakte til landets nordligste grænse. De faste fornlevninger er saavidt mulig beskrevne og oldfundene indlemmede i museets samling.

Konservator Schneider har fortsat sine undersøgelser af den lavere havfauna i strøgene om Tromsø.

Konservator Foslie har dels med offentligt stipendium og dels med tilskud fra museet foretaget algologiske undersøgelser langsefter Østfinmarken fra Sværholdt østover til Sydvaranger. Resultatet af hans undersøgelser vil blive fremsat i museets aarshefte XIII for 1890.

Overlærer Gleditsch har med bidrag af museet i geologisk retning befaret den sydøstlige del af den store udenfor Tromsø liggende Kvalø med tilliggende smaaøer, der skyder sig frem ved Malangens udmunding.

Den geologiske afdelings bestyrer har udstrakt sine geologiske revisionsundersøgelser til strøgene om den øvre del af Bardo, Altvand og højfjeldspartierne mellem Altvan- og Kirgesdal, — Sidedal til Maalselv.

Museets bibliothek har ogsaa iaar vundet en betydelig tilvekst navnlig gjennem den literære bytteforbindelse. Fra Videnskabernes Selskabs bibliothek i Trondhjem har man desuden modtaget som gave af sammes dubletsamling et antal bind og hefter af lærde selskabers skrifter.

Den literære bytteforbindelse er bleven forøget med følgende nye: Kønigl. Ungarische wissenschaftliche Gesellschaft *Budapest*, Société nationale des Sciences naturelles et mathématiques *Cherbourg*, Sällskapet för Finlands Geografi *Helsingfors*, Botanisk forening *Kjøbenhavn*, Royal Society of Canada *Montreal*, Connecticut Academy of arts and Sciences *New Haven*, Société zoologique de France *Paris*, K. K. Geographische Gesellschaft *Wien*.

Museets aarshefte XII var i november maaned færdigt til uddeling. Heftet indeholder følgende afhandlinger:

Oversigt over de i Norges arktiske region fundne Coleoptera, pag. 1—91. Forts. fra aarshefte XI ved J. Sparre Schneider.

Den nordnorske fjeldbygning. Anden afdeling, andet afsnit med kartrids og profiltavle, pag. 91—181 ved Karl Pettersen.

Blokketransport i strøgene om Torneträsk i svensk Lappmark pag- 182—186, ved Karl Pettersen.

Museets byggefond er vokset op til omkring 5000 Kroner.

Bestyrelsen maa beklage tabet af sin formand, stiftamtmand Kjerschow, der iaar afgik ved døden. Ligefra museets oprettelse har han fungeret som bestyrelsens formand og udført dette hverv med usvækket interesse. Ved ham stod i museets tjeneste en sjelden administrativ dygtighed og indsigt, hvis tab skal blive vanskeligt at erstatte,

For museet virkede han særlig inden det amtsdistrikt, der tilhørte hans embede, med stor indflydelse. Bestyrelsen ser saaledes med ublandet taknemlighed tilbage paa stiftamtmand Kjerschows arbeide for museet.

Inden denne aarsberetning afsluttes, har museet atter lidt et stort tab, idet toldkasserer Pettersen er afgaaet ved døden. Hr. Pettersen har ogsaa været bestyrelsens medlem fra museets oprettelse og dens formand efter stiftamtmand Kjerschow. Da hans bortgang falder i aaret 1890, vil man i aarsberetningen for dette aar nærmere ombandle hans betydningsfulde virksomhed i museets tjeneste.

Med hensyn til de enkelte afdelingers virksomhed meddeles nedenstaaende oversigter, afgivne af vedkommende samlingsbestyrere.

A. De historisk antikvariske samlinger.

a. den lappiske (finske) afdeling.

Denne er i aarets løb bleven forøget med en del gjenstande, indkjøbte i Tysfjord og Sydvaranger. Særlig kan merkes et bjørnespyd fra Tysfjord og en gammeldags opretstaaende vævestol («uppstadgogn») fra Sydvaranger.

b. Oldsamlingen.

Denne afdeling er i aarets løb forøget med 39 numere, hvoraf 5 tilhører den arktiske stenalder, nemlig en stenøks af særegen størrelse og form fra Kautokeino i Finmarkens amt, brudstykke af en meisel fra Kvænangen, en spydspids fra Maalselven, en pilespids fra Ramfjordnes i Tromsøsundet samt en retmeisel fra Balsnes i samme prestegjæld. Til ældre jernalder kan henføres et par smaa spænder fra Skjærstad og til yngre jernalder følgende gjenstande: En øks samt et sverdblad, fundne i gravhaug paa gaarden Aalstad i Stegen, et enegget sverd fra Skraalsvik paa Senjenøen i

Bjarkø sogn, endel perler af brændt ler fra Skibsfjorden i Lofoten samt et større oldfund fra Balsnes i Tromsøsundet bestaaende af: To spydblade, et sverd, tre pilespidser, to brynestene og et sigdblad, fundne i en grav fra hedensk tid; endvidere et bensverd fra Skjærstad samt et par spillebrikker fra Holmen i Thorsken. Til den kristelige middelalder og senere tid hører flere gjenstande fra kirker i landets to nordligste amter. Af disse kan nævnes: En skibsmodel, en altertavle og en fattigbøsse fra Hasviks kirke i Finmarken, to lysestager af træ, en skibsmodel, en fattigbøsse og et stort kirkedørlaas fra Loppens kirke. Fra Maasø kirke er indsendt en større bispefigur, de fire evangelister og tre andre billeder, samtlige udskaarne i træ. Fra Skjærvø kirke er indkommen en gammel altertavle.

Af professor Ryghs «Norske oldsager» har museet uddelt et eksemplar til samlagsbestyrer Dahl i Vardø. Separataftryk af reiseberetninger i arkæologisk øiemed er uddelte til mænd, som antages at interessere sig for museet, eller som ved gaver, meddelelser af oplysninger og paa anden vis har støttet anstalten i dens virksomhed.

Oldsamlingen tæller ved aarets slutning 894 numere.

B. De naturhistoriske Samlinger.

a. de zoologiske samlinger.

Af museets zoologiske samlinger er pattedyrafdelingen bleven forøget med 2 smaa isbjørnunger fra Spitsbergen samt ko og kalv af moskusokse fra Grønland. Sidstnævnte, en meget sjelden og værdifuld art, er overladt museet som gave af konsul N. Bugge, Tønsberg. Koen er opstillet og maa ansees som afdelingens sjeldneste og mest interessante stykke. Kalveskindet er noget defekt, men vil forhaabentlig kunne opstilles Et skelet af ringsæl har museet modtaget som gave af kapt. Edv. Johannesen, samt et noget defekt næbhvalskelet fra handelsmand Hartvig Olsen, Trænen. Endvidere er indkommet som gave, ved bytte eller kjøb ca. 25 pattedyrkranier, hvoraf her skal nævnes et i pathologisk henseende interessant hvalroskranium fra Spitsbergen, samt et andet hvalroskranium derfra, hvis tænder har en længde af 70 cm.

Af fugle er som gave, ved bytte eller kjøb indkommet ca. 40 expl., hvoriblandt lærke *(Alauda arvensis)* og flagspet *(Picus major)* fra Tromsøen, svømmesneppe (*Phalaropus fulicarius*) fra Spitsbergen, rugde fra Ribbenæsø, et par smukke expl. af Stellers and fra Vardø samt trækryber *(Certhia familiaris)* fra Ramfjordnes. Sidstnævnte art har ikke tidligere været iagttaget nordenfor Salten. Af denne har museet i løbet af høsten modtaget 2 expl. som gave fra Marentius Fredriksen Ramfjordnes, der i flere aar med anerkjendelsesværdig interesse har virket for fuglesamlingens tilvækst og indsendt mange sjeldne og interessante arter. Endvidere er indkommet ca. 50 fugleæg, deriblandt et kuld svaneæg (*Cygnus Bewickii*) fra Novaja Semlja som gave af kapt. J. Isaksen.

Af krybdyr har museet fra kapt. Ellingsen af Stavanger modtaget en ung Alligator samt et æg og en nyklækket unge af samme art.

Af fiske er tilkommet kun faa ekspl., af hvilke kan nævnes en guldlaks (*Argentina*), en stør, en ualmindelig stor flyndre samt en sølvkveite (*Trachypterus)*.

Størst har tilvæksten som sædvanligt været af de lavere sødyr, hvoraf især kan fremhæves de af samlagsbestyrer Dahl i Vardø indsendte samlinger, hvoriblandt et pragteksemplar af en stor svamp. Desuden er adskilligt tilkommet ved de af konservator i Tromsø omegn foretagne indsamlinger. Af professor Kükenthal fra Jena har museet derhos modtaget en del vakre explr. af forskjellige sjeldnere sødyr fra havet omkring Spitsbergen, de fleste tilhørende arter, som endnu ikke var repræsenterede i museets samlinger.

Samlingen af arktiske *Coleoptera* og *Lepidoptera* er nu bleven endelig opstillet og ordnet i en egen afdeling for sig, medens der af de øvrige insektordener endnu er indsamlet forlidet materiale, til at nogen ordning af dette endnu med nogen fordel kan iværksættes. Af telegrafbestyrer Smith i Kistrand er erhvervet et antal sjeldne sommerfugle fra Porsanger, hvorimod der i Tromsø omegn paa grund af de slette veirforholde i de senere aar kun er indsamlet et meget sparsomt materiale af Lepidoptera.

b. Den botaniske afdeling.

Den botaniske afdeling har havt en tilvækst af nogle tversnit af et par af stiftets træarter, samt en samling moser fra det sydlige Norge som gave fra dr. N. Bryhn, Hønefos, foruden nogle andre mindre gjenstande.

c. Den mineralogiske og geologiske afdeling.

Afdelingens bestyrer og overlærer Gleditsch har under sine befaringer indsamlet forskjellige haandstykker af bergarter, hvilke er indlemmede i stiftets geologiske afdeling.

Fortegnelse

over museets literære bytteforbindelser og de til museets bibliothek i 1889 indkomne skrifter.

(Intet indkommet i 1889 fra de med * betegnede selskaber.)

Augsburg.

Naturhistorischer Verein.

Bergen.

Bergens museum.

Aarsberetning for 1888.

Berlin.

Central-Bureau der internationalen Erdmessung.

Verhandlungen der 1888 in Salzburg abgehaltenen Conferenz der permanenten Commission der internationalen Erdmessung. Berlin 1889.

R. Friedländer & Sohn.

Naturæ Novitates. XI. Jahrg. 1889.

Bonn.

Naturhistorischer Verein der preussischen Rheinländer, Westfalens u. des Reg.-Bezirks Osnabrück.

Verhandlungen. 45. Jahrg. 2; 46. Jahrg. 1.

Boston Mass.

Boston Society of Natural History.

Proceedings. Vol. XXIII, Part 3—4. 1888.

Braunschweig.

**Herzog. naturhistorisches Museum.*

Bremen.

Naturwissenschaftlicher Verein.

Abhandlungen. Bd. X, H. 3. 1889.

Breslau.

Schlesische Gesellschaft für vaterländische Cultur.

53—64. Jahresbericht. 1875—86.

66. „ 1888.

Bruxelles.

Société Royale malacologique de Belgique.

Annales. T. XXII. 1887.

Société entomologique de Belgique.

Bulletin. No. 108—112. 1889.

Société belge de Microscopie.

Bulletin. 15. Année, No. I—XI. 1889.

Budapest.

**Königl. Ungarische naturwissenschaftliche Gesellschaft.*

Hungarian National Museum.

Természetrajzi Füzetek. Vol. XI, No. 3—4; Vol. XII, No. 1—3.

Cambridge, Mass.

Museum of Comparative Zoölogy, at Harward College.

Bulletin. Vol. I; II, No. 4—5; III, No. 3, 6, 9—16; IV; V, No. 1, 6—16; VI, No. 2—12; VII, No. 1—3, 5—9, 11; VIII

—X; XI, No. 1—2, 4—11; XII; XIII; XVI, No. 1—4; XVII, No. 1—5.

Cassel.

Verein für Naturkunde.

Bericht XXXIV—XXXV. 1886—88.

Chemnitz.

**Naturwissenschaftliche Gesellschaft.*

Cherbourg.

Société nationale des Sciences naturelles et mathématiques.

Memoires. Vol. XXV. 1887.

Chur.

Naturforschende Gesellschaft Graubündens.

Jahresbericht. Neue Folge. Jahrg. XXXII. 1887—88

Cordoba (Rep. Argentina).

Academia nacional de ciencias.

Boletin T. XI, Ent. 3. 1888.

Danzig.

Naturforschende Gesellschaft.

Schriften. Neue Folge. Bd. VII, 2.

Davenport, Jowa.

Davenport Academy of Natural Sciences.

Proceedings. Vol. V, 1. 1884—89.

Dorpat.

Naturforschende Gesellschaft.

Sitzungsberichte. Bd. I—V. 1853—74; VIII, H. 3. 1888.

Verzeichniss d. Säugethiere, Vögel, Reptilien u. Amphibien d. Ostseeprovinzen, von G. Seidlitz.

Dresden.

Naturwissenschaftliche Gesellschaft Isis.

Sitzungsberichte u. Abhandlungen. Juni—Decbr. 1888; Jan.—Juni 1889.

Edinburgh.

**Royal Society.*

**Geological Society.*

Elberfeld.

**Naturwissenschaftlicher Verein.*

Emden.

Naturforschende Gesellschaft.

Jahresbericht 72—73. 1886—88.

Frankfurt a. M.

Senckenbergische naturforschende Gesellschaft.

Bericht. 1888.

Frankfurt a. O.

Naturwissenschaftlicher Verein.

Monatliche Mittheilungen. Jahrg. VI, No. 7—12; VII, No. 1—7.

Societatum litterae. Jahrg. 2, No. 9—12; Jahrg. 3, No. 1—9.

Freiburg i. B.

Naturforschende Gesellschaft.

Berichte. Bd. IV. 1888—89.

Giessen.

Oberhessische Gesellschaft für Natur- u. Heilkunde.

26. Bericht. 1889.

Graz.

Naturwissenschaftlicher Verein für Steiermark.

Mittheilungen. 24. Jahrg. 1887.

Greifswald.

Naturwissenschaftlicher Verein für Neu-Vorpommern u. Rügen.

Mittheilungen. Jahrg. 20 1888.

Groningen.

**Naturkundig Genootschap.*

Güstrow.

Verein der Freunde der Naturgeschichte in Mecklenburg.

Archiv. Jahr. 42. 1888.

Görlitz.

**Naturforschende Gesellschaft.*

Halifax, N. S.

**Nova Scotian Institute of Natural Science.*

Halle a. S.

Kaiserl. Leopoldinisch-Carolinisch-Deutsche Akademie der Naturforscher.

Nova Acta. Bd. XLIX, No. 4; LII, No. 4; LIII, No. 1, 4; LIV, No. 1.

Leopoldina. H. 24. 1888.

Naturwissenschaftlicher Verein.

Zeitschrift. Bd. LXI; LXII, 1—2.

Hamburg.

Naturwissenschaftlicher Verein.

Abhandlungen. Bd. XI, H. 1.

Naturhistorisches Museum.

Jahrbuch der Hamburgischen wissenschaftlichen Anstalten. Bd. VI, 1888.

Helsingfors.

Societas pro Fauna et Flora Fennica.

Acta. Vol. V, 1. 1888.

Notae conspectus Florae Fennicæ. auct. Hjalm. Hjelt. 1889.

Geologiska Kommissionen

Kartbladen No. 9, 12—15 of Finlands geologiska Undersøkning, med beskr.

Sällskapet för Finlands Geografi.

Fennia. I. 1889.

Kiel.

Naturwissenschaftlicher Verein fur Schleswig-Holstein.

Schriften. Bd. VII, 2; VIII, 1. 1888—89.

Kiew.

Société des Naturalistes.

Memoires. T. III—VII. 1872—86; X. 1889.

Kjøbenhavn.

Kgl. Danske Videnskabernes Selskab.

Skrifter. 6. Række, naturvidensk. og mathematisk Afd. Bd. 4. VIII. 1888.

Oversigt. 1888, No. 3; 1889, No. 1.

Naturhistorisk Forening.

Videnskabelige Meddelelser for Aar 1888.

Botanisk Forening.

Botanisk Tidsskrift. Bd. 16 1887—88; Bd. 17, H. 1—3. 1888.

Meddelelser. Bd. II, No. 1—6.

Kristiania.

Universitetet.

Aarsberetning for 1882, 1883, 1883—84, 1884—85, 1887—88.

Forelæsninger. 1888, 2; 1889, 1.

Universitets-Bibliothekets Aarsbog. 1888.

Videnskabs-Selskabet.

Forhandlinger. 1888.

Finants- og Told-Departementet.

Matrikul over 18 af Landets Fogderier.

Kirke- og Undervisnings-Departementet.

Nyt Magazin for Naturvidenskaberne. Bd. 31, H. 3. 1889.

J. A. Friis. Ethnografisk Kart over Finmarken.

Statssekretariatet.

Norsk Lovtidende. 1889.

Foreningen til norske Fortidsmindesmærkers Bevaring.

Aarsberetning for 1884—88 med Tillægshefter 5—9.

Kønigsberg.

Physikalisch-økonomische Gesellschaft.

Schriften. Jahrg. 29. 1888.

Lausanne.

Société Vaudoise des Sciences naturelles.

Bulletin. Vol. XXIV, No. 99; XXV, No. 100.

Leiden.

Nederlandsche dierkundige Vereeniging.

Tijdschrift. Ser. 2, Deel II, Aflev. 4. 1889.

Leipzig.

Kön. Sächsische Gesellschaft der Wissenschaften.

Berichte mathem.-phys. Classe. Bd. 40. 1888; Bd. 41, 1. 1889.

**Naturforschende Gesellschaft.*

Leutschau.

Ungarischer Karpathen-Verein.

Jahrbuch, XVI. Jahrg. 1889.

Liège.

**Société geologique de Belgique.*

London.

Royal Society.

Proceedings. Vol. XLV, No. 274—79, 1888—89; XLVI, No. 280 —83. 1889.

Linnean Society.

Zoological Journal. Vol. XX, No. 121; XXI, No. 132.

Zoological Society.

Proceedings. 1888, 4; 1889, 1—3.

Lund.

Universitetet.

Acta. Bd. XXIV. 1887—88.

Lübeck.

**Naturhistorisches Museum.*

Marburg.

**Gesellschaft zur Beförderung der gesammten Naturwissenschaften*

Milwaukee, Wis.

**Public Museum.*

Montreal

Royal Society of Canada.

Proceedings and Transactions. Vol. VI. 1888

Natural History Society of Montreal.

The Canadian Record of Science. Vol. III. No. 6—7. 1889.

Moscou.

**Société Imperiale des Naturalistes.*

Neuchatel.

Société des Sciences Naturelles.

Bulletin. T. XVI. 1886—88.

New Haven.

Connecticut Academy of Arts and Sciences

Transactions. Vol. I—III, 1866—78; IV, Part 1—2, 1877—82; V—VII. 1880—88.

New York.

New York Academy of Sciences

Annals. Vol. IV, No. 10—11.

Transactions. Vol. VIII, No. 1—4.

Nürnberg.

Naturhistorische Gesellschaft.

Jahresbericht. 1888.

Osnabrück.

Naturwissenschaftlicher Verein.

Jahresbericht VII. 1885—88.

Ottawa.

**Geological and Natural History Survey of Canada.*

Paris.

Société zoologique de France.

Bulletin. Vol. 1—5. 1876—80; 7—13. 1882—88; T. 14, No. 1—9. 1889.

Memoires. T. I. 1888; T. II, 1. 1889.

Le Naturaliste.

2. Ser. No. 45—68. 1888—89.

Feuille des jeunes Naturalistes.

19. Année, No. 220—228.
20. — No. 229-231. 1888—89.

Philadelphia.

Academy of Natural Sciences.

Proceedings. Vol. 18, Part. 1. 1888.

Pisa.

Società Toscana di Scienze Naturali.

Atti. Processi verbali. Vol. VI. Pag. 141—210.

Memoria d. Prof. Guiseppe Meneghimi.

Prag.

Kön. Bøhmische Gesellschaft der Wissenschaften.

Abhandlungen der mathem. naturw. Klasse. VII. Folge. Bd. I. 1885—86; Bd. II. 1887—88.

Sitzungsberichte. Jahrg. 1885 - 88; 1889. 1.

Jahresbericht. 1886—88.

Spisuv poctenych jubilegné cenou kral ç. spoleçnosti nauk v Prace. Çislo I.

Riga.

**Naturforcher-Verein.*

Salem, Mass.

Essex Institute.

Bulletin. Vol. 7—18. 1875—86; Vol. 20, No. 4—12. 1888; Vol. 21. No. 1—6. 1889.

Chatter and By-Laws. 1889.

Catalogue of the Chines Imperial Maritime Customs Collection, at the U. S. International Exibition, Philadelphia, 1876. Shanghai 1876.

San Francisco.

California Academy of Sciences.

Proceedings. Ser. 2. Vol. I. 1888—89.

St. Gallen.

Naturwissenschaftliche Gesellschaft.

Bericht. 1886—87.

Stavanger.

**Stavanger Museum.*

Stockholm.

Kgl. Svenska Vetenskaps-Akademien.

Øfversigt. Aarg. 45, No. 9—10. 1888; Aarg. 46. 1889.

Bihang. Bd. XIV. 1889.

Sveriges Geologiska Undersökning.

Entomologiska Föreningen.

Entomologisk Tidsskrift. Aarg. 9 1888; 10. 1889.

Sydney.

Royal Society of New South Wales.

Journal and Proceedings. Vol. XIV—XXII. 1880—88.

Toronto,

Canadian Institute.

Proceedings. Ser. 3. Vol. VI, Fasc. 2. 1889.

Annual Report. 1887—88.

Trondhjem.

**Kgl. norske Videnskabernes Selskab.*

Upsala.

Universitetet.

Redogörelse för Universitetet under Läsåret 1888—89.

5 Doctordissertationer.

**Vetenskaps-Societeten.*

Washington.

**Smithsonian Institution.*

Wien.

K. K. Naturhistorisches Hofmuseum

Annalen. Bd. III, No. 4. 1888; Bd. IV, No. 1—3. 1889.

Zoologisck-botanische Gesellschaft.

Verhandlungen. Bd. XXXVIII; 3—4. 1888, XXXIX. 1—2. 1889.

K. K. Geographische Gesellschaft.

Mittheilungen. Bd. XXIX—XXXI. 1886—88.

**Ornithologischer Verein.*

Wiesbaden.

Nassauischer Verein für Naturkunde.

Jahrbuch 42. Jahrg. 1889.

Amtmanden i Finmarkens Amt.

Finmarkens Amtsformandskabsforhandlinger. 1888.

C. G. Joh. Petersen, Dr. phil., Kjøbenhavn.

Det videnskabelige Udbytte af Kanonbaaden „Haucks“ Togter i Aarene 1883—86. I—II. Kjøbenhavn 1888—89.

Oversigt over Skrabningerne, med Atlas.

J. C. Figenschou, Sorenskriver, Tromsø.

O. Torell, Spetsbergens Molluskfauna. Stockholm 1859.

Japetus Steenstrup, Professor, Kjøbenhavn.

Nogle Bemærkninger om Ottars Beretning til Kong Alfred om Hvalros og Hvalrosfangst i Nordsøen paa hans Tid. Kjøbenhavn 1889.

Frederik Bentzon, Apotheker, Tromsø.

Asbjørnsen, Naturhistoris. 1, 3—6. Christiania 1844—49.

Andr. Aagaard, Konsul, Tromsø.

Petermann, Geographische Mittheilungen 1855—62.

Extrakt

af Tromsø Museums Regnskab for 1889.

Indtægt:

1.	Beholdning ifølge forrige Aars Regnskab:			
	Restance . .	Kr. 39.00		
	Kassa . . .	« 705.55		
			Kr.	744.55
2.	Bidrag for 1889:			
	H. M. Kongen . .	Kr. 200 00		
	Tromsø Amtskomune	« 300.00		
	Nordlands do.	« 100.00		
	Tromsø Samlag for Brændevinshandel	1000.00		
	Medlemskontingent .	« 181.00		
			«	1781.00
3.	Statstilskud for Budgetaaret 1889—90 . .		«	5600.00
4.	Entré af Reisende		«	349.93
5.	Salg af Aarshefter		«	26.67
6.	Indvundne Renter		«	26.68
7.	Kassererens Forskud		«	35.80
			Kr.	8564.63

Udgift:

1.	Den historisk-antikvariske Afdeling		Kr.	113.35
2.	Reiseudgifter		«	100.00
3.	Den naturhistoriske Afdeling . .		«	370.53
4.	Reiseudgifter		«	150.00
5.	Bibliotheket		«	220.23
6.	Lønninger:			
	Konservatorer . .	Kr. 4040.00		
	Præparant . . .	« 200 00		
	Tilsynsmænd . .	« 101.40		
			«	4341.40

	Transp. Kr.	8564.63
7. Aarsberetning og Aarshefter . .	« 655 09	
8. Husleie	« 1316.65	
9. Assurancepræmie	« 150.00	
10. Forskjellige Udgifter incl. Porto .	« 298.37	
11. Forskud til Opførelse af Pakhus til Museet	« 180.00	
12. Beholdning for $^{31}/_{12}$ 89: Restancer . .	« 669.00	
		Kr. 8564.63

Tromsø den 10 Marts 1890.

J. Killengreen. I. Qvigstad. Frederik Bentzon.

Bilag til Tromsø Museums Aarsberetning for 1889.

Fortegnelse

over Bidrag til Museets Byggefond.

	Transport fra 1888 Kr.	4759.62
Carl Moe i Kløven	«	5,00
A. Solgjeld Samlagsbetjent i Tromsø	«	5,00
Overlærer Gleditsch	«	3.00
A. Helberg i Karlsø	«	10.00
Ved Th. Kiil i Skjærvø:		
Dr. Ivar Lund	Kr. 10.00	
Th. Kiil	« 10.00	
Nicolay Rasch	« 10.00	
Pastor Daae	« 7.00	
Frøken R. Daae	« 3.00	
Iver Thoresen	« 2.00	
Simon Konradsen	« 2.00	
Bersvend Ellefsen	« 1.00	
Johannes Mathiesen	« 1.00	
Jens Larsen	« 1.00	
Sivert Das	« 1.00	
Nicolay Kiil	« 1.00	
2 Bidragsydere	« 1.00	
		50.00
Ved Lærer H. Nilsen:		
H. Nilsen	Kr. 4.00	
8 Bidragsydere	« 2.00	
		6.00
Ved Lensmand Hanssen i Polmak:		
A. Hansen	Kr. 1.00	

Lensmand Hanssen	« 10.00	
		11.00
Ved Lærer E. Olsen i Skarsvaag:		
13 Bidragsydere		« 5.50
I. T. Holst i Sama		« 5.00
Hans Fr. Giæver i Harstad		« 5.00
Sogneprest C. Wicklund i Lurø		« 5.00
Lærer Ludvig Lande i Bardo		« 2.00
Ved Lærer M. Fuglevik i Syltefjord:		
M. Fuglevik	Kr. 1.00	
Krist. Esbensen	« 2.00	
9 Bidragsydere	« 3.25	
		6.25
Ved Lærer H. Pedersen Landersfjord:		
John Amundsen	Kr. 1.00	
Henrik Andersen	« 1.00	
Ubenævnt	« 1.00	
N. Pedersen	« 5.00	
Hanna Pedersen	« 1.00	
Per Einarsen	« 1.50	
		10.50
Ved I. D. Karakka i Makur:		
I. D. Karakka	Kr. 1.00	
K. Krogh	« 1.00	
Jørgen Brudstad	« 1.00	
42 Bidragsydere	« 7.81	
		10.81
R. M. Figenschou i Kvitnæs		« 5.00
Ved Krydsbetjent Andreasen:		
Andr. Schanche	Kr. 2.00	
Haaland	« 1.00	
Gjærmundsæter	« 1.00	
E. Skaalmo	« 0.50	
Hans Waage	« 1.00	
Oher. Tungesvik	« 1.00	
Haaland	« 1.00	
P. O. Sævereide	« 1.00	
I. Olsen	« 1.00	
T. O. Hovland . . . . ,	« 1.00	
A. Angell	« 5.00	
D. Næss	« 1.00	
		16.50
Ved Lærer H. A. Irgens i Kaarviknæs:		
Kirkesanger Irgens	Kr. 3.00	
Anna Irgens	« 1.50	
15 Bidragsydere	« 3.75	
		8.25

Ved Lærer S. Fondal i Alteidet:

Kasserer Nilsen . , , ...	Kr. 1,00	
H. Giæver	« 2,00	
I. Kaasen	« 2,00	
S. Fondal	« 2,00	
I. Jensen	« 1,00	
		11,00
Professor Kükenthal i Jena	«	50,00
Ved Lærer Pedersen i Salangen	«	1,00
Ved Lærer Flekke Kvitnæs:		
Carl Ellingsen	Kr. 10,00	
A. Flekke	« 5,00	
		15,00
Ved Lærer I. E. Vesterlid i Bodø:		
14 Bidragsydere	«	4.75
	Tilsammen Kr,	5010,68

Tromsø den 1ste Marts 1890

Frederik Bentzon,
Byggefondets Kasserer.

Man tillader sig atter at opfordre dhrr, til hvem museet har rettet opfordring om at indsamle bidrag til byggefondet, fremdeles at have denne sag i erindring og engang i løbet af indeværende aar at indsende hertil de modtagne bidragslister — i tilfælde med paalydende bidrag.

Museets bestyrelse.

1890

Tromsø Museums

Aarsberetning

for

1890.

Tromsø.

Trykt i Tromsøpostens Bogtrykkeri

1892.

Museet har været aabent for publikum 38 søn- og helligdage i de sedvanlige eftermiddagstimer 3—5 fra 2den marts til 2den november. De besøgendes antal har herunder udgjort 11601. Det største antal paa èn aabningsdag har været 800. Udenfor de almindelige aabningsdage kan besøget anslaaes til henved 1500. Det samlede antal besøgende har saaledes udgjort omkring 13000.

Oldsamlingens bestyrer har med bidrag af museet samt af «foreningen til norske fortidsmindesmerkers bevaring» foretaget undersøgelser i Valbergs og Hoels annekssogne i Lofoten samt i *Bødø* landssogn og i Folden. Hans beretning om undersøgelserne samt fortegnelse over museets aarstilvekst er indsendt til ovennævnte forenings bestyrelse for i lighed med tidligere aars beskrivelser af undersøgelser og fund at trykkes i foreningens aarsberetning.

Konservator Schneider opholdt sig en maaneds tid ved Vadsø og i Sydvaranger paa dybvandsundersøgelser, hvorhos han fra september til februar med offentligt stipendium besøgte forskjellige museer og videnskabelige anstalter i Sverige, Danmark og Tyskland.

Konservator Foslie har med offentligt stipendium fortsat sine undersøgelser over algefloraen inden Tromsø amt.

Museets bibliothek har ogsaa iaar vundet en betydelig tilvekst gjennem den literære bytteforbindelse. Desuden har museet ifølge testamentarisk bestemmelse modtaget som gave efter afdøde toldkasserer Karl Pettersen det væsentligste af den videnskabelige del af hans righoldige bibliothek, bestaaende af omkring 660 bind og enkelte verker samt større og mindre afhandlinger i separataftryk, fornemmelig af geologisk, mineralogisk og geografisk indhold, og endvidere et antal haandtegnede og andre geologiske karter. Ved denne betydelige gave er navnlig bibliothekets mineralogisk-geologiske afdeling bleven vel forsynet med haandbøger og andre værdifulde fagskrifter.

Den literære bytteforbindelse er bleven forøget med følgende nye: The American Academy of Arts and Sciences *Boston, Mass.*, Geographische Gesellschaft *Bremen*, K. Vetenskaps och Vitterhets Samhället *Gøteborg*, Vetenskaps-Societeten *Helsingfors*, Geografiska Föreningen *Helsingfors*, Academia Real das Sciencias *Lissabon*, Geologiska Föreningen *Stockholm*, U. S. National Museum *Washington*, Naturforschende Gesellshaft *Zürich*.

Museets Aarshefte XIII var i november maaned færdigt til uddeling og indeholdt følgende:

M. Foslie: Toldkasserer Karl Pettersen. En biografisk skisse med portræt.

—«— Contribution to Knowledge of the Marine Algæ of Norway. I. East-Finmarken. With 3 Plates.

R. Collet: En rugende Coloni af Larus eburneus paa Spitsbergen. Med kart.

Ved den jevnt øgede tilvekst af museets samlinger er lokalerne nu saa overfyldte, at man forrige aar blev nødt til at leie et skur til opbevaring af saadanne naturhistoriske gjenstande, som egner sig til at opbevares i upræpareret stand. Museets virksomhed hemmes allerede i betydelig grad ikke alene paa grund af de overfyldte samlingsrum, men arbeidsrummene er ogsaa saa smaa og overfyldte, at konservatorerne maa udføre meget af museets arbeide i sine private boliger. Det viser sig derfor paatrængende nødvendigt, at anstalten snart faar nyt og eget lokale. Byggefondet er nu omkring 5600 kroner.

Bestyrelsen maa beklage tabet af sin formand toldkasserer Pettersen, der afgik ved døden den 10de februar 1890. I museets oprettelse havde Pettersen en væsentlig andel, og gjennem de forløbne 20 aar virkede han med usvækket interesse for museets udvikling og nedlagde deri et betydningsfuldt arbeide. Han stod fra museets oprettelse og til stiftamtmand Kjerschows død i 1889 som bestyrelsens viceformand, siden som dens formand og udøvede i begge disse stillinger en væsentlig indflydelse paa ledelsen af dets anliggender. Særlig grundlagde og ordnede han de mineralogiske og geologiske samlinger, som han selv for en stor del har tilveiebragt, og hvis fortsatte udvikling han varetog med sjelden interesse og indsigt. Til museets aarshefter leverede han altid gjennem aarenes løb betydelige og værdifulde bidrag, og navnlig maa det fremhæves, at det af ham efterladte udkast til et geologisk kart over Tromsø amt, hvori er nedlagt resultatet af et mangeaarigt arbeide, er ved offentlige midler bleven udgivet og medfølger aarsheftet for 1891. Et varigt minde har han ogsaa reist sig ved at testamentere museet en bogsamling paa 660 bind, navnlig geologisk og mineralogiske værker, et vigtigt bidrag til bibliotheket. Bestyrelsen ser saaledes med ublandet taknemlighed tilbage paa toldkasserer Pettersens betydningsfulde arbeide for museet.

Med hensyn til de enkelte afdelingers virksomhed meddeles nedenstaaende oversigter, afgivne af vedkommende samlingsbestyrere.

A. De historisk antikvariske samlinger.

a. den lappiske (finske) afdeling

Denne afdeling har ikke havt nogen nævneværdig tilvekst.

b. Oldsamlingen.

Afdelingen er i aarets løb forøget med 45 numere, der er erhvervede dels ved kjøb, dels indkomne som gave. Af disse tilhører 3 numere den arktiske stenalder, 38 den yngre jernalder og 4 den kristelige middelalder. 23 numere, er indkomne fra Nordlands, 22 fra Tromsø amt. Af større fund kan merkes et fra gaarden Ytterstad i Lødingen, bestaaende af øks, sverd, kniv, kam og naal, samt et fra Østnes paa Bjarkø, bestaaende af en bøileformet og en skaalformet broncespænde, en øks af jern og en ravperle samt brudstykke af en paalstav; endvidere et fund fra Øvregaarden paa Bjarkø, bestaaende af to broncearmringe samt flere mosaik- og farvede glasperler, og et fund fra Bjarkø prestegaard, bestaaende af øks, perler og brudstykker af et sverd. Paa gaarden Eldstad i Bodø landsogn fandtes ved undersøgelse af flere gravhauge en øks, kniv, ljaa, hein og perler af klebersten. Fra Helgeland er indkommet en ornamenteret skraber af ben, der fandtes i jorden paa gaarden Alstadhaug.

Oldsagsstykker af karakteristiske former, tilhørende samlingen, har været afbildede i aarsberetningen fra «foreningen til norske fortidsmindesmerkers bevaring»; ogsaa i aar er et par gjenstande af det slags indsendt i samme øiemed. Separataftryk af beretningerne om de foretagne undersøgelser er uddelte til saadanne, som paa en eller anden maade har vist interesse for samlingen, samt til enkelte i de distrikter, hvor undersøgelserne har fundet sted.

B. De naturhistoriske Samlinger.

a. de zoologiske samlinger.

Pattedyrsamlingen har ikke modtaget nogen betydelig tilvækst. Af hensyn til den knappe plads, der nu helt forbyder enhver opstilling af større gjenstande, har man indskrænket anskaffelsen til sjeldnere eller vanskelig erholdelige arter, naar anledning dertil har tilbudt sig. Her skal nævnes et smukt eksemplar af sølvræv fra Langøen i Vesteraalen, en nyfødt oterunge, en ufødt, usædvanlig stor unge af nise, unge af grønlandssæl *(Phoca grønlandica)* og ringsæl *(Phoca hispida)* samt nogle kranier. Blandt indkomne gjenstande, som allerede ved modtagelsen magasineres i upræpareret stand i et i dette øiemed forrige aar opført skur, skal nævnes skelet af jerv og hvidræv. Af magasinerede skeletter haves nu 10, deriblandt blaahval, seihval og næbhval.

Af fugle er indkommet ca. 35 ekspl., hvoriblandt jagtfalk (*Falco candicans)* fra Grønland, vandringsfalk *(F. peregrinus)* fra Berg ved Tromsø, havhømmer (*Colymbus glacialis*) fra Island, unger af flere sjeldne sneppearter fra trakten omkring Koutokeino Karesuando, nordisk løvsanger (*Phylloscopus borealis*) og solsort *(Turdus merula)* fra Sydvaranger samt trækryber (*Certhia)* fra Ramfjordnes. Endvidere skal nævnes purpurheire (*Ardea purpurea)*, en i nordlige egne yderst sjelden fugl, skudt i Signaldal i Lyngen i midten af oktober, samt bredhalet tyvjo (*Lestris pomarina*) fra Lyngø. Fra Hatfjelddalen modtog museet en dersteds omkr. 20de oktober skudt hærfugl *(Upupa epops)*, men den var derværre ubrugbar.

Af fiske er samlingen kun forøget med faa eksplr. og deriblandt ingen af speciel interesse. En i forrige aarsberetning omtalt sjelden flyndre, der var skjænket af Carl Bull i Hasvik, har vist sig at være en pighvar (*Rhombus maximus*), en art der hidtil ikke var bemærket fra arktisk omraade.

Af hvirvelløse dyr har tilvæksten været ret betydelig, hovedsagelig af crustaceer og mollusker indsamlede ved Vadsø og i Sydvaranger af konservator Schneider. Af stor interesse er et dødt men vel vedligeholdt eksplr. af en yderst sjelden mollusk, *Scalaria obtusicostata*, der hidtil kun i 2 individer var funden ved Vardø, men hvoraf museet som nævnt har faaet et eksplr. fra Tromsø af fisker Martin Thomassen, der stadig har vist museet sin interesse ved at indlevere sjeldnere sødyr. Ogsaa iaar har muset af telegrafbestyrer Smith i Kistrand erhvervet endel sjeldne sommerfugle fra Porsanger. Af det naturhistoriske museum i Berlin er i bytte modtaget et antal alpine løbebiller (*Carabicider*), der har interesse til sammenligning med den arktiske fauna. Et yderst interessant stykke er et paa tanden af en Botlenose (*Hyperoodon*) siddende snyltende krebsdyr, *Conchoderma auritum*, skjænket af ishavsfarer Morten Ingebrigtsen af Tromsø.

b. Den botaniske afdeling.

Afdelingen har ikke havt nogen tilvekst af betydning.

c. Den mineralogiske og geologiske afdeling.

Denne afdeling har heller ikke havt nogen nævneværdig tilvækst.

Fortegnelse
over museets literære bytteforbindelser og de til museets bibliothek i 1890 indkomne skrifter.

(Intet indkommet i 1890 fra de med * betegnede selskaber.)

Augsburg.

**Naturhistorischer Verein.*

Bergen.

Bergens museum.

Aarsberetning for 1889.

Lorange, Den yngre Jernalders Sværd. 1889.

Fiskeriselskabet.

Nogle Hefter af Norsk Fiskeritidende

Berlin.

Kgl. Geodätisches Institut

Helmert, Die Schwerkraft im Hochgebirge.

Helmert, Das Kgl. preuss. Geodätische Institut.

Astronomisch-geodätische Arbeiten. I.

Central-Bureau der internationalen Erdmessung.

Verhandlungen der 1889 in Paris abgehaltenen neunten Allgemeinen Conferens der Internationalen Erdmessung. Berlin 1890.

R. Friedländer & Sohn.

Naturæ Novitates. XII. Jahrg. 1890.

Bonn.

Naturhistorischer Verein der preussischen Rheinländer, Westfalens u. des Reg.-Bezirks Osnabrück.

Verhandlungen 46. Jahrg. II; 47. Jahrg. I. 1890.

Boston, Mass.

Boston Society of Natural History.

Proceedings. Vol. XX, Parts 1—3; Vol. XXI, P. 1—3; Vol. XXIV, P. 1—2.

The American Academy of Arts and Sciences.

Proceedings. New. Ser. Vol. XVI. 1888—89.

Braunschweig.

**Herzog. naturhistorisches Museum.*

Bremen.

Naturwissenschaftlicher Verein.

Abhandlungen. Bd. XI. 1889—90.

Geografische Gesellschaft.

Deutsche geographische Blätter. Bd. I—II. 1877—78; III, H. 1—2. 1879—80; VIII—XIII. 1885—90.

Breslau.

Schlesische Gesellschaft für väterländische Cultur.

67. Jahresbericht. 1889.

Bruxelles.

Société Royale malacologique de Belgique.

Annales T. XXIII. 1888.
Proces-Verbeaux. T. XVIII, Nr. 1—9. 1889.
Sociètè entomologique de Belgique.
Bulletin. Ser. III. No. 117—120. 1889.
Sociètè belge de Microscopie.
Bulletin. 16. Anneé No. I—XI. 1890.
Annales. T. XIII. No. 2—3. 1889; T. XIV. 1890.

Budapest.

K. M. Termèszettudományi Társulat.
Daday, Myriopoda regni Hungariæ
Ulbricht, Analysis vini.
Mathematische und naturwissenschaftliche Berichte aus Ungarn. Bd. VI—VII. 1889—90.
Hungarian National Museum.
Természetrajzi Füzetek. Vol. XII, No, 4. 1889; Vol: XIII. No. 1. 1890.

Cambridge, Mass.

Museum of Comparativ Zoology, at Harward College.
Bulletin. Vol. XVI. No. 6—9; XVII, No. 6; XVIII; XIX, No. 1—4; XX, No. 1—5.
Annual Report 1888—89; 1889—90.

Cassel.

**Verein für Naturkunde.*

Chemnits

**Naturwissenschaftliche Gesellschaft.*

Cherbourg.

**Sociètè nationale des Sciences naturelles et mathèmatiques.*

Chur.

Naturforschende Gesellschaft Graubündens.
Jahresbericht. Neue Folge. XXXIII. 1888—89.

Cordoba (Rep Argentina)

Academia nacional de ciencias.
Boletin. T. X, Ent 3a. 1890.

Danzig.

Naturforschende Gesellschaft.
Schriften. Neue Folge. Bd. VII. 3.

Davenport, Jova.

**Davenport Academy of Natural Sciences.*

Dorpat.

Naturforschende Gesellschaft.

Sitzungsberichte. Bd. 9, H. 1. 1889.

Dresden.

Naturwissenschaftliche Gesellschaft Isis.

Sitzungsberichte u. Abhandl. Juli—Decbr. 1889; Jan.—Juni 1890.

Edinburgh.

Royal Society.

Proceedings Vol. XV. 1887—88; XVI. 1888—89.

Geological Society.

Transactions. Vol. VI. 1. 1889.

Egmore, Madras.

Government Central Museum.

Thurston. Catalogue of the Batrachia, Salientia and Apoda of Southern India. 1888.

—„— Notes on the Pearl and Chank Fisheries and Marine Fauna of the Gulf of Manaar. 1890.

Elberfeld.

**Naturwissenschaftlicher Verein.*

Emden.

Naturforschende Gesellschaft.

Jahresbericht. 74. 1888—89.

Frankfurt a. M.

Senckenbergische naturforschende Gesellschaft.

Bericht. 1889, 1890.

Frankfurt a. O.

Naturwissenschaftlicher Verein.

Monatliche Mittheilungen. Jahrg. VII, No. 8—12; VIII, No. 1—9.

Societatum litteræ. Jahrg 3, No. 10—12; 4, No. 1—9

Freiburg i B.

**Naturforschende Gesellschaft.*

Giessen.

Oberhessische Gesellschaft für Natur u. Heilkunde.

27. Bericht. 1890.

Graz

Naturwissenschaftlicher Verein für Steiermark.

Mittheilungen. 25 Jahrg. 1888.

Greifswald.

Naturwissenschaftlicher Verein für Neu-Vorpommern u. Rugen.
Mittheilungen. Jahrg. 21. 1889.

Groningen.

Naturkundig Genootschap.
89. Verslag. 1889.

Güstrow.

Verein der Freunde der Naturgeschichte in Mecklenburg.
Archiv. Jahrg. 43. 1889.

Gørlitz.

**Naturforschende Gesellschaft.*

Gøteborg

K. Vetenskaps och Vitterhets Samhället.
Handlingar. Ny Tidsføljd. XX—XXIV. 1885—90.

Halifax, N. S

Nova Scotian Institute of Natural Science.
Proceedings and Transactions. Vol. VII, P. 3. 1888—89.

Halle a. S.

K. Leopoldinisch-Carolinische Akademie d. Naturforscher.
Nova Acta. Bd. LIV, No. 4—5.
Leopoldina. H. 25. 1889.

Naturwissenschaftlicher Verein fur Sachsen und Thuringen.
Zeitschrift. Bd. 62, No. 4—6. 1889; 63, No. 1—3. 1890.

Hamburg.

**Naturwissenschaftlicher Verein.*

Naturhistorisches Museum.
Jahrbuch der Hamburgischen wissenscht. Anstalten. Bd. VII. 1889.

Helsingfors

Vetenskaps-Societeten.
Øfversigt. XXXI. 1888—89.
Finlands Natur o. Folk. H. 48. 1889.

Societas pro Fauna et Flora Fennica.
Meddelanden. H 15. 1888—89.
Herbarium Musei fennici. Ed. 2. I. 1889.

Geologiska Kommissionen.

Sällskapet för Finlands Geografi.
Fennia. 2—3. 1890.

Geografiska Föreningen.
Tidskrift. 2 årg. 1890.

Kiel.

**Naturwissenschaftlicher Verein fur Schleswig-Holstein.*

Kiew.

Sociètè des Naturalistes.
Memoires. T. X. 2. 1889.

Kjøbenhavn.

Kgl. Danske Videnskabernes Selskab.
Oversigt. 1889, No 2—3; 1890, No. 1 2.
C. Weeke, Lunde Domkapituls Gavebøger og Nekrologium. II. 1889.
Kr. Erslev, Akstykker og Oplysninger til Rigsraadets og Stændernes Historie i Kristian IV.'s Tid I—III. 1883—90.

Naturhistoriske Forening.
Videnskabelige Meddelelser. 1889.
Festskrift. 1890.

Botanisk Forening.
Botanisk Tid4skrift. Bd 17, No. 4. 1890.
Festskrift. 1890.
Meddelelser. Bd. II, No. 7—8.

Kristiania.

Universitets-Bibliotheket.
Aarbog for 1889.
Greely: Report on the Proceedings of the — U. S. Expedition to Lady Franklins Bay. I—II.

Videnskabs-Selskabet.
Forhandlinger 1889.

Finants- og Tolddepartementet.
Matrikul over 10 af Landets Fogderier.

Kirkedepartementet.
Nyt Magazin for Naturvidenskaberne. Bd. 31, H. 4. 1890.

Statssekretariatet.
Norsk Lovtidende. 1890.

Nordhavs-Expeditionen.
XIX. Danielssen: Actinida.
XX. Sars: Pycnogonidea.

Kommissionen f. den europæiske Gradmaaling.
Geodätische Arbeiten. VI—VII.

Kønigsberg.

Physikalisch-økonomische Gesellschaft.

Schriften. Jahrg. 30. 1889.

Lausanne.

Société Vaudoise des Sciences naturelles.

Bulletin. Vol. XXV. No. 101. 1889.

Leiden.

**Nederlandsche dierkundige Vereeniging.*

Leipzig.

K. Sächsische Gesellschaft der Wissenschaften.

Berichte mathem. — phys. Classe. Bd. 41, 2–4. 1889; Bd. 42, 1—2. 1890.

Register 1846—85. Leipzig. 1889.

**Naturforschende Gesellschaft.*

Leutschau.

Ungarischer Karpathen-Verein.

Jahrbuch. 17. Jahrg. 1890.

Liège.

**Société geologique de Belgique.*

Lissabon.

Academia Real das Sciencias.

Jornal de Sciencias Math. Phys e. Natur. No. IX—XXII, XXX XLVIII; Sec. Ser. T. I. 1—2.

London.

Royal Society.

Proceedings. Vol. XLVI, No. 284—85; Vol. XLVII; Vol. XLVIII. No. 292—94.

Linnean Society.

Zoological Journal. Vol. XX, No. 122—125; XXI, No. 133 135; XXII.

Zoological Society.

Proceedings. 1889. 4; 1890. 1—3.

Lund.

Universitetet.

Acta. Bd. 25. 1888—89.

Lübeck.

Naturhistorisches Museum.

Jahresbericht. 1888.

Marburg.

**Gesellschaft zur Beförderung der gesammten Naturwissenschaften.*

Milwaukee, Wis.

Public Museum.

Annual Report. 7. 1889.

Proceedings Hist. Soc. March 1885 — Aprll 1889.

Montreal.

Royal Society of Canada.

Proceedings and Transactions. Vol. VII 1889.

Natural History Society of Montreal.

The Canadian Record of Science. Vol. III, No. 8. 1889; Vol. IV, No. 1—4. 1890.

Moscou.

**Sociètè Imperiale des Naturalistes.*

Neuchatel.

**Sociètè des Sciences Naturelles.*

New Haven.

**Connecticut Academy of Arts and Sciences.*

New York.

New York Academy of Sciences.

Annals. Vol. IV, No. 1—9, 12; V, 1—3.

Transactions. Vol; II; IV—VII; VIII, No. 5—8; IX, No. 1—3

Nürnberg.

Naturhistorische Gesellschaft.

Jahresbericht. 1889.

Osnabrück.

**Naturwissenschaftlicher Verein.*

Ottawa.

Geological and Natural History Survey of Canada.

John Macoun: Catalogue of Canadian Plants. V. 1890.

Wm. Hy. Pearson: List of Canadian Plants. 1890.

Paris.

Sociètè zoologique de France.

Bulletin. Vol. 6; T. 15, No. 2. 1890.

Memoires T. III, 1 1890.

Le Naturaliste.

2 Ser. No. 69—91. 1889—90.

Feuille des jeunes Naturalistes.

20. Année, No 232—240. 1890.

Philadelphia.

**Academy of Natural Sciences.*

Pisa.

Societa Toscana di Scienze Naturali.

Atti. Processi verbali. Vol. VI., Pag. 255—302; Vol. VII. Pag. 1—170.

Prag.

K. Bøhmische Gesellschaft der Wissenschaften.

Abhandlungen d. mathem. naturw. Klasse. VII. Folge. Bd. III. 1889—90.

Sitzungsberichte. 1889. II; 1890. I.

Jahresbericht. 1889.

Feistmantel: Tasmanien.

Bayer: Osteologi v. Bufo.

Riga

Naturforscher Verein.

Korrespondenzblatt. Jahrg. 31—33. 1888—90.

Arbeiten. Neue Folge. H. 6 1889.

Salem, Mass.

Essex Institute.

Bulletin. Vol. 21, No. 7—12. 1889; 22, No. 1—3. 1890.

San Francisco

California Academy of Sciences.

Proceedings Ser. 2, Vol. II. 1889.

St Gallen.

Naturwissenschaftliche Gesellschaft.

Bericht. 1887—88.

Stavanger.

**Stavanger Museum.*

Stockholm.

Kgl. Svenska Vetenskaps Academien.

Øfversigt. Aarg. 47, No. 1—8. 1890.

Sveriges Geologiska Undersökning.

Afhandlinger. Ser. C. No. 92—111, 113—115.

Systematisk förteckning öfver Undersökningens publikationer 1862—90.

G. Løfstrand: Apatiten i Norrbotn och. s. Norge.

Geologiska Føreningen.

Forhandlinger. Bd. II, H. 3. 1889; Bd. 12. 1890.

Entomologiska Føreningen.

Entomologisk Tidskrift. Aarg. 11. 1890.

Kgl. Vitterhets Historie o. Antiquitets Akademien.

Månadsblad. Aarg. 10—18. 1881—89.

Antiquarisk Tidskrift för Sverige. Del. 4, H. 3—4; 6, H. 1—4; 7; 8, H. 1—2; 9, H. 1—2; 10, H 1—5; 11, H. 1—2.

Sidney.

Royal Society of New South Wales.

Journal and Proceedings. Vol. XXIII. 1. 1889.

Catalogue. 1. 1889.

Tokio.

The Imperial University (Teikoku Daigaku).

The Calender for the year 1889—90.

Toronto.

Canadian Institute.

Proceedings. Ser. 3. Vol. VII. 1—2. 1889—90.

Annual Report. 1889.

Trondhjem.

**Kgl. norske Videnskabers Selskab.*

Fiskerimuseet.

Nogle Hefter af Norsk Fiskeritidende, Aarsberetninger og Kataloger.

Upsala.

Universitetet

Redogörelse. 1889—90.

7 Doctordissertationer.

Vetenskaps-Societeten.

Nova Acta. XIV. 1. 1890.

Washington.

Smithsonian Institution.

Annual Report. 1886. II; 1887. I—II.

U. S. Department of Agriculture.

North-American Fauna. 1—2. 1889.

Ornith'l. Bul. No 1. 1889.

U. S. National Museum.

Proceedings. Vol. 10—11. 1887—88.

Bulletin. No. 33—37. 1889.

U. S. Geological Survey.
1. Annual Report. 1885—86. Wash. 1888.

Wien.

K. K. Naturhistorisches Hofmuseum.
Annalen. Bd. IV, No. 4. 1889; Bd. V. 1890.

Zoologisch-botanische Gesellschaft.
Verhandlungen. Bd. XXXIX, No. 3—4. 1889; Bd. V. 1890.

K. K. Geographische Gesellschaft.
Mittheilungen. Bd. XXXII. 1889.
Bericht. XV. 1888—89.

Ornithologischer Verein.
Mittheilungen. XIV. Jahrg. No. 2. 1890.

Wiesbaden.

Nassauischer Verein für Naturkunde.
Jahrbuch. 43. 1890.

Zürich.

Naturforschende Gesellschaft.
Vierteljahrschrift. Jahrg. 8. 1863; 11—13. 1866—68; 15—33 1870—88; 34, H. 1—2. 1889.

Amtmanden i Finmarkens Amt.
Finmarkens Amtsformandskabsforhandlinger. 1889.

C. G. Joh. Petersen, Dr. phil., Kjøbenhavn.
Det videnskabelige Udbytte af Kanonbaaden „Hauchs" Togter i Aarene 1883—86. III. Kjøbenhavn 1890.
Atlas. III. 1890.

Stefán Stefánsson, Mødruvellir, Island.
Fra Islands Væxtrige. Kjøbenhavn 1890.

G. Gustafson, Konservator, Bergen.
Fortegnelse over de i 1889 til Bergens museum indkomne oldsager ældre end reformationen. 1890.

E. A. Thomle, Archivfuldmægtig, Kjøbenhavn.
Commerceraad Johan Adolph Løvenstierne. 1890.

Dr. Hans Reusch, Kristiania.
Geologisk kart over De skandinaviske lande og Finland. 1890.
Fjeld og jordarter i De skandinaviske lande og Finland. 1890.

Ekstrakt

af Tromsø Museums Regnskab for 1890.

Indtægt:

1.	Beholdning ifølge forrige Aars Regnskab:		
	Restancer		Kr. 669.00
2.	Bidrag for 1890:		
	H. M. Kongen . .	Kr. 200.00	
	Tromsø Amtskomune	« 300.00	
	Finmarkens do.	« 120.00	
	Nordlands do.	« 100.00	
	Tromsø Samlag for Brændevinshandel	1000.00	
	Medlemskontingent .	« 2-4.00	
			« 2004.00
3.	Statstilskud for Budgetaaret 1890—91 . .		« 5600.00
4.	Entre af Reisende		« 352.25
5.	Salg af Aarshefter		« 47.00
6.	Solgte Naturalier		« 70.00
7.	Kirkesanger Nicolaisen (Afdrag)		« 36.00
8.	Indvundne Renter		« 10 70
			Kr. 8788.95

Udgift:

1.	Den historisk-antikvariske Afdeling		Kr. 36.38	
2.	« naturhistoriske «		« 549.51	
3.	Reiseudgifter		« 200.00	
4.	Bibliotheket		« 226.28	
5.	Lønninger:			
	Konservatorer . .	Kr. 4060.00		
	Præparant	« 200.00		
	Tilsynsmænd . . .	« 100.00		
			« 4360.00	
6.	Aarsberetning og Aarshefter . . .		« 823.89	
7.	Husleie		« 1310.00	
8.	Assurancepræmie		« 150.00	
9.	Forskjellige Udgifter incl. Porto .		« 460.00	
10.	Tab paa Restancer		« 35.00	
11.	Kassererens Forskud fra 1889 . .		« 35.80	
12.	Beholdning for 31/12 90:			
	Restancer	Kr. 45.00	« 601.76	
	Indestaaende i Sparebanken	« 556.76	«	Kr. 8788.95

Tromsø den 10de April 1891.

J. Killengreen. Strøm. Frederik Bentzon. I. Qvigstad.
Gleditsch. I. A. Giæver. Andr. Moursund.

Bilag til Tromsø Museums Aarsberetning for 1890.

Fortegnelse

over Bidrag til Museets Byggefond.

	Transport fra 1880	Kr.	5010.68
Ved Lærer R. Meland i Næsne:			
R. Meland	Kr. 5.00		
3 Bidragsydere	« 0.30	«	5.30
Ved Lærer O. Storvik i Korgen:			
O. Storvik	Kr. 1.00		
5 Bidragsydere	« 2.00	«	3.00
Ved Samlagsbestyrer Dahl i Vardø:			
27 Bidragsydere		«	19.00
7 do.		«	3.75
Sognepræst Blom i Ibestad		«	10.00
Samlagsbestyrer Dahl i Vardø		«	10.00
Ved Lensmand I. H. Sørensen:			
Dr. Sv. Lange i Skogshavn	Kr. 10 00		
1 Bidragsyder	« 0.50		
		«	10.50
Tromsø Samlag		«	500.00
Ved Konservator Foslie:			
1 Bidragsyder		«	0.80
Ved Joh. H. Lorentsen i Melvik:			
Joh. H. Lorentsen	Kr. 1.50		
5 Bidragsydere	« 0.60		
		«	2.01
Ved Lénsmand Wennberg i Balsfjorden:			
Lensmand Wennberg	Kr. 5.00		
S. G. Wennberg jr.	« 5.00		
M. Holst	« 5.00		
S. Jensen	« 2.00		
O. Jetmundsen	« 1.50		
Lærer Larsen	« 2.00		
Andr. Johannesen	« 1.00		
Nils S. Nilsen	« 1.00		
F. W. Hanssen	« 2.00		
Ole Hansvold	« 2.00		
22 Bidragsydere	« 9.55		
		«	36.05
		Kr.	5611.18

Tromsø den 14de April 1891.

Frederik Bentzon,
Byggefondets Kasserer.

Man tillader sig atter at opfordre d'Hrr., til hvem Museet har rettet Opfordring om at indsamle Bidrag til Byggefondet, fremdeles at have denne Sag i Erindring og engang i Løbet af indeværende Aar at indsende hertil de modtagne Bidragslister — i Tilfælde med paalydende Bidrag.

Museets Bestyrelse.

Tromsø Museums

Aarsberetning

for

1891.

Tromsø.
G. Kjeldseths Bogtr.
1892.

Tromsø Museums

Aarsberetning

for

1891.

Tromsø.
G. Kjeldseths Bogtr.
1892.

Museets Samlinger har i 1891 i Tidsrummet fra 1ste Marts til 1ste November været aabnede for Almenheden i de sædvanlige Eftermiddagstimer 3—5 i 37 Søn- og Helligdage. De Besøgendes Antal har herunder udgjort i Marts 707, April 781, Mai 1655, Juni 1553, Juli 812, August 1240, September 901, Oktober 758, tilsammen 8407. Udenfor de almindelige Aabningsdage har Samlingerne været besøgt af omkring 1000. Det samlede Antal Besøgende vil saaledes udgjøre omkring 9400, med et gjennemsnitligt Middeltal af 227 for hver Aabningsdag. Det største Antal Besøgende paa en Aabningsdag har været 638, det mindste 90.

Oldsamlingens Bestyrer, Klasselærer Nicolaissen har med Bidrag af Museets Kasse i Løbet af Sommeren foretaget arkæologiske Undersøgelser i Østfinmarken paa Kyststrækningen fra Tanafjordens Vestside til den russiske Grændse. Indberetning om disse Undersøgelser vil som tidligere blive indsendt til Foreningen for norske Fortidsmindesmærkers Bevaring for at trykkes i Foreningens Aarsberetning.

Konservator Schneider har dels med Bidrag af Museet, dels ved Understøttelse af et Par fremmede Videnskabsmænd foretaget Undersøgelse af Havfaunaen i Tromsø nærmeste Omegn. Derhos har han fornemmelig i entomologiske Øiemed foretaget to kortere Reiser til Alten og Balsfjorden. Fra September 1890 til Februar 1891 opholdt han sig med offentligt Stipendium i Sverige, Danmark og Tyskland forat studere Zoologi, særligt med den arktiske Fauna for Øie.

i tidligere Aar trykt i Aarsberetningen fra „Foreningen til norske Fortidsmindesmerkers Bevaring“.

Samlingens Bestyrer har isommer foretaget Undersøgelser i Østfinmarken med Reisebidrag af Museet. Beretning om Undersøgelserne er trykt i Aarsberetningen fra „Foreningen til norske Fortidsmindesmerkers Bevaring“. Separataftryk af hans Indberetning om forrige Aars Undersøgelser er uddelte til flere i de Distrikter, hvor Undersøgelserne har fundet Sted, samt til andre, som ved at indsende Oldfund eller paa anden Maade har vist Interesse for Museets Samlinger. Sjeldnere end før indkommer Oldsager som Gave til Museet. Ofte forlanges der nu Betaling for Gjenstande, der kun har lidet antikvarisk Værd. Aarsagen hertil er de reisende „Opkjøbere“, som heller ikke disse fjerne Egne forskaanes for, og som altfor ofte til stor Skade for Oldtidsvidenskaben samler Antikviteter, som atter afhændes paa Steder og til Personer, der ikke i nogen Henseende kan eller vil bidrage til at udvide Kjendskabet til Oldtidens Liv og Kultur.

Oldsamlingen tæller ved Aarets Slutning 955 Nummere.

B. De naturhistoriske Samlinger.

a. De zoologiske Samlinger.

Pattedyrsamlingens væsentligste Tilvækst er 9 Skind af Rødræv og Fjeldræv i forskjellige Varieteter, deriblandt en ung Korsræv fra Sværholt, lys Varietet af Fjeldræv i Vinterdragt samt et smukt Eksplr. af Blaaræv. Naar disse bliver opstillede, og Pladsen tillader en tidsmæssig Montering, vil Museets Samling af Ræve udgjøre en temmelig fyldig og meget smuk Gruppe. Desuden er indkommet nogle Kranier og Foster af Nise samt en Vandspidsmus fra Malangen.

Af Fugle har Tilveksten været noget mindre end de nærmest foregaaende Aar, idet man har indskrænket Præpareringen dels af Mangel paa Plads og dels af budgetmæssige Hensyn. Der er opstillet 18 Stkr., hvoriblandt hvidvinget Maase *(Larus leucopterus)* fra Tromsø, Heire fra Skjærvø og Meljord (Senjen), Hærfugl *(Upupa epops)* fra Tønsnes ved Tromsø, Unge af Spurvehøk *(Astur nisus)* fra Malangen og Berglærke *(Alauda alpestris)* fra Berg ved Tromsø. Desuden modtog Museet et voksent Individ af grønbenet Sumphøne *(Gallinula chloropus)*, skudt paa Storstennæs i Balsfjord 19de Mai, Lavskrike *(Garrulus infaustus)* fra Nord-Reisen samt Taarnsvale *(Cypselus apus)*, fanget levende ved Spitsbergen; men disse var desværre ubrugbare ved Modtagelsen.

Af Fiske har Samlingens Tilvekst i 1891 været høist ubetydelig og udgjøres hovedsagelig af et Par Flyndrearter, der er anskaffede til Udstopning. Af sjeldnere Arter er kun indkommen en Laksestørje, der er afhændet til et udenlandsk Museum, da man her var tilstrækkelig forsynet med den. Da Rummet ikke tilsteder nogen yderligere Udvidelse, vil Fornyelsen og Kompletteringen af Fiskesamlingen maatte henskydes til den forhaabede Indflytten i eget Lokale.

Af Evertebrater er som sædvanlig tilkommet et anseeligt Materiale, hovedsagelig indsamlet af Konservator paa de i Museets Anliggender foretagne Undersøgelser. Dertil er sjeldnere Sødyr indsendte af Lærer Osjord paa Ingø og Zahl i Vadsø. Værdifulde Sendinger af arktiske Insekter er modtagne af Telegrafbestyrer Smith i Kistrand, Forstassistent Hagemann i Alten og Distriktslæge Wessel i Sydvaranger; af disse Insekter er *Coleoptera* og *Lepidoptera* indlemmede i de allerede ordnede og opstillede Samlinger; for de andre Ordeners Vedkommende trænges mere Materiale, før de kan blive opstillede i en egen Samling. Museet har derhos gjenoptaget nogle af de tidligere udenlandske Bytteforbindelser, der en Tid lang har været indstillede af Mangel paa Byttemateriale.

Hvad de lavere Sødyr angaar, da er kun enkelte af de mere fremtrædende Former blevne udstillede; Størsteparten er bleven magazineret i Paavente af rummeligere Plads.

b. Den botaniske Afdeling.

Afdelingen har fra Dr. J. Hagen i Throndhjem modtaget en Samling sjeldne Moser.

c. Den mineralogiske og geologiske Afdeling.

Afdelingen er forøget med nogle Fossiler og Bergarter fra Spitsbergen.

Fortegnelse

over Museets literære Bytteforbindelser og de til Museets Bibliothek i 1891 indkomne Skrifter.

(Intet indkommet i 1891 fra de med * betegnede Selskaber).

Augsburg.

Naturhistorischer Verein.

30. Bericht. 1890.

Bergen.

Bergens Museum.

Aarsberetning for 1890.

Naturen. 14. Aarg. 1890.

Vestlandske Kunstindustrimuseum.

Fører gjennem Samlingerne. Bergen 1891.

Berlin.

Dr. H. Potinié.

Naturwissenschaftliche Wochenschrift. Nr. 1, 31—42. 1890.

Kgl. Geodätisches Institut.

Das Berliner Basisnetz. 1891.

Central-Bureau der Internationalen Erdmessung.

Verhandlungen der 1890 zu Freiburg i. B. abgehaltenen Conferenz der Permanenten Commission der Internationalen Erdmessung. Berlin 1891.

R. Friedländer & Sohn.

Naturæ Novitatas. XIII. 1891.

Verlags-Catalog 1830—90.

Bonn.

Naturhistorischer Verein der preussischen Rheinländer, Westfalens u. des Reg.-Bezirks Osnabrück.

Verhandlungen. 47. Jahrg. II. 1890; 48. Jahrg. I. 1891.

Boston, Mass.

The American Academy of Arts and Sciences.

Proceedings. New Ser. XVII. 1889—90.

Boston Society of Natural History.

Proceedings. Vol. XXIV, P. 3—4; XXV, P. 1—2.

Braunschweig.

**Herzog. naturhistorisches Museum.*

Bremen.

Naturwissenschaftlicher Verein.

Abhandlungen. Bd. XII, H. I. 1891.

Geographische Gesellschaft.

Deutsche geographische Blätter. Bd. XIV. H. 1—3. 1891.

Breslau.

Schlesische Gesellschaft für vaterländische Cultur.

67. Jahresbericht. 1890.

Ergänzungsheft. 1890.

Bruxelles.

Société Royale malacologique de Belgique.

Annales. T. XXIV. 1889.

Procès-Verbaux. T. XVIII, P. 173—217; T. XIX, P. 1—88.

**Société entomologique de Belgique.*

Société belge de Microscopie.

Bulletin. 17. Anneé, Nr. 3—10; 18, Nr. 1.

Annales. T. XV. 1891.

Budapest.

**K. M. Természettudományi Társulat.*

Hungarian National Museum.

Természetrajzi Füzetek. Vol. XIII, No. 3—4. 1890; XIV, No. 1—2. 1891.

Buenos Aires.

Por. Florentino Ameghino.

Revista Argentina de Historia Natural. T. I, Entegr. 1a—6a.

Museo de Productos Argentinos.

Boletin Mensual. Ano III. No. 31. 1890

Cambridge, Mass.

Museum of Comparativ Zoology, at Harward College.

Bulletin. Vol. XVI, No. 10; XX. No. 6–8; XXI, No. 1–5; XXII. No. 1.

Annual Report 1890—91.

Cassel.

Verein für Naturkunde.

26–27 Bericht. 1889–90.

Chemnitz.

**Naturwissenschaftliche Gesellschaft.*

Cherbourg.

Société nationale des Sciences naturelles et mathématiques.

Memoires. Vol. XXVI. 1889.

Chur.

Naturforschende Gesellschaft Graubündens.

Jahresbericht. Neue Folge. XXXIV. 1889—90.

Cordoba.

Academiv Nacional de Ciencias en Cordoba (Repúbl. Argentina).

Boletin. T. XI, Entegr. 1ª—3ª.

Danzig.

Naturforschende Gesellschaft.

Schriften. Neue Folge. Bd. III, H. 3—4; IV, H. 1; VII, H. 4.

Davenport, Jowa.

**Davenport Academy of Natural Sciences.*

Dorpat.

Naturforschende Gesellschaft.

Sitzungsberichte. Bd. 9, H. 2.

Dresden.

Naturwissenschaftliche Gesellschaft Isis.

Sitzungsberichte u. Abhandl. Juli—Decbr. 1890; Janr.—Juni 1891.

Edinburgh.

Royal Society.

Proceedings. Vol. XVII, 1899—90.

Geological Society.

Transactions. Vol. VI. 2. 1890.

Elberfeld.

**Naturwissenschaftlicher Verein.*

Emden.

Naturforschende Gesellschaft.

Jahresbericht, 75. 1889–90.

Frankfurt a. M.

Senckenbergische naturforschende Gesellschaft.

Bericht. 1891.

Ernst Hartert, Katalog der Vogelsammlung. 1891.

Erankfurt a. O.

Naturwissenschaftlicher Verein.

Monatliche Mittheilungen. Jahrg. II, No. 2; VIII, No. 10—12; IX, No. 1—6.

Societatum litteræ. Jahrg. 4, No. 10—12; 5, No. 1—8.

Freiburg i. B.

Naturforschende Gesellschaft.

Berichte. Bd. V. 1890—91.

Giessen.

**Oberhessische Gesellschaft für Natur und Heilkunde.*

Graz.

Naturwissenschaftlicher Verein für Steiermark.

Mittheilungen. 26. Jahrg. 1889; 27. Jahrg. 1890.

Greifswald.

Naturwissenschaftlicher Verein für Neu-Vorpommern und Rügen.

Mittheilungen. Jahrg. 22. 1890.

Groningen.

Naturkundig Genootschap.

90. Verslag. 1890.

Güstrow.

Verein der Freunde der Naturgeschichte in Mecklenburg.

Archiv. Jahrg. 44. 1890.

Bachmann, Die landeskundige Literatur über die Grossherzogtümer Mecklenburg. Güstrow 1891.

Gerlitz.

**Naturforschende Gesellschaft.*

Goteborg.

K. Vetenskaps och Vittenhets Samhället.

Handlingar. Ny Tidsfoljd. XXV. 1891.

Halifax, N. S.

Nova Scotian Institute of Natural Science.

Proceedings and Transactions. Vol. VII, P. 4. 1889—90.

Halle a. S.

K. Leopoldinisch-Carolinische Akademie d. Naturforscher.

Nova Acta. Bd. 56, No. 2—3.

Leopoldina. H. 26. 1890.

Naturwissenschaftlicher Verein für Sachsen und Thüringen.
Zeitschrift. Bd. 63, No. 4—6. 1890; 64, No. 1—3. 1891.

Hamburg.

Naturwissenschaftlicher Verein.
Abhandlungen. Bd. XI, H. 2. 1891.
**Naturhistorisches Museum.*

Helsingfors.

** Vetenskaps Societeten.*
**Societas pro Fauna et Flora Fennica.*
Geologiska Kommissionen.
Kartbladen No. 16—17 af Finlands geologiska Undersökning, med Beskr.
**Sälskapet för Finlands Geografi.*
Geografiska Föreningen.
Tidsskrift. 3. Årg. No. 1—4.

Iglo.

Ungarischer Karpathen-Verein.
Jahrbuch. 18. 1891.

Kiel.

Naturwissenschaftlicher Verein für Schleswig-Holstein.
Schriften. Bd. VIII, H. 2; IX, H. 1.

Kiew.

**Société des Naturalistes.*

Kjøbenhavn.

Kgl. Danske Videnskabernes Selskab.
Oversigt 1890, No. 3; 1891, No. 1.
Naturhistoriske Forening.
Videnskabelige Meddelelser. 1890.
**Botanisk Forening.*

Kristiania.

Universitets-Bibliotheket.
Aarbog for 1890.
Schübeler, Tillæg til Viridarium Norvegicum. I.
Videnskabs Selskabet.
Forhandlinger. 1890.
Finants- og Tolddepartementet.
Matrikul over 16 af Landets Fogderier.
Kirkedepartementet.
Nyt Magazin for Naturvidenskaberne. Bd. 32, H. 1—4.
Statssekretariatet.
Norsk Lovtidende. 1891. 2den Afd. 4, 1890; 1—3, 1891.

Norges geografiske Opmaaling.

Katalog over . . . . Bibliothek 1. Januar 1891.

Komiteen for Norges Deltagelse i Verdensudstillingen i Paris.

Beretning. Kristiania. 1891.

Den norske historiske Kildeskriftkomite.

Norges Indskrifter med de ældre Runer. 1. Hefte. 1891.

Königsberg.

Physikalisch-ökonomische Gesellschaft.

Schriften. Jahrg. 31. 1890.

Lausanne.

Société Vaudoise des Sciences naturelles.

Bulletin. Voll. XXVI—XXVII.

Leiden.

Nederlandsche dierkundige Vereeniging.

Tijdschrift. Ser. 2, Deel III, Afl. 1—2, 1890—91.

Leipzig.

K. Sächsische Gesellschaft der Wissenschaften.

Berichte mathem.-phys. Classe: 1890, H. 3—4; 1891, H. 1—2.

**Naturforschende Gesellschaft.*

Liège.

Société geologique de Belgique.

Annales. T. XVI, Livr. 2; XVII, Livr. 4.

Lissabon.

**Academia Real das Sciencias.*

London.

Royal Society.

Proceedings. Vol. 48, No. 295; 49, No. 296—303.

Linnean Society.

Zoological Journal. Vol. XXIII; XXIV, No. 149—150.

Proceedings 1887—88; 1888—90.

Zoological Society.

Proceedings. 1890. 4.

Lund.

Universitetet.

Acta. Bd. 26. 1889—90.

Lübeck.

Naturhistorisches Museum.

Jahresbericht 1889, 1890.

Dr. Heinr. Lenz, Geschichte des Naturhistorischen Museums. 1889.

Mittheilungen d. Geogr. Gesellsch. und des Naturhistorischen Museums in L. Zweite Reihe, H. 1—2. 1890.

Manchester.

Manchester Museum, Owens College.

Report 1889—90.

Marburg.

**Gesellschaft zur Beförderung der gesammten Naturwissenschaften.*

Milwaukee, Wis.

Public Museum.

Annual Report. I. 1883; 8, 1890; 8, 1891;

Montreal.

Royal Society of Canada.

Proceedings and Transactions. VIII. 1890.

Natural History Society of Montreal.

The Canadian Record of Science. Vol. IV, No. 5—7.

Moscou.

**Société Imperiale des Naturalistes.*

Neapel.

Società Africana d' Italia.

Bolletino. Ann. X, Fasc. 1, 2—5. 1891.

Neuchatel.

**Société des Sciences Naturelles.*

New Haven.

Connecticut Academy of Arts and Sciences.

Transactions. Vol. VIII, P. 1. 1890.

New York.

New York Academy of Sciences.

Annals. Vol. V, No. 4—8; Extra Nos. 1—3. 1891.

Transactions. Vol. IX, No. 5—8. 1889—90; X, No. 2—6. 1891.

Nürnberg.

Naturhissorische Gesellschaft.

Jahresbericht. 1890.

Osnabrück.

Naturwissenschaftlicher Verein.

Jahresbericht. 1, 1870—71; 4, 1876—80; 8, 1889—90.

Ottawa.

**Geological and Natural History Society of Canada.*

Paris.

Société zoologique de France.

Bulletin. T. 14, No. 10; 15, No. 1, 3—10; 16, No. 1—7.

Le Naturaliste.

2. Ser. Vol. V; Vol. VI, No. 1.

Feuille des jeunes Naturalistes.

20. Année, No. 241; 21, No. 43—47, 49—55.

Dr. Raphael Blanchard.

Compte-rendu des séances du Congrès international de Zoologie . . . . Paris, 1889. 1890.

Philadelphia.

**Academy of Natural Sciences.*

Pisa.

Società Toscana di Scienze Naturali.

Atti. Processi verbali. Vol. VII, Pag. 199—338.

Prag.

K. Böhmische Gesellschaft der Wissenschaften.

Sitzungsberichte. 1890. II.

Jahresbericht. 1890.

Riga.

Naturforscher Verein.

Korrespondenzblatt. Jahrg. 34. 1891.

Arbeiten. Neue Folge. Heft 7. 1891.

Rochester, N. Y.

Rochester Academy of Sciences.

Proceedings. Vol. I. Broch. 1. 1890.

Salem, Mass.

Essex Institute.

Bulletin. Vol. 22, No. 4—12. 1890; 23, No. 1—6. 1891.

San Francisco.

California Academy of Sciences.

Occasional Papers. I—II. 1890.

St. Gallen.

Naturwissenschaftliche Gesellschaft.

Bericht. 1888—89.

Stavanger.

Stavanger Museum.

Aarsberetning for 1890.

Stockholm.

Kgl. Svenska Vetenskaps Academien.

Handlingar. Bd. 22. 1886—87.

Bihang. Bd. 15. 1890.

Øfversigt. Aarg. 47, No. 9—10. 1890; 48, No. 1—8. 1891.

Meteorologiska Iakttagelser i Sverige. Bd. 25—27. 1883—85.

Geologiska Föreningen.

Förhandlingar. Bd. 13. 1891.

**Sveriges Geologiska Undersökning.*

**Entomologiska Föreningen.*

Kgl. Vitterhets Historie o. Antiquitets Akademien.

Antiquarisk Tidskrift för Sverige. D. 11, H. 3; 12, H. 1–4.

Sidney.

Royal Society of New South Wales.

Journal and Proceedings. Vol. XIII. 1879; XXIII, P. 2. 1889.

Stuttgart.

Verein für vaterländische Naturkunde in Württemberg.

Jahreshefte. 47. 1891.

Toronto.

Canadian Institute.

Transactions Vol. I. 1890–91; II, P. 1. 1891.

Trondhjem.

**Kgl. norske Videnskabers Selskab.*

Fiskerimuseet.

Aarsberetning for 1890.

Upsala.

** Universitetet.*

Vetenskaps-Societeten

Nova Acta. Ser. 3. Vol. XIV, Fasc. II. 1891.

Washington.

Smithsonian Institution.

Report. 1888.

— National Museum. 1888.

— 1889.

U. S. National Museum.

Proceedings. Vol. XII. 1889; XIII. 1890.

Bulletin. No. 38. 1890.

Report. 1888. (1890).

U. S. Department of Agriculture.

North American Fauna. No. 3–4. 1890; No. 5. 1891.

U. S. Geological Survey.

8. Annual Report 1886–87.

9. — — 1887–88.

Wien

K. K. Naturhistorisches Hofmuseum.

Annalen. Bd. VI, No. 1–2, 1891.

Zoologisch-botanische Gesellschaft.

Verhandlungen. Bd. 41, No. 1—2. 1891.

K. K. Geographische Gesellschaft.

Mittheilungen. Bd. 33. 1890.

**Ornithologischer Verein.*

Wiesbaden.

Nassauischer Verein für Naturkunde.

Jahrbuch, 44. 1890.

Zürich.

**Naturforschende Gesellschaft.*

Amtmanden i Finmarkens Amt.

Finmarkens Amtsformandskabs Forhandlinger. 1890.

Professor Dr. Ludvig Matthiessen, Rostock.

Ueber den physikalisch-optischen Bau des Auges der norwegischen Barten-oder Finwale. Bonn. 1891.

Ekstrakt

af Tromsø Museums Regnskab for 1891.

Indtægt:

1.	Beholdning ifølge forrige Aars Regnskab:				
	Restancer	Kr.	45,00		
	Indest. i Sparebanken .	„	556,76	Kr.	601,76
2.	Bidrag for 1891:				
	Hs. Maj. Kongen	Kr.	200,00		
	Tromsø Amtskommune . .	„	300,00		
	Finmarkens do.	„	120,00		
	Nordlands do.	„	100,00		
	Tromsø Samlag for Brændevinshandel	„	1200,00		
	Medlemskontingent	„	273,00	„	2193,00
3.	Statstilskud for Budgetaaret 1891—92 . .			„	5600,00
4.	Entre af Reisende			„	207,18
5.	Kirkesanger Nikolaisen (Afdrag)			„	36,00
6.	Toldboden tilbagebetalt for tidligere erlagt Told af Spiritus	Kr.	127,53		
	÷ Havnepenge 2 %	„	2,55	„	130,08
7.	Indvundne Renter			„	3,73
				Kr.	8771.75

Udgift:

1.	Den historisk-antikvariske Afdeling			Kr.	25,20
2.	„ naturhistoriske do.			„	454,60
3.	Reiseudgifter			„	350,00
4.	Bibliotheket			„	206,89
5.	Lønninger:				
	Konservatorer	Kr.	4060,00		
	Præparant	„	200,00		
	Tilsynsmænd	„	99,80	„	4359.80
6.	Aarsberetning og Aarshefter			„	500,45
7.	Husleie			„	1310,00
8.	Assurancepræmie			„	150,00
9.	Forskjellige Udgifter incl. Porto			„	327,15
10.	Beholdning 31/12 91:				
	Restancer	Kr.	580,00		
	Indest. i Sparebanken . .	„	71,19		
	Hos Kassereren	„	436,47	„	1087,66
				Kr.	8771,75

Tromsø den 5te September 1892.

J. Killengreen. Strøm. Frederik Bentzon.

J. Qvigstad. J. A. Giæver. Andr. Moursund.

Bilag til Tromsø Museums Aarsberetning for 1891.

Fortegnelse

over Bidrag til Museets Byggefond.

Transport fra 1891	Kr.	5611,18
Forstassistent Hagemann	„	10,00
Salg af 2 Malerier	„	750,00
Tromsø Samlag	„	500,00
Jeremias Figenschou, Kvitnæs	„	5,00
Ubenævnt	„	5,00
Renter af Indskud i Sparebanken	„	164,56
	Kr.	7045,74

Tromsø den 5te September 1892.

Frederik Bentzon,
Byggefondets Kasserer.

Man tillader sig atter at opfordre d'Hrr. til hvem Museet har rettet Opfordring om at indsamle Bidrag til Byggefondet, fremdeles at have denne Sag i Erindring og engang i Løbet af indeværende Aar at indsende hertil de modtagne Bidragslister — i Tilfælde med paalydende Bidrag.

Museets Bestyrelse.

Tromsø Museums

Aarsberetning

for

1892.

TROMSØ.
Trykt i Tromsøpostens Bogtrykkeri
1893.

Tromsø Museums

Aarsberetning

for

1892.

TROMSØ.

Trykt i Tromsøpostens Bogtrykkeri.

1893.

Museet har været aabent for almenheden 38 søn- og helligdage i de sædvanlige eftermiddagstimer kl. 3—5 fra 6te marts til 6te november. De besøgendes antal har herunder udgjort 8229, der fordeler sig paa de forskjellige maaneder saaledes: marts 240, april 1619, mai 1148, juni 1016, juli 1854, august 809, september 619, oktober 840 og november 84. Det største antal paa en aabningsdag har været 794, det mindste 31. Det gjennemsnitlige antal besøgende paa hver aabningsdag har været 217. Udenfor de almindelige aabningsdage kan besøget anslaaes til over 1000.

Oldsamlingens bestyrer, klasselærer Nicolaissen har med offentligt stipendium samt med bidrag af museets kasse i løbet af sommeren foretaget arkæologiske undersøgelser i Saltdalen, Værø, Røst og Kjerringø sogn i Nordlands amt. I Kjerringø blev der paa gaardene Fjære og Strandaa foretaget udgravninger. Beretning om undersøgelserne er indsendt til det akademiske Collegium og vil antagelig blive trykt i aarsberetningen fra «foreningen til norske fortidsmindesmærkers bevaring».

Dels med offentligt stipendium, dels med bidrag af museets kasse har konservator Schneider i juni og juli, ledsaget af assistent, foretaget en zoologisk, væsentlig entomologisk reise til det indre af Sydvaranger.

Konservator Foslie fratraadte i aaret sin stilling ved museet efter 6 aars virksomhed, idet han havde modtaget ansættelse som konservator ved videnskabernes selskabs samlinger i Trondhjem. Han har imidlertid i en tid af omkring 6 uger med bidrag af museet fortsat og afsluttet sine algologiske undersøgelser i Tromsø amt.

Som hr. Foslies eftermand er ansat Nils Gustav Lagerheim, professor ved universitetet i Quito. Han vil antagelig overtage sin post i april 1893.

I løbet at sommeren opholdt Dr. G. Schneider fra Dorpat sig en længere tid i Tromsø for at anstille zoologiske undersøgelser og benyttede herunder museets arbeidsrum og rekvisita.

Museets bibliothek har ved sine bytteforbindelser erholdt den sædvanlige tilvækst; desuden er som nye forbindelser tilkomne: Queensland Museum, *Brisbane*, Academy of Science, *St. Louis*, *Mo.*

Til haandbiblistheket er anskaffet et par større entomologiske arbeider, medens subskriptionen har været fortsat paa 2 tidsskrifter og et endnu ikke afsluttet botanisk værk. Resten af annuum har været anvendt til indbinding.

Af aarshefte XV var den største del færdigtrykt ved aarets udgang. Antagelig vil hettet kunne fordeles i marts maaned 1893. Det indeholder følgende:

J. Sparre Schneider: Lepidopterfauna'en på Tromsø og i nærmeste omegn. Med en planche.

J. M. Norman: Florula Tromsøensis.

Samlingerne have ogsaa i dette aar havt en ret anselig tilvækst i de forskjellige retninger.

Med hensyn til de enkelte afdelingers virksomhed meddeles nedenstaaende oversigter, afgivne af vedkommende samlingsbestyrere.

A. De historisk- antikvariske samlinger.

a. Den lappiske (finske) afdeling.

Denne afdeling har ikke havt nogen nævneværdig tilvekst.

b. Oldsamlingen.

Denne afdeling er i aarets løb forøget med 34 nummere Af disse kan merkes følgende:

1. Bøileformet broncespænde, hvis nedre ende forestiller et dyrehoved; den er 14,5 cm. lang og ligner i det hele taget N. O.*) Nr. 249. Den tilhører ældre jernalder eller tidsrummet før 800 e. Kr og er funden i en stenrøs i udmarken paa gaarden Lekang i Tranø sogn, Tromsø amt.
2. Spydspids af flint, 14,5 cm. lang, 4 cm. bred, lig N. O. 69, men smalner mere af mod odden. Funden i jorden paa gaarden Horn i Brønø sogn, Nordlands amt.
3. Øks, størst lighed med N. O. 557, 20 cm lang, 8 cm. bred over eggen.
4. Celt (paalstav) med hel fal, 13,5 cm. lang, 6 cm. bred over eggen.
5. Meisel, hvis øverste ende er sammenbøiet. Funden sammen med de to foregaaende nummere samt et ljaablad og brudstykker af jernredskaber paa samme gaard som nr. 1.
6. Spydspids af brun skifer med modhager, lig N. O. 86; smukt sleben med skarp eg og spids od, 15 cm. lang, 4 cm. bred over modhagerne. Funden i jorden paa gaarden Kroknes i Øksnes, Nordlands amt.
7. Pilespids af graa lerskifer; kun omtrent halvdelen er bevaret. 5,5 cm. lang, 1,6 cm. bred. Funden i jorden

*) Professor Ryghs „Norske Oldsager“.

paa gaarden Vattenfjordhaugen i Gimsø sogn, Nordlands amt. Begge de sidstnævnte gjenstande tilhører den arktiske stenalder og er indsendte som gave fra skolelærer Jacobsen, Gimsø.

8. Skjoldbule, der ved sin takkede kant afviger fra de almindelig forekommende former.

9 Buesaks af jern, lig N. O. 443 og noget beskadiget.

10. Kam af ben; den bestaar af flere stykker, som er fæstede til skinner af ben med smaa jernstifter og er lig de almindelig forekommende former fra yngre jernalders fund.

11. Brudstykker af en skjoldbule, en liden hein samt klinksøm.

12. Øks af typen N. O. 555, 17 cm. lang, 8 cm. bred.

13. Benredskab af plump form (garverkniv) samt et benredskab af ukjendt brug.

8—13 samt en større samling klinksøm er fremkomne ved udgravninger af flere gravhauger paa gaarden Strandaa. Samtlige gravhauger, der dels har rund, dels aflang form (skibshauger), har været byggede over ubrændte lig. Fundene tilhører yngre jernalder eller tidsrummet fra 800 e. Kr. til kristendommens indførelse.

14. Spydblad med fal og geirnagle, 34,5 cm. langt, største bredde 6 cm., ligt N. O. 522.

15. Celt (paalstav) med lukket fal, 17 cm. lang.

16. To brudstykker af et enegget sverdblad.

17. Øks, lig N. O. 559, men har ikke som denne fliger og linjer over skafthullet; 16 cm. lang, 10,6 cm. bred over eggen.

18. Stor smedetang, lig N. O. 391, men uden «stengsel» og ring i armens ende, 76 cm. lang.

19. Liden firsidet ambolt, 11 cm. høi, lig N. O. 329, en liden klinkhammer samt en stempelstang.

14—19 er fundne i en græsbevokset stenrøs paa gaarden Sletten i Dyrø sogn, Tromsø amt, og indsendt som gave fra Anders Hansen Sletten; de tilhører yngre jernalder. Fra samme gaard er tidligere indkommet de i aarsber. fra «foreningen til norske fortidsmindesmærkers bevaring f. 1882, s. 146 under nummer 479—81 omtalte gjenstande.

20. Større samling perler (102), hvoraf de 3 er istykkerbrækkede, samtlige af hvidt, blaat eller grønt glas, med undtagelse af 3 flerfarvede af brændt ler.

21. Nøgle af bronce, brækket i flere stykker.

22. Økseblad, 18,5 cm. langt 1.

23. 2 knivblade, det ene 12, det andet 14 cm. langt. Fundne sammen med de tre nærmest foregaaende nummere og to menneskeskeletter paa gaarden Onø i Lurø, Nordlands amt. Fundet tilhører yngre jernalder.

Oldsamlingen tæller ved aarets slutning 990 nummere.

Da museet i 1874 paa særskilte dage i ugen blev tilgjængeligt for besøgende, bestod dets samling af oldsager af nogle faa gjenstande fra den arktiske stenalder samt fra jernalderen. Disse oldsagsstykker var for det meste indsendte til den her i Tromsø i 1870 afholdte udstilling og derpaa af udstillerne skjænkede til det i 1872 oprettede museum. Oldfund forekom vistnok ikke saa sjelden i Nordlandsbygderne allerede lang tid før museets oprettelse; men de fundne gjenstande kastedes i regelen bort, hvis de da ikke netop bestod af ædle metaller; i sidstnævnte tilfælde blev de solgte og omsmeltede og gik saaledes tabt for oldtidsvidenskaben. Enkelte Fund fandt vei til oldsagssamlingerne i Kristiania, Bergen og Trondhjem og blev derved reddede fra tilintetgjørelse. Siden museet i Tromsø begyndte sin virksomhed, er der foregaaet en forandring i disse forhold. Vistnok bliver endnu af og til en levning fra oldtidens kunst og haandverk kastet bort, en og anden gjenstand af stor antikvarisk interesse behandlet paa en skjødesløs maade eller forkommet; men i almindelighed værnes der nu mere om minderne fra fortiden. Sansen for fornlevningernes historiske betydning er paa flere steder vakt og interessen for deres bevaring naaet frem til en større almenhed. Jordfund, der paa en eller anden maade antages at staa i forbindelse med oldtid og middelalder, bliver nu som regel indsendte til det herværende museums samlinger, dels som gave, dels mod betaling. I de første aar, efterat museet havde begyndt sin virksomhed, indkom de fleste gjenstande som gave; heri er der i senere aar skeet en forandring, idet der nu fordres en tildels høi betaling for jordfundne ting. Aarsagen til dette forhold maa især søges i de saakaldte »opkjøberes« færd, idet disse med vidtdreven spekulationsaand paa dette omraade driver priserne saaledes op, at landets offentlige samlinger ikke ser sig istand til at yde den altfor ofte urimelige betaling, som fordres.

Undersøgelser af de faste fornlevninger i landets nordlige distrikter har været et af den antikvariske afdelings formaal. Bestyrerne af denne afdeling har dels med offentlige stipendier, dels med bidrag af museets kasse foretaget saadanne undersøgelser, og resultaterne heraf foreligger trykte i aarsberetningerne fra »foreningen til norske fortidsmindesmerkers bevaring« for aarene 1874—77 og 1883—91. Medens det egentlige Helgelands oltidsminder er undersøgte med bidrag af det trondhjemske videnskabsselskab af Lossius, er det øvrige af Nordlands amt samt Tromsø og Finmarkens amter undersøgt af bestyrerne af Tromsø museums oldsamling. Kjendskabet til det nordlige Norges arkæologiske forhold er herved udvidet, interessen for denne side af museets virksomhed tiltaget og samlingen af oldsager vokset til henved 1000 nummere, hvoraf de fleste tilhører oldtiden, medens et mindre antal, især kirkelige gjenstande, tilhører middelalderen. Bedst er den yngre jernalder repræsenteret med forholdsvis talrige gjenstande, hvis former i det væsentligste ligner fundene fra samme tidsrum i landets sydligere egne.

De faste fornlevninger bestaar af bautastene og gravhauger; af disse sidste er enkelte undersøgte; større udgravninger har hidtil ikke kunnet iverksættes, dels paa grund af mangel paa midler, dels ogsaa, fordi man har anseet det heldigt at faa afsluttet de foreløbige undersøgelser og beskrivelser af de faste fornlevninger, inden større udgravninger fandt sted.

B. De naturhistoriske samlinger.

a. De zoologiske samlinger.

Nogen væsentlige forandringer i opstilling og ordning af de naturhistoriske samlinger har ikke været foretaget nu, da man har udsigt til inden et ikke fjernt tidsrum at kunne flytte ind i eget lokale, hvorfor arbeidet hovedsagelig har indskrænket sig til revidering af ældre eksemplarer og præparation af sager, der indtil videre er blevne magasinerede.

Af pattedyr er indkjøbt endel tildels meget smaa fostere af storkobbe *(phoca barbata)*, desuden er som gave modtaget 5 kranier af klapmys *(cyst. cristata)* og grønlandssæl *(phoca grønlandica)* og 2 kranier af oter *(lutra)*. Ved kjøb er erhvervet en jordfunden hvalrostand.

Af fugle er ved kjøb og som gaver indkommen 20 eksemplarer, hvoraf endel er blevne udstoppede, endel præparerede til skind for bytteforbindelser. Særegne sjeldenheder er iaar ikke erholdte, men som særlig vakre eksemplarer kan nævnes: en toplom *(podiceps griseigena)* fra Repvaag, en hvidvinget stormaase *(larus glaucus)* i vinterdragt, 2 unge dverggjæs *(anser minutus)*, 1 hymmer *(colymbus glacialis*, og en han af dyn-e *(fulig. stelleri)*.

Af fiske er udstoppet en eiendommelig formet torsk; ellers er intet specielt anskaffet, og nogle som gaver indsendte specimina er ikke blevne benyttede.

Størst har tilvæksten af evertebrater været, da man for dem endnu har plads, ligesom der ogsaa har været lagt speciel vægt paa at komplettere visse dele af denne samling. For molluskernes vedkommende maa da i første række nævnes en overordentlig stor samling buccinider fra Vardø, skjænket af samlagsbestyrer Dahl, der med stor interesse og betydelig personlig opofrelse gjennem en række af aar har arbeidet paa at fuldstændiggjøre den arktiske mollusksamling. Herved er vundet en vistnok enestaaende rig samling af arktiske buccinider, foruden et stort og værdifuldt byttemateriale. Af stationsbestyrer Smith i Kistrand har museet erhvervet et pragteksplr. af den sjeldne *sipho ebur*, hvoraf museet tidligere kun besad 2 stykker fra Vardø. Fra professor H. M. Gwatkin i Cambridge har museet desuden som gave modtaget c. 100 monterede radulapræparater af saavel land- som saltvandsmollusker, udførte med sædvanlig engelsk nitiditet. Endel af materialet hertil er leveret af museet. Desuden er ved kjøb erhvervet endel lavere sødyr fra Spitsbergen, der tildels endnu ikke var repræsenterede i museet, og som gave er gjennem hr. J. Rye Holmboe modtaget et antal af den sjeldne, kjæmpemæssige amphipode *eurytenes gryllus*, der kun erholdes af haakjærringmaver.

Den forresten høist ubetydelige samling af *ascidier* har været udlaant til hr. stud. H. Kiær for undersøgelse og bestemmelse.

Museets arktiske insektsamling har erholdt en betydelig tilvækst gjennem det af konservator i Sydvaranger indsamlede materiale, hvoriblandt adskillige for samlingen nye arter; ligeledes blev i august paa Fløifjeldet ved Tromsø indfanget endel tildels meget sjeldne lepidoptera, hvoraf *cid. byssata* var ny for denne trakt, medens paa selve Tromsøen erholdtes et eksplr. af *cheimatobia boreata*, der var ny for den arktiske fauna overhovedet. Speciel vægt har i aarets løb været lagt paa at komplettere samlingen af palæarktiske macrolepidoptera, der gjennem flere aar havde ligget aldeles brak; saaledes er ved kjøb erhvervet afdøde sogneprest G. Sandbergs efterladte samling, der særlig indeholdt et antal interessante alpine arter fra fjeldet mellem Valders og Hallingdal, hvoraf som en særlig sjeldenhed maa fremhæves et klækket eksplr. af *plusia diasema*, der tidligere i Norge kun var kjendt i et enkelt individ. Dels ved kjøb og dels ved bytte er samlingen desuden forøget ved sendinger fra dr. Staudinger i Dresden, pastor Krieghoff i Thüringen, ingeniør Seebold i Bilbao, H. Kreye i Hannover samt kand. Holmgreen i Stockholm. Denne samling omfatter nu c. 1200 arter i antagelig 9 a 10,000 eksplr. og indeholder navnlig interessante former fra de schweiziske og østerrigske alper, deraf dagsommerfuglene paa det nærmeste komplet.

b. Den botaniske afdeling.

Denne afdeling har iaar ikke modtaget nogen forøgelse.

c. Den mineralogiske og geologiske afdeling.

Til denne afdeling er i aarets løb kun tilkommen nogle faa nr., hvoraf kan nævnes endel særdeles vakre granater (leucitoeder) fra Hammerø, prøve af stenkul fra Beeren Eiland samt en samling eiendommelig formede mergelboller fra Kjelmo i Maalselvdalen.

Fortegnelse

over museets literære bytteforbindelser og de til museets bibliothek i 1892 indkomne skrifter.

[Intet indkommet i 1892 fra de med * betegnede selskaber].

Augsburg.

**Naturhistorischer Verein.*

Bergen.

Bergens museum.

Naturen. 15 Årg. 1891.

Berlin.

**Dr. H. Potonié.*

Central-Bureau der internat. Erdmessung.

Comptes Rendus.

Friedländer & Sohn.

Naturæ Novitates. XIV. 1892.

Bonn.

Naturhist. Verein d. preuss. Rheinländer etc.

Verhandlungen 48 Jahrg. II, 1891; 49 Jahrg. I, 1892.

Boston, Mass.

**The American Academy of Arts and Sciences.*

**Boston Society of Natural History*

Braunschweig.

**Herzog. naturhistorisches Museum.*

Bremen.

Naturwissenschaftlicher Verein

Abhandlungen Bd. XII, H. 2. 1891.

Geographische Gesellschaft.

Deutsche geogr. Blätter. Bd. XV, H. 1—4. 1892.

Breslau.

Schlesische Gesellschaft f. vaterl. Cultur.

69. Jahresbericht, Jahrg. 1891.

Ergänzungsheft. 1891.

Bridgefort, Con.

Scientific Society.

List of birds.

Brisbane.

Queensland Museum.

Annales No. 2.

Bruxelles.

**Société Royale malacol. d. Belgique.*

Société entomologique d. Belgique.

Société belge de Microscopie.

Bulletin.

Annales.

Société geologique d. Belgique

Annales Tom. XIX (Bulletin et liste de membres.)

Budapest.

**K. M. Természettud. Tärsulat.*

Hungarian National Museum.

Termèszetrajzi Füzeték, Vol. XIV, 3—4, Vol. XV, no. 1—3, 1892.

Buenos Aires.

**Por. Florentina Amcghino.*

**Museo de Productos Argentinos.*

Cambridge, Mass.

Museum of Comp. Zoology, Harward College.

Bulletin XXII, No. 2—4. XXIII, 1—3.

Cassel.

**Verein für Naturkunde.*

Chemnitz.

**Naturwiss. Gesellschaft.*

Cherbourg.

Société nationale d. Sciences nat. et math.

Memoires. XXVII, 1891.

Chur.

Naturf. Gesellschaft Graubündens.

Jahresberichte 35. 1890—91.

Cordoba.

**Academia nacional d. Cienc. en Cordoba.*

Danzig.

Naturforschende Gesellschaft.

Schriften, VIII, no. 1. 1892.

Davenport, Jowa.

Academy of Natural Sciences.

Dorpat.

Naturforschende Gesellschaft.

Sitzungsberichte, Bd. 9, H. 3.

Dresden.

Naturwiss. Gesellschaft Isis.

Sitzungsberichte u. Abh. Juli—Decbr. ..91, Janua —Juni 1892.

Edinburgh.

**Royal Society.*

Geological Society.

Transactions, Vol. VI, no. 3.

Elberfeld.

**Naturwissenschaftlicher Verein.*

Emden.

Naturforschende Gesellschaft.

Jahresbericht. 76. 1890—91.

Frankfurt a. M.

Senckenbergische naturf. Gesellschaft.

Bericht. 1892.

Dr. O. Boettger, Katalog der Batrachier-Sammlung.

Frankfurt a. d. O.

Naturwissenschaftlicher Verein.

Monatliche Mittheilungen. 9 Jahrg. No. 11—12.

Societatum litteræ, 6 Jahrg. No. 1—8.

Freiburg i. B.

Naturforschende Gesellschaft.

Berichte VI, 1891—92.

Giessen.

Oberhessische Gesellschaft f. Natur u Heilkunde.

28. Bericht. 1892.

Graz.

Naturwiss. Verein für Steiermark.

Greifswald.

Naturwiss. Verein f. Neu-Vorpommern ... Rü en.

Mittheilungen. Jahrg. 23. 1891.

Groningen.

Naturkundig Genootschap.

91. Verslag. 1891.

Güstrow.

Verein d. Freunde d. Naturgesch. in Mecklenburg.
Archiv. Jahrg. 45. 1891.

Gørlitz.

**Naturforschende Gesellschaft.*

Gøteborg.

**K. Vetenskaps och Vitterhets Samhället.*

Halifax, N. S.

Nova Scotian Institute of Science.
Proceedings a. Transactions 2. Ser. Vol. 1, P. 1. 1890—91.

Halle a. S.

**K. Leopol. Carol. Akademie d. Naturforscher.*
Naturwiss. Verein f. Sachsen und Thüringen.
Zeitschrift. Bd. 64. No. 4—6, Bd. 65, no 1—2.

Hamburg.

**Naturwissenschaftlicher Verein.*
Naturhistorisches Museum.
Jahrbuch d. Hamb. wiss. Anstalten. Bd. VIII, 1890. Bd. IX, 1—2. 1891.

Helsingfors.

Vetenskaps Societeten.
Acta. Vol. VII & VIII. 1891—92.
Øfversigt. XXXIII. 1890—91.
Finlands Natur och Folk. H. 49—50.
Societas pro Flora et Fauna Fennica.
Acta. Vol. VI & VII. 1890—91.
Meddelanden H. 16—17 1888—91.
Geologiska Kommissionen.
Kartbladen No. 18—21. Med beskr.
Industristyrelsens Meddelanden, heft. 14
Sälskapet för Finlands Geografi.
Fennia 4—5. 1891—92.
Geografiska Föreningen.
Tidskrift. 3 årg. No. 5—6, 4 årg. 3—5.

Iglo.

Ungarischer Karpathen-Verein.
Jahrbuch. 19. 1892.

Kiel.

Naturwiss. Verein f. Schleswig-Holstein.

Schriften. Bd. IX, H. 2.

Kiew.

Société des Naturalistes.

Mèmoires, Tom. X, 3–4, T. XI, 1—2. 1890—91.

Kjøbenhavn.

Kgl. Danske Videnskabernes Selskab.

Oversigt, 1891, No. 2—3; 1892, No. 1.

Fortegnelse over vidensk. Arbeider udgivne fra 1742—1891.

Naturhistorisk Forening.

Videnskabelige Meddelelser.

Botanisk Forening.

Botanisk Tidsskrift. Bd. 18, No. 1.

Meddelelser. Bd. 2, No. 9—10.

Kristiania.

Universitetsbiblioteket.

Aarbog for 1891.

Videnskabsselskabet.

Forhandlinger 1891.

Finants- og Tolddepartement.

Matrikul over Nordlands og Tromsø Amter.

Kirkedepartementet.

Nyt Magazin for Naturvidenskaberne Bd. 33, H. 1—2.

Statssekretariatet.

Norsk Lovtidende 1892.

Nordhavsexpeditionen.

XXI. Danielsen. Crinoida, Echinida.

Königsberg.

Physikalisch-ökonomische Gesellschaft.

Schriften. Jahrg. 32. 1891.

Lausanne.

Société vaudoise d. Sciences naturelles.

Bulletin, Vol. XXVIII, No. 1078. 1892.

Leiden.

*Nederlandsche dierkundige Vereeniging.

Leipzig.

K. Sächsische Gesellsch. d. Wissenschaften.

Berichte math.-phys. Classe, 1891, H. 3—5; 1892, H. 1—3.
**Naturforschende Gesellschaft.*

Liège.

Société geologique de Belgique.
Annales. Tom. IX.

Lissabon.

**Academia Real das Sciencias.*

London.

Royal Society.
Proceedings. Vol. 50, no. 304—12, Vol. 51, 52. no. 315—316.
Linnean Society.
Zoological Journal. Vol. XXIV, no. 151—53.
Zoological Society.

Lund.

Universitetet.
Acta. Bd. 27. 1890—91.

Lübeck.

Naturhistorisches Museum.
Jahresbericht. 1891.
Mittheilungen d. geogr. Gesellsch. und d. Nat. Museums, 2te Reihe, H. 3. 1892.

Manchester.

**Manchester Museum, Owens College.*

Marburg.

Gesellschaft z. Beförd d. gesammt. Naturwissensch.
Sitzungsberichte 1889—91.

Milwaukee, Wis.

**Public Museum.*

Montreal.

Royal Society of Canada.
Proceedings and Transactions. IX, 1891.
Natural History Society of Montreal.
The Canadian Record o. Science. Vol. IV, no. 8, Vol. V, no. 2—3.

Moscou.

**Société imperiale des Naturalistes.*

Neapel.

Società Africana d'Italia.
Bolletino. An. X, F. 7—10. 1891. An. XI, F. 1—6. 1892.

Neuchatel.

**Société des Sciences Naturelles.*

New Haven.

**Connecticut Academy of Arts and Sciences.*

New York.

**New York Academy of Sciences.*

Nürnberg.

Naturhistorische Gesellschaft.

Jahresbericht. 1891.

Osnabrück.

**Naturwissenschaftlicher Verein.*

Ottawa.

Geolog. a. Natur. Hist. Society of Canada.

John Macoun, Catalogue of Canadian Plants, VI.

Paris.

Société zoologique de France.

Bulletin. T. 17, no. 1—3.

Le Naturaliste.

2 Ser. Vol. VI, no. 119—39.

Feuilles des jeunes Naturalistes.

22 Annèe, no. 256—66.

Philadelphia.

**Academy of Natural Sciences.*

Pisa.

Società Toscana de Scienze Naturali.

Atti. Processi verbali. Vol. VIII, p. 85—148.

Prag.

K. Böhmische Gesellschaft d. Wissenschaften.

Abhandlungen. VII Folge, Bd. IV. 1891.

Sitzungsberichte. 1891.

Jahresbericht. 1891.

Riga.

Naturforscher Verein.

Korrespondenzblatt. Jahrg. 35. 1892.

Rochester, N. Y.

**Rochester Academy of Sciences.*

Salem, Mass.

Essex Institute.

Bulletin. Vol. 23, no. 7—12. 1891. V. 25, no. 1—6. 1892.

San Francisco.

California Academy of Sciences.

Bulletin. Vol. III, part 1.

St. Gallen.

Naturwissenschaftliche Gesellschaft.

Bericht. 1889—90.

St. Louis, Mo. Washington University.

Academy of Science.

Transactions Vol. I, no. 2—4, V. II, no. 1—3, V. III, IV, V, VI, no. 1—2.

Contribution to the Archæology of Missouri, Part I, Pottery.

The total Eclipse of the Sun January 1, 1889.

Stavanger.

Stavanger Museum.

Aarsberetning for 1891.

Stockholm.

Kgl. Svenska Vetenskaps Akademien.

Handlingar. Bd. 23, 1—2.

Bihang Bd. 16.

Øfversigt. Aarg. 48, no. 9—10 1891. Aarg. 49, no. 1—8, 1892.

Meteorologiska iakttagelser. Bd. 28. 1886.

Lefnadsteckningar. Bd. 3, H. 1.

Geologiska Föreningen.

Förhandlingar. Bd. 14. 1892.

**Sveriges geologiska Undersökning.*

Entomologiska Föreningen.

Entomologisk Tidsskrift. Årg. 12. 1891.

Kgl. Vitterhets Historie o. Antiqvitets Academien.

Månadsblad. 19 Aarg. 1891.

Sidney.

Royal Society of New South Wales.

Journal a. Proceedings Vol. XXIV, Part. 2, V. XXV. 1891.

Stuttgart.

Verein für vaterländ. Naturkunde in Würtemberg,

Jahreshefte. 48. 1892.

Tokio.

The Imperial University.

The Calendar f. the Year 1891—92.

Toronto.

Canadian Institute.

Transactions Vol. II, P. 2. 1891.

Annual Report 1890—91.

An Appeal to the Canadian Institute.

Trondhjem.

Kgl. norske Videnskabers Selskab.

Skrifter 1888—90.

**Fiskerimuseet.*

Upsala.

Universitetet.

Redegjørelse. 1891—92.

17 Doctordissertationer.

Vetenskaps Societeten.

Washington.

Smithsonian Institution.

Report 1890.

— National Museum, 1889—90.

U. S. National Museum.

Bulletin. No 41—42. 1890.

**U. S. Department of Agriculture.*

U. S Geological Survey.

Handbook for the Department o. Geology. Part I. By G. Merril.

Wien.

K K Naturhistorisches Hof-Museum.

Annalen Bd. VII, No. 1—2. 1892.

Zoologisch- botanische Gesellschaft.

Verhandlungen Bd. 41, No. 3—4, Bd 42, no. 1—2. 1892.

K. K. geographische Gesellschaft.

Mittheilungen. Bd. 34. 1891

Ornithologischer Verein.

„Die Schwalbe“, Jahrg. 16, no. 3—9, 12—22, 24.

Wiesbaden.

Nassauischer Verein für Naturkunde.

Jahrbuch. 45. 1891.

Zürich.

Naturforschende Gesellschaft.

Vierteljahrschrift. Jahrg. 34, H. 3—4, 35, 36, 37, H. 1—2. 1892.

Generalregister der Publicationen.

Amtmanden i Finmarkens Amt.

Finmarkens Amtsformandskabs Forhandlinger.

C. J. Petersen, Dr. phil., Kjøbenhavn.

Det videnskabelige Udbytte af Kanonbaaden Hauchs Togter IV. 1892.

Beretning fra den biologiske Station I. 1891.

Axel Hagemann, Forstassistent, Alten.

Engelskmanden under Finmarken.

Finmarken for Nordmænd.

Uddrag af Altens Kirkebøger. 1705—1814.

Spredte Bemærkninger om de i Saltdalen vildtvoksende Træer og Buske.

Bæverens tidligere Forekomst i Nordland.

Finmarksbirken. II.

J. Sparre Schneider, konservator.

Forplantningstiden og livsvarigheden hos Amphipoderne.

Mollusker og Crustaceer indsamlede i Malangenfjord.

Extrakt

af Tromsø Museums Regnskab for 1892.

Indtægt:

1.	Beholdning ifølge forrige Aars Regnskab.			
	a. Restancer	Kr.	580.00	
	b. Indestaaende i Sparebanken . .	Kr.	71.19	
	c. Hos Kassereren	«	436.47	
				Kr. 1087.66
2.	Bidrag for 1892:			
	Hs. Maj. Kongen . .	Kr.	200.00	
	Tromsø Amtskommune	«	300.00	
	Nordlands do.	«	100 00	
	Finmarkens do.	«	120.00	
	Tromsø Samlag for Brændevinshandel		1200 00	
	Medlemskontingent .	«	249.00	
	Entre af Reisende . .	«	257.25	
				« 2426.25
3.	Statstilskud for Budgetaaret 1892—93 . .			« 5600.00
4.	Kirkesanger Nikolaisen (Afdrag)			« 36.00
5.	Indkommet ved Salg af Naturalier . . .			« 80.00
6.	« « « « Aarshefter . . .			« 9.93
7.	Indvundne Renter			« 2.84
				Kr. 9242.68

Udgift:

1.	Den historisk-antikvariskeAfdeling			Kr. 8.10
2.	« naturhistoriske do.			« 453.64
3.	Reiseudgifter			« 350.00
4.	Bibliotheket			« 194.93
5.	Lønninger:			
	Konservatorer . .	Kr.	2493.32	
	Tilsynsmænd . .	«	127.70	
	Præparant . . .	«	200.00	
				« 2821.02
6.	Aarsberetning og Aarshefter . . .			« 436.15
7.	Husleie			« 1310.00
8.	Assurancepræmie			« 150.00
9.	Forskjellige Udgifter incl. Porto .			« 247.05
10.	Ført til endelig Udgift resterende Medlemskontingent			« 60.00
				Transport Kr. 6030.89

Transport Kr. 6030.89

11. Beholdning $^{31}/_{12}$ 92:

Restancer	«	520 00	
Indestaaende i Sparebanken	«	74.03	
« hos Kassereren	«	2617.76	
			Kr. 3211.79
			« 9242.68

Tromsø den 1ste Marts 1893.

J. Killengreen. Strøm. Frederik Bentzon. J. Qvigstad.
Gleditsch. J. A. Giæver. Andr. Moursund.

Bilag til Tromsø Museums Aarsberetning for 1892.

Fortegnelse
over Bidrag til Museets Byggefond.

Transport fra 1892	Kr.	7045.74
Lærer Bjørgan i Talvik . . .	«	5.50
Tromsø Samlag	«	500.00
Cand. zool. Guido Schneider fra Dorpat	«	15.00
Distriktslæge Lange, Hemnæs .	«	5.00
Renter og Indskud i Tromsø Sparebank for 1892 . .	«	203.98
	Kr.	7776.22

Tromsø den 8de Februar 1893.

Frederik Bentzon,
Byggefondets Kasserer.

Tromsø Museums

Aarsberetning

for

1893.

Tromsø.
G. Kjeldseths Bogtr.
1895.

Tromsø Museums

Aarsberetning

for

1893.

Tromsø.
G. Kjeldseths Bogtr.
1894.

Museet har været aabent for Almenheden 37 Søn- og Helligdage i de sædvanlige Eftermiddagstimer Kl. 3—5 fra 5te Marts til 5te November. De Besøgendes Antal har herunder udgjort 7928, der fordeler sig paa de forskjellige Maaneder saaledes: Marts 366, April 1565, Mai 847, Juni 1007, Juli 1471, August 483, September 684, Oktober 1419, November 86. Det største Antal paa en Aabningsdag har været 702, det mindste 22. Det gjennemsnitlige Antal Besøgende paa hver Aabningsdag har været 214. Udenfor de almindelige Aabningsdage kan Besøget anslaaes til omkring 1000.

Oldsamlingens Bestyrer, Klasselærer Nicolaissen foretog med Bidrag af Museet en Reise af 6 Ugers Varighed, for at besøge Oldsamlingerne i Trondhjem, Kristiania og Bergen, særlig for at blive nærmere bekjendt med de Principer, som ere befulgte ved Opstillingen i de nævnte Samlinger. Idet Tromsø Museum snart vilde kunne flytte ind i egen Bygning, vilde det efter Bestyrelsens Formening være af Interesse, at vor Oldsamlings Bestyrer havde et indgaaende Kjendskab til Ordning og Opstilling i andre Oldsamlinger inden vort Land, forat dette Kjendskab kunde komme til Nytte straks ved Indflytningen i den nye Bygning.

Konservator Schneider foretog i Løbet af Sommeren to Reiser i zoologisk Øiemed til Bardodalen og Altevand samt til Maalselvdalen, dels med offentligt Stipendium, dels med Bidrag af Museet.

Professor Lagerheim, der i 1892 blev ansat som Anden-Konservator, overtog sin Post i Mai. I Løbet af Sommeren foretog han i botanisk Øiemed to Reiser i Tromsø Amt, først i Omgivelserne af Ulfsfjord og Kjosen i Lyngen, dernæst til de øvre Dele af Maalselvdalen i Trakterne omkring Fjeldfrøskvand og Tagvand, begge Reiser med Bidrag af Museet.

Museets Bibliothek har ved sine Bytteforbindelser erholdt den sædvanlige Tilvæxt. Derhos ere 4 nye Forbindelser tilkomne, ligesom der til Haandbiblioteket blev anskaffet enkelte Værker, og Subskriptionen paa 2 Tidsskrifter blev fortsat.

Aarshefte XVI var ved Aarets Udgang under Trykning. Det indeholder:

J. Sparre Schneider: Nogle bemærkninger om hysens *(Gadus æglefinus)* næringsforholde, tillige et bidrag til kundskaben om Vardøhavets skaldækte mollusker.

—:— Sydvarangers entomologiske fauna. 1ste Bidrag. Coleoptera. (Mit einem Resumé).

G. Lagerheim: Ueber Uredineen mit variablem Pleomorphismus. Ein Beitrag zur Biologie der Rostpilze.

—:— Beiträge zu einer Monographie der Salix- Parasiten, I, II.

—:— Ueber Dipterocecidien auf Carex-Arten.

Arbeidet med Opførelse af den nye Musebygning paabegyndtes Høsten 1892. Dræncrings- og Udgravningsarbeiderne paa Tomten vare fuldførte i November Maaned nævnte Aar, hvorefter Fundamenteringen paabegyndtes og fortsattes i Løbet af Vinteren. I første Halvdel af 1893 paabegyndtes Murarbeidet og blev Bygningen i Løbet af Høsten bragt under Tag, hvorefter Afpudsning og Indredning blev paabegyndt. Arbeiderne afsluttedes i November Maaned, forat gjenoptages i Marts Maaned 1894.

Med Hensyn til de enkelte Afdelingers Virksomhed meddeles efterfølgende Oversigter, afgivne af vedkommende Samlingsbestyrere.

A. De historisk-antikvariske Samlinger.

a. Den lappiske (finske) Afdeling.

Denne Afdeling er i Aarets Løb bleven forøget med en Del Gjenstande, indkjøbte af Samlingens Bestyrer i Tanen, Varanger og Boris-Gleb. Mærkes kan Model af en skoltelappisk Elvebaad med Tilbehør.

b. Oldsamlingen.

Denne Afdeling er i Aarets Løb forøget med 39 Numere, som beskrives i det følgende:

1. a) 3 smaa Bjelder af Bronce, af Form og for den enes Vedkommende ogsaa af Størrelse lig Aspelin 245, de to andre lidt mindre; samtlige uden Ornamentering, Kjede eller Ring (991).

b) Halvkugleformet Haandsneldhjul af Klebersten, 4,2 cm. i Diam., uden Ornamentering (992).

c) 3 riflede Perler, den ene af hvidt, de to andre af blaat Glas. Samtlige af Form og den ene tillige af Størrelse lig Montelius „Svenska Fornsaker“ 574 (993).

d) 11 Perler af Bronce, lidt fladtrykte; Hullerne ender i cylinderformede Rør; Perlernes Diam. 1.5 cm. (994).

e) 6 Perler af hvidgraa Glasmasse, den største 2 cm. i Tvermaal (995).

f) 74 Perler af blaat Glas, de fleste fladtrykte og 1 cm. i Tvermaal. Flere af disse er af de saakaldte Stangperler med indtil tre i hver Stang (996).

g) Perler af Glasmosaik samt 11 Do. af grønt Glas og Størrelse som f. Nr. (997).

h) 23 Perler af gult ugjennemsigtigt Glas; paa et Par af disse er indbrændt smaa, runde flerfarvede Forziringer. Samtlige Perlers Antal er 128, der formentlig har tilhørt ét Collier, som maa have taget sig smukt ud (998).

i) 4 Perler af blaat Glas, optrukne paa en Ring af Broncetraad, maaske et Slags Øresmykke (999).

j) Brakteatlignende Hængesmykke af Bronce, gjennembrudt Arbeide, 4 cm. i Tvermaal (1000).

k) Hængesmykke af Bronce, gjennembrudt Arbeide og af firkantet Form. Det hænger i en liden Sølvring, hvis Ender er knyttede sammen. Til Ringen er fæstet et Par Led af en Broncekjede; et Par Stykker af en Kjede af samme Slags Metal tilhører vist Smykket, der er 3 cm. langt og bredt (1001).

l) Hængesmykke af Bronce, smukt ornamenteret med Linjebaand, der skjærer hverandre. Har rund Form og i den ene Kant en Ring af Bronce, hvis Ender er bøiede over hinanden. Smykket er fladt og 7 cm. i Diameter. Igjennem Pladen er 4 smaa Huller; igjennem et af disse gaar ovennævnte Ring (1002).

m) Broncegjenstand, 6.5 cm. lang, lig Toppen af en tutulusformet Spænde (1003).

n) To smaa Ringe, den ene af Broncetraad, den anden af Sølv; begge knyttede sammen (1004).

o) Liden firsidet Hein med Bærehul i den ene Ende. Lignende smaa Hvæssestene forekommer ofte i Oldfund og har været baaret sammen med andre Gjenstande f. Eks. Naale og lign. paa en Snor (1005).

p) Holk af Ben, 3.5 cm. lang, 3 cm. i Tvermaal. Ornamenteret som Brikken Nr. 450 i „Svenska Fornsaker“ (1006).

q) Buesaks af Jern; det meste af Bladene er bortrustet, Bue og Arme lig Ryghs „Norske Oldsager“ 453 (1007).

r) Sigdblad af Jern (1008).

s) 3 flade Ringe af Jern; Enderne sammenslyngede i en Knude, Brudstykker af mange lignende Ringe, et Par Klinksøm og et Knivblad (1009).

Samtlige Nr. 991—1009 er fundne paa Gaarden Storsletten paa Kvaløens Yderside i Hillesø Sogn, Lenvikens Prestegj., sammen med et Menneskeskelet, der var dækket af et Jordlag uden Haug over. Perlerne laa indviklede i Skind og Næver, formentlig Resterne af en Pung. Paa Gaarden er enkelte Gravhauger. Smlgn. Aarsber. fra „Foreningen til norske Fortidsmindesmerkers Bevaring“ f. 1888, S. 8. Fundet tilhører yngre Jernalder.

2 a) Kam af Ben med Skinner, paaklinkede med Broncenagler og smykkede med indgravede Tverlinjer. Kammens Længde 11.5 cm. (1010).

b) To Beslag af Ben 12 cm.; muligens Sider af et Futeral til nysnævnte Kam (1011).

c) Halvkugleformet Haandsneldhjul af Klebersten (1012 a).

d) To smaa Brudstykker af en Benkam, Stykker af to smaa Bronceringe og af enkelte ubestemmelige Gjenstande af samme Slags Metal (1012 b). Sagerne er fundne paa samme Gaard som ovennævnte større Fund, 5—6 Skridt fra dette sammen med et Menneskeskelet og uden Gravhaug over. Tilhører yngre Jernalder.

3) Tveegget Sverd med begge Hjalt og Knap. Klingen, der straks efter Optagningen blev brækket i to Stykker, er 57 cm. lang, 6 cm. bred. Afstand mellem begge Hjalt 11 cm. Fundet mellem Stene i en Ager paa Gaarden Sletten, Dyrø Sogn, Tranø Prestegj. Paa samme Gaard er de i Aarsberetningen fra „Foreningen til norske Fortidsmindesmerkers Bevaring“ for 1882, S. 146 og i Museets Aarsberetning for 1892, S. 6 nævnte Oldsager fundne.

Sverdet tilhører yngre Jernalder og er indsendt som Gave fra Anders Hansen, Sletten, Dyrø. Det tilhører Typen Nr. 492, men uden Broncebeslag og ornamenteret Hjalt og Knap.

4) Øks af særegen Form med Skaftholder, som har en Længde af 14 cm. og er lukket ved Skaftenden. Bladet er fra Eg til Hammer kun 8.5 cm. langt og 4 cm. bredt. Funden i Jorden i Ersfjorden paa Senjenøens Yderside. Gave fra Søren Mosesen Ersfjord (1014).

5) Liden Pilespids af rød Skifer med Tange og Modhager; den forreste Del afbrækket. Det tilbageværende Stykke er 4.7 cm. langt og knapt 1 cm. bredt over Modhagerne og saaledes et af de mindste Eksemplarer, Samlingen eier. Fint sleben med ophøiet Midtrand, der hører op nedenfor Modhagerne. Funden i Ersfjord paa Senjenøen og tilhører den arktiske Stenalder. Gave fra Kristine Brocks, Ersfjord (1015).

6) Liden Meisel af Skifer, lig Aarsb. 1880, Fig. 1, men kun 4.5 cm. lang, 1.5 cm. bred, flad paa den ene, ophøiet paa den anden Side, spids i den ene Ende, hvor der er udskaaret et Indhak for en tynd Snor. Gjenstanden maa have været brugt til Udhuling af smaa Træsager og lign. og har vist sammen med andre Træsager været fæstet til en Snor. Funden for længere Tid siden paa Parakjord (Lyngen) og tilhører arkt. Stenalder (1016).

7) Firsidet, glatslebet Brudstykke af et Stenredskab. Har Brudflader i ene Ende og maa saaledes have været længere: den anden er tvert afskaaren og fintsleben. Stenarten er rød og haard. Dens Brug kan for Tiden ikke bestemmes. Tidligere indsendt fra Kilhus i Trondenes (1017).

8) Sølvkjede til et Relikviegjemme. Dopperne, hvortil Relikviekorset har været fæstet, har nogen Lighed med gabende Ormehoveder. Ornamenterne paa disse forestiller

Ormens Øine. Korset er bleven skilt fra Kjeden og solgt til en russisk Skipper. Kjeden er 1 m. lang og indkjøbt i Jarfjord i Østfinmarken. Tilhører Middelalderen (1018).

9) Altertavle fra Gimsø Kirke i Lofoten. Tavlens Midtfeldt har malet Billede. Motiv: Korsfæstelsen. Tavlen er neppe ældre end fra forrige Aarhundrede. Gave fra Gimsø Herredsstyrelse (1019).

10) 2 Islegger (et Slags Skøiter) af Ben, den ene 26, den anden 21 cm. lang. Den længste har to Huller til Taaremmen, to til Hælremmen, den korteste har ligeledes to Huller til Taaremmen, men kun et til den Rem, hvormed Isleggen har været bundet til Ankelen. Den mindste er smukkere forarbeidet, mere glatpoleret, Tversnittet næsten kvadratisk. Paa den større er der anvendt mindre Arbeide. Remmerne, hvormed de har været fæstede til Foden, maa have været ganske tynde. Materialet, hvoraf de er forarbeidede, er Hesteben. F. i Oslo; sammesteds er funden talrige Eksemplarer, (se Aarsb. fra „Foreningen til norske Fortidsmindesmerkers Bevaring" f. 1892, S. 66) og indsendte som Gave fra Universitetets Oldsamling ved Herr Professor Rygh (1020).

11. a) Sverdblad af Jern, 68 cm. langt, 5 cm. bredt, temmelig forrustet og brækket i tre Stykker. Haandtaget mangler, kun Indrehjaltet, der ligner No. 501, men noget tyndere, er tilbage. Sverdet er tveegget; men den paa denne Slags Sverde forekommende brede Fure langs efter Bladets Sider, mangler ganske (1021).

b) Hjerteformet Sten af hvidgraa Kvarts. Den har ikke som de saakaldte Beltestene nogen Fure langs Kanten til Anbringelse af Beslag eller Baand, hvorimod en „Slidfure" paa den ene Fladside. Den er ogsaa noget større — 13 cm. lang, 9 cm. bred — end de almindelig forekommende Beltestene. Slibeflader forekommer rundt hele Stenen der har været brugt som Hvæssesten. F. sammen med fr.

Nr. i en Grav af Sten uden Haug over sammen med et Menneskeskelet. Det hele var dækket af et Muldlag af omtrent 48 cm. Dybde. Fundet, der tilhører yngre Jernalder, er fra Gaarden Helø i Bjarkø Sogn og indsendt som Gave fra Seminarist Peder Helø (1022).

12) Kljaasten, smukt forarbeidet af Klebersten; den ene Side flad, den anden svagt hvælvet. Den har Form af et Trapets, og dens længste Side er 15, dens korteste 12 cm. Bredde 11 cm. Den ene Side er ornamenteret med to parallelt løbende Linjer langs de tre Yderkanter, af hvilke den ene desuden er smykket med skraa Linjer, der skjærer hverandre saaledes, at Mellemrummene bliver rudeformede. Rundt Gjennemboringen sees ogsaa det sidste Slags Forziring. Stenens Ornamentering maa være meget gammel; dens Kanter og Linjer er sterkt forvitrede. F. i Finkongkjeilen i Gamvik Sogn, Tanens Prestegj. i Østfinmarken og indsendt som Gave fra Samlagsbestyrer Dahl, Vardø (1023).

13) Hellebard eller Partisan fra Middelalderen eller nyere Tid med firsidet Spyd, der har en Længde af 57 cm., medens Øks og Skaftholder, der ender i to smale Jernplader, har en Længde af 34 cm. Skal være funden paa Akkarnes paa Grytø i Trondenes. Et Stykke af Træskaftet, der tilhører senere Tid, sidder i Falen (1024).

14) Øks af Jern; det meste af Eggen er fortæret af Rust; Skafthullets Parti er i to Stykker, 17 cm. lang, jevn Bredde til henimod Eggen 2.5—4.5 cm. F. i en „gravhauglignende Dynge“ paa Gaarden Siljustad i Trondenæs og tilhører formentlig yngre Jernalder (1025).

15) Brudstykke af et halvt tildannet Stenredskab, formentlig Yrket til en Spydspids. Begge Sider er flade uden ophøiet Midtrand, Smalsiderne uden Eg, den ene Ende spids. Stykket skal oprindelig have været meget længere, men er bleven afbrækket og det tilbageværende brugt til

Hein. Dets Længde er 8 cm., Bredde 3. F. i Jorden paa Lille-Skaanland i Trondenes (1026).

16) Pilespids af sort Skifer af Typen No. 83. Den har Modhager og ophøiet Midtrand, men dens Od er afbrækket, 7 cm. langt, 1.5 cm. bred. F. paa Gaarden Tennevik i Trondenes, hvor tidligere flere Stensager er fundne og indsendte til Museet, og tilhører arkt. Stenalder (1027).

17) Meiselformet Stenøks uden Skafthul, 13.5 cm. lang, 4.5 cm. bred over Eggen. Saavel Smalsiden som Bredsiden er smukt glatslebne. Begge Bredsider er afrundede og med Slibeflader langs Yderkanterne. Lig Flintøksen Nr. 6, men med Tversnit som samme Verks Nr. 11. Skal være funden paa Hammerø i Nordlands Amt og tilhører arktisk Stenalder. De fire sidstnævnte Nummere er indkomne som Gave fra Lensmand Strøm i Trondenes (1028).

18) Spydspids af brun Skifer med Modhager og kort Tange, den sidste delvis afbrækket og kun af Længde som Modhagerne. Typen er en Mellemting mellem Nr. 86 og 88. Den har flade Sider uden ophøiet Midtrand og heller ikke fladsleben Eg, Overfladen er ru og Odden mangler. Længde 9.5 cm., Bredde over Modhagerne 3 cm. F. paa Ramfjordnes i Tromsøsundet, hvorfra flere Stensager tidligere er indkomne til Museet. Tilhører arktisk Stenalder (1029).

B. Den naturhistoriske Afdeling.

a. De zoologiske Samlinger.

Naar undtages nogle Kranier af Kobber, et Do. af Jerv samt en vakker Samling Hoveder med Horn af Ren fra Spitsbergen, der er anskaffede ved Kjøb, har Pattedyrsamlingen i Aarets Løb ikke erholdt nogen Tilvekst. De arktiske og skandinaviske Pattedyr er jo nu taalelig repræsenterede, og Anskaffelse af større og kostbarere Dyr har Budgettet ikke tilladt. 2 i forrige Aar anskaffede Stenkobber *(Phoca vitulina)* er blevén udstoppede og udstillede.

Af Fugle har Forøgelsen ikke været saa ganske ubetydelig, idet i alt 23 Eksplr. er bleven udstoppede og delvis udstillede, hvoraf omkring Halvparten er indsendte som Gaver og Resten anskaffede ved Kjøb. Af disse er der 3 Eksplr., som fortjener en speciel Omtale. I Januar Maaned modtog man som Gave en brunbroget Rype, fanget i Ulfsfjord Juleaften, hvilken man først holdt for en Ryporre (Bastard af Aarfugl og Rype), men som ved senere Undersøgelse viste sig at være en Dalrype, hos hvem endel af Sommerfjærene endnu var bevarede. Imidlertid var Eksemplaret af Interesse, da Museet ikke før besad noget saadant, og denne Varietet er vel ogsaa ganske sjelden. Kort Tid efter blev der fra Hr. Stud. H. Holthe i Skjærstad indsendt til Museet en Fugl, som viste sig at være en ægte Ryporre (Hun), og senere i Mai modtog man fra samme Haand et Pragteksemplar af en Han, og saaledes er da Museet endelig kommen i Besiddelse af et Par af denne sjeldne Fugleform, hvoraf man tidligere kun besad et gammelt og mindre godt Eksplr. fra Gudbrandsdalen, i sin Tid modtaget i Bytte af Universitetet. Begge Eksplr. var fangede eller skudte i samme Nabolag. Ryporren turde maaske i Virkeligheden vise sig at være ikke saa overordentlig sjelden, naar Opmærksomheden engang var vakt, og man opfordrer derfor Publikum til at tage Vare paa alle Eksplr. af Ryper, der er brogede i den Tid af Aaret, da de ellers skulde bære sin rene hvide Vinterdragt. Alle 3 Museet tilhørende Ryporrer har været til Undersøgelse hos en fransk Videnskabsmand, A. Suchetet, der specielt befatter sig med Studiet af Fuglebastarder. En fuldkommen Albino (hvid Varietet) af Kraake blev i Høst indsendt fra Trondenes, men den havde desværre hængt for længe og var utjenlig til Udstopning. Af de øvrige Fugle skal man ellers kun nævne en lys Varietet af Aarhøne fra Rogsfjord samt en Kaje *(Corvus monedula)* skudt i Malangen. Museets Samling af Hymmere *(Colymbus glacialis)* har været udlaante til Professor R. Collet for at blive nærmere undersøgte, og det har derved vist sig, at de fleste tilhører den amerikanske Form *(C. adamsii)*, der maaske rettest bør opfattes som en egen Art.

Af Fiske er der bleven anskaffet til Udstopning en „Sortkveite" *(Hippoglossus pingvis)*, ligeledes er der opstillet endel Eksplr. af Lodde fra Tromsøsundet; ellers har denne Afdeling ingen Tilvækst faaet. Der er i Aarets Løb bleven indsendt nogle Eksplr. af forskjellige Fiske, der imidlertid ikke er bleven benyttede; deraf er en Sølvkveite bleven overladt Universitetet.

Af lavere Dyr har Tilveksten, som sædvanlig, været ganske betydelig, især af Mollusker og Insekter, der er erhvervede i Bytte med inden- og udenlandske Videnskabsmænd og Samlere, ligesom Konservator Schneider fra sin Reise til Bardo medbragte mange interessante alpine Insekter fra Fjeldene omkring Altevand, hvoraf ikke faa nye for Samlingen. Museets Materiale af Nudibranchier (nøgenhudede Havsnegle) har en tysk Videnskabsmand velvilligst paataget sig at bestemme og bearbeide for Aarsheftet for 1894, og ogsaa af andre Dyregrupper har Eksplr. været udlaante til fremmede Specialister. Det er jo selvsagt, at Museets egne Funktionærer ikke kan overtage Bearbeidelsen af saa meget forskjelligartet Stof, og forat Samlingen ikke skal henligge som en død Skat, har man søgt Bistand udenfra, hvilket baade gavner Samlingerne med Hensyn til korrekt Bestemmelse og bidrager med vekslende Stof til Aarsheftet.

Større Arbeider har forøvrigt ikke været foretagne inden de naturhistoriske Afdelinger, da Indflytningen i det nye Lokale jo er nær forestaaende, og af samme Grund har man heller ikke fortsat Katalogiseringen af Samlingerne hvoraf hidtil kun Pattedyr og Fugle er bleven indførte, da der ved Omflytningen altid vil forefalde Revision og nogen Udrangering.

b. Den botaniske Afdeling.

Den botaniske Samling er forøget med en Alge funden paa et Isflak nord om Novaja Semlia og skjænket af Herr Grosserer Fr. Collin. Konservator Lagerheim har til Samlingen skjænket et skandinavisk Herbarium (Fanerogamer, Bregner, Moser og Laver). Den øvrige Tilvækst bestaar af hovedsagelig lavere Planter, samlede af Konservator Lagerheim paa Ekskursjoner i Omegnen af Tromsø, i Lyngen og Maalselven.

Konservator Lagerheim har med Bidrag af Museet foretaget to kortere Rejser, fornemmelig i algologisk og mykologisk Øiemed, til Lyngen og Maalselven. De vigtigste Fund under disse Rejser (og under Ekskursjonerne i Tromsø Omegn) ere i Korthed følgende.

Under Snesmeltningen i Juni Maaned observeredes paa talrige Steder paa Tromsøen og i Tromsdalen røde og grønne Pletter paa Sneen, foraarsagede af mikroskopiske Alger. Et saadant Fænomen er tidligere kun observeret et par Gange. De mikroskopiske Planter, som voksede i Sneen, viste sig at være tildels den bekjendte Snealge, *Sphærella nivalis,* som tidligere ogsaa er bleven funden paa Tromsdalstinden af afd. Toldkasserer K. Pettersen, men Størstedelen af dem bestod af for Videnskaben nye Former. Blandt de bekjendte Former fortjener *Rhaphidonema nivale* og *Selenotila nivalis* at nævnes, da disse før kun er observerede paa den evige Sne paa Vulkanerne i Ecuador. For at kunne afslutte Undersøgelsen af disse interessante Organismers Udviklingshistorie er det at haabe, at samme mærkelige Fænomen vil vise sig ogsaa et andet Aar, og Konservator tillader sig herved at opfordre alle dem, som iagttager farvede Pletter paa den smeltende Sne, at til ham indsende Prøver*) deraf med nøiagtig Angivelse af Pletternes Farve, Dybde o. s. v. Den mærkelige Isalge, ***Ancylonema Nordenskiöldii,*** før funden paa Grønlands Indlandsis og paa Dovre, observeredes paa Fornesbræen i Lyngen. Af øvrige interessante Alger, som fandtes paa Ekskursjonerne, maa nævnes en ny *Volvociné*-Slægt, som farvede Vandet grønt i Huller ved Stranden paa Øens søndre Del, hvor Fisk var oplagt til Tørring; i de samme Vandhuller iagttoges ogsaa den kun ved Helgoland observerede ***Prasinocladus lubricus.*** Da Havalgerne i Tromsø Omegn ere blevet saa omhyggelig studerede af Museets tidligere Konservator, Herr M. Foslie, saa kunde ikke meget nyt paa dette Omraade være at finde. Ved en Brygge i selve Byen samledes dog f. Eks. en for Videnskaben sandsynligvis ny ***Dermocarpa,*** den kun en Gang tidligere i Alten fundne ***Lithoderma lignicola*** og den tidligere kun ved Brittaniens Kyst observerede ***Conchocelis rosea,*** som ikke var sjelden i Skjæl af ***Balanus.*** Af Ferskvandsalger indsamledes paa Prestvandsmyren en hel Del ***Desmidieer,*** ved Gjøvik i Lyngen nogle mærkelige ***Chamæsiphonaceer,*** som ere sendte Herr Dr. J. Huber i Genève til Bearbeidelse, i Tromsdalen den vakre arktiske Alge ***Tetraspora cylindrica,*** hvis aldeles ukjendte Udviklingshistorie det lykkedes tildels at faa Rede paa o. s. v. Paa ***Sphagnum*** i Prestvandsmyren iagttoges i store Mængder den paa Irland fundne mærkelige Protist ***Chlamydomyxa.***

---

*) Bundfaldet af den smeltede Sne tørres paa et Stykke Skrivpapir, som vikles sammen og sendes bedst i Brev.

Da det arktiske Norges Sopflora er saa godt som ukjendt, ofrede Konservator paa sine Ekskursjoner en stor Del af sin Tid paa Undersøgelsen af den samme. En Del af de gjorte Iagttagelser ligger til Grund for to i Museets Aarshefte 16 publicerede Afhandlinger. Forøvrigt opdagedes en hel Del interessante og for Videnskaben nye Arter, blandt hvilke fortjener at anføres en ny *Entyloma* paa *Arctostaphylos alpina* (Gjøvik, mellem Svendborg og Bjerkeng, Tromsø), en ny *Synchytrium* paa *Polystichum* (Lyngen), en ny *Exobasidium* paa *Vaccinium uliginosum* og *V. Myrtillus* (Lyngen, Tromsø) etc. Blandt bekjendte sjeldne Sopper, som samledes, maa nævnes: *Puccinia Pazschkei* paa *Saxifraga aizoides* ved Svendborg (før kun funden i Schweiz), de kun paa et Par Steder i Sverige observerede *Plasmopara alpina* og *Puccinia rhytismoides* (Svendborg), *Plasmopara Halstedii* (Lyngen), *Peronospora lapponica* (Jægervandet og Lyngen), *Synchytrium Phegopteridis* (Gjøvik), flere interessante *Ustilagineer*, den meget sjeldne *Helicobasidium fimetarium* (Prestvandet), m. fl. Det mærkeligste Fund er dog maaske en ny Art af den hidtil kun i Amerika og Asien observerede Slægt *Cintractia;* den samledes i Mængde paa flere Steder paa Tromsøen, i Tromsdalen og i Maalselven.

Af de i Skandinavien hidtil ubetydelig studerede af Insekter og Acarider foraarsagede Galledannelser paa Planter indsamledes flere interessante Former, af hvilke en er beskreven i en Afhandling i Museets Aarshefte 16.

Tilsidst fortjener at nævnes, at paa Tromsøen iagttoges nogle Fanerogamer og Bregner, som ifølge I. M. Normans Florula Tromsøensis ikke ere fundne paa Øen, f. Eks. *Mulgedium alpinum, Silene maritima, Cerastium trigynum, Veronica saxatilis, Paris quadrifolia, Cystopteris fragilis.*

c. Den mineralogiske og geologiske Afdeling.

Til denne Afdeling er indsendt endel Silurfossiler fra Spitsbergen samt Prøver af sibirisk Grafit fra Jenissei og nogle Malmprøver fra Sulitelma. Museets Materiale af Juraforsteninger fra Andøen har været udlaante til Professor Lundgren i Lund.

Fortegnelse

over Museets literære Bytteforbindelser og de til Museets Bibliothek i 1893 indkomne Skrifter.

Rien n'a été reçu en 1893 des sociétés désignées par *

Augsburg.

*Naturhistorischer Verein.

Bergen.

Bergens Museum.

Aarsberetning for 1891.

Aarbog 1892.

Naturen. 17. Aarg. 1893.

Berlin.

Central-Bureau der internat. Erdmessung.

Comptes Rendus d. l. Xième conf. gén. 1893.

Friedländer & Sohn.

Naturæ Novitates. XV. 1893.

Bericht über die Verlagsthätigkeit 1892, XXIII, XXIV, 1893, XXV.

Bonn.

Naturhist. Verein d. preuss. Rheinländer etc.

Verhandlungen. 49 Jahrg. 1892, 2, 50 Jahrg. 1893, 1.

Boston, Mass.

The American Academy of Arts and Sciences.

Proceedings. New Ser. Vol. XVIII, XIX.

Boston Society of Natural History.

Proceedings. Vol. XXV, Parts 3, 4.

Braunschweig.

**Herzog. naturhistorisches Museum.*

Bremen.

Naturwissenschaftlicher Verein.

Abhandlungen Bd. XII, H. 3. 1893.

Geographische Gesellschaft.

Deutsche geogr. Blätter. Bd. XVI, H. 1—3. 1893.

Breslau.

Schlesische Gesellschaft f. vaterl. Cultur.

70 Jahresbericht, Jahrg. 1892.

Dr. J. Partsch, Literatur der Landes- und Volkskunde der Provinz Schlesien, H. 2, 1893.

Bridgefort, Con.

**Scientific Society.*

Brisbane.

**Queensland Museum.*

Bruxelles.

Société Royale malacologique de Belgique.

Annales. T. XXV, XXVI, 1890—91.

Société entomologique de Belgique.

Compte render 1891.

Société belge de Microscopie.

Bulletin. T. XI—XV, XIX, No. 4—10.

Annales. T. I—XIII, XVII, No. 1.

Société géologique de Belgique.

Annales. T. XVIII.

Budapest.

K. M. Természettudományi Társulat.

Herman, J. S. v. Petenyi.

Daday, Mattani Irodalom.

Pungur, Hist. nat. d. Gryllides.

Mathematische und naturwissenschaftliche Berichte aus Ungarn. Bd. VIII, XIX, 1891—92.

Hungarian National Museum.

Természetrajzi Füzetek. Vol. XV, No. 4, 1892; XVI, No. 1, 2, 1893.

Buenos Aires.

**Sr. D. Florentino Ameghino.*

**Museo de Productos Argentinos.*

Cambridge, Mass.

Museum of Comparative Zoology, at Harvard College.

Bulletin. Vol. XXIII, N. 4—6; XXIV, N. 1—7: XV, N. 1, XVI, N. 11—14.

Annual Report. 1891—92.

Cassel.

**Verein für Naturkunde.*

Chemnitz.

**Naturwissenschaftliche Gesellschaft.*

Cherbourg.

Société nationale des Sciences naturelles et mathématiques.

Mémoires. Vol. XXVIII, 1892.

Chur.

Naturforschende Gesellschaft Graubündens.

Jahresbericht. Neue Folge. XXXVI, 1891—92.

Córdoba (Rep. Argentina).

Academia nacional de ciencias.

Boletin. T. XI, Ent. 4a.

Danzig.

Naturforschende Gesellschaft.

Schriften. N. F., Bd. VIII, H. 2.

Davenport, Jowa.

**Academy of Natural Sciences.*

Dorpat.

Naturforschende Gesellschaft.

Sitzungsberichte, Bd. X. H. 1.

Dresden.

Naturwiss. Gesellschaft Isis.

Sitzungsberichte u. Abh. Juli—Dec. 1892; Jan.—Jun. 1893.

Edinburgh.

Royal Society.

Proceedings, Vol. XVIII, 1890—91.

Geological Society.

Transactions, Vol. VI, No. 5.

Roll, 1893.

Elberfeld.

**Naturwissenschaftlicher Verein.*

Emden.

Naturforschende Gesellschaft.

Jahresbericht, 1891—92.

Frankfurt a. M.

Senckenbergische naturforschende Gesellschaft.

Bericht. 1868—1880, 1893.

O. Boettger, Katalog der Reptilien-Sammlung.

Frankfurt a. O.

Naturwissenschaftlicher Verein.

Monatliche Mittheilungen. 9 Jahrg. No. 7—10; 10 Jahrg. No. 1—8, 10—12; 11 Jahrg. No. 1—5.

Societatum litteræ, 5 Jahrg. 9—12; 6 Jahrg. 4—10; 7 Jahrg. 1—3; 10 Jahrg. 5—8.

Freiburg i. B.

Naturforschende Gesellschaft.

Berichte VII, 1, 2.

Giessen.

Oberhessische Gesellschaft f. Natur u. Heilkunde.

29 Bericht. 1893.

Graz.

**Naturwiss. Verein für Steiermark.*

Greifswald.

Naturwiss. Verein f. Neu-Vorpommern und Rügen.

Mittheilungen. Jahrg. 24. 1892.

Groningen.

Naturkundig Genootschap.

92. Verslag. 1892.

Güstrow.

Verein der Freunde der Naturgeschichte in Mecklenburg.

Archiv. Jahrg. 46 1892, I, II.

Görlitz.

Naturforschende Gesellschaft.

Abhandlungen, Bd. 20, 1893.

Göteborg.

**K. Vetenskaps och Vitterhets Samhället.*

Halifax, N. S.

**Nova Scotian Institute of Natural Science.*

Halle a. S.

**K. Leopoldinisch-Carolinische Akademie d. Naturforscher.*

Naturwissenschaftlicher Verein für Sachsen und Thüringen.
Zeitschrift. Bd. 65, N. 3–6.

Hamburg.

Naturwissenschaftlicher Verein.
Abhandlungen. Bd. XII, 1892.

Naturhistorisches Museum.
Jahrbuch d. Hamb. wiss. Anst. Bd. X, 1892, 1, 2.
Dr. A. Voller, Das Grundwasser in Hamburg, Heft 1.

Helsingfors.

Universitetet.
3 akademiska afhandlingar.

Vetenskaps-Societeten.
Observations météorologiques, Vol, 3, 1; 4, 1; 5, 1; 9, 1; 10, 1.

Societas pro Fauna et Flora Fennica.
Acta, Vol V, 1, 2.
Medelanden, H. 17.

Geologiska Kommissionen.
Kartbladen 22–24.

Sällskapet för Finlands Geografi.
Fennia 6–8.

Geografiska Föreningen.

Houghton, Mich.

Michigan Mining School.

Iglo.

Ungarischer Karpathen-Verein.
Jahrbuch. XX 1893.

Kiel.

Naturwissenschaftlicher Verein für Schleswig-Holstein.
Schriften. Bd. X, 1.
Führer durch d. Schlesw. Holst. Mus. vat. Altherthüm.

Kommission zur wissenschaftlichen Untersuchung der deutschen Meere.
Bericht, VI. 2, 3.
Ergebnisse d. Beobachtungsstationen a. d. deutsch. Küsten etc., 1892.

Kiew.

Société des Naturalistes.
Mémoires, T. XII, liv. 1, 2.

Kjøbenhavn.

Kgl. Danske Videnskabernes Selskab.

Oversigt 1892, No. 2, 3, 1893, No. 1.

Ministerium for Kirke- og Undervisningsvæsenet.

Det vidensk. udb. af Kanonb. „Hauchs" Togt. V.

Naturhistorisk Forening.

Videnskabelige Meddelelser. 1892.

Botanisk Forening.

Botanisk Tidsskrift. Bd. 18, No. 2—4.

Königsberg.

Physikalisch-ökonomische Gesellschaft.

Schriften. Jahrg. 33. 1892.

Führer durch die geologischen Sammlungen.

Krakow.

Académie des Sciences.

Bulletin international 1893, Juin—Octobre.

Kristiania.

Universitetsbibliotheket.

Aarsberetning for 1892.

A. Chr. Bang, Dokumenter og studier, etc. 1893, I.

Th. Kjerulf, Beskrivelse af en Række norske Bergarter, 1892.

S. Bugge, Norg. Indskr. Run., H. 2, 1893.

Videnskabsselskabet.

Forhandlinger 1892.

Kirkedepartementet.

Nyt Magazin for Naturvidenskaberne Bd. 33, H. 3—5; Bd. 34, H. 1, 2.

Archiv for Mathematik og Naturvidenskab, Bd. 15, Hefte 4, Bd. 16, H. 17.

Statssekretariatet.

Norsk Lovtidende 1893.

Lausanne.

Société vaudoise d. Sciences naturelles.

Bulletin, Vol. XXVIII, No. 109, Vol. XXIX, No. 110—112.

Leiden.

Nederlandsche dierkundige Vereeniging.

Tijdskrift, Ser. 2, Deel III, Afl. 3, 4, Deel, IV, Afl. 1.

Leipzig.

K. Sächsische Gesellsch. d. Wissenschaften.

Berichte mathem.-phys. Classe 1892, IV—VI; 1893, I—VI.

Naturforschende Gesellschaft.

Sitzungsberichte, Jahrg. 17, 18, 1891—92.

Lisboa.

**Academia Real das Sciencias.*

London.

Royal Society.

Proceedings. Vol. 52, no. 317—321; Vol. 53, no. 322—327.

Linnean Society.

Zoological Journal. Vol. XXIV, no. 154—156.

Proceedings, 1890—92.

**Zoological Society.*

Lund.

Universitetet.

Acta. Bd. 28, 1891—92.

Lübeck.

Naturhistorisches Museum.

Jahresbericht. 1892.

Mittheilungen d. Geogr. Gesellsch. und des Naturhistorischen Museums in L. Zweite Reihe, H. 4—6.

Madison, Wis.

Academy of Sciences, Arts and Letters.

Transactions, Vol. VIII, 1888—91.

Manchester.

Manchester Museum, Owens College.

Museum Handbooks, 3 parts.

Marburg.

Gesellschaft zur Beförderung der gesammten Naturwissenschaften.

Sitzungsberichte 1892.

Milwaukee, Wis.

Public Museum.

Annual Report. 1892.

Montreal.

**Royal Society of Canada.*

Natural History Society of Montreal.

The Canadian Record of Science. Vol. V, no. 4—7.

Moscou.

Société Imperiale des Naturalistes.

Bulletin 1888, no. 3, 4, 1889—92, 1893, no. 1—3.

Napoli.

Società Africana d' Italia.

Bolletino. Ann. XI, fasc. 11, 12; XII, 3–6.

Neuchâtel.

Société des Sciences Naturelles.

Bulletin, T. XVII–XX.

New Haven, Conn.

Connecticut Academy of Arts and Sciences.

Transactions, Vol. X. no. 7, 8; Vol. XI, no. 1–5.

New York.

New York Academy of Sciences.

Annals. Vol. VI, no. 1—4; Vol. VII, no. 1—5.

Transactions. Vol X, no. 7—8; Vol. XI, no. 1—5.

Nürnberg.

Naturhistorische Gesellschaft.

Abhandlungen, Bd. X., H. 1.

Osnabrück.

Naturwissenschaftlicher Verein.

Jahresbericht 1891—92.

Ottawa.

**Geolog. a. Natur. Hist. Society of Canada.*

Paris.

Société zoologique de France.

Bulletin. T. 17, no. 4—7.

Le Naturaliste.

2 Sér. Vol. VI, no. 140—162.

Feuilles des jeunes Naturalistes.

23 Année, no. 267–278.

Philadelphia. Pa.

Academy of Natural Sciences.

Proceedings, 1892, III, 1893, I.

Pisa.

Società Toscana de Scienze Naturali.

Atti Processi verbali. Vol. VIII, p. 149—231.

Prag.

K. Böhmische Gesellschaft d. Wissenschaften.

Sitzungsberichte, 1892.

Jahresbericht, 1892.

Riga.

Naturforscher Verein.

Korrespondenzblatt. Jahrg. 36. 1893.

Rochester, N. Y.

Rochester Academy of Sciences.

Proceedings, Vol. II, broch. 1, 1892.

Salem, Mass.

Essex Institute.

Bulletin. Vol. 24, no. 7—12; Vol. 25, no. 1—6.

Henry Wheatland (sermon).

San Francisco.

California Academy of Sciences.

Occasional Papers, III.

St. Gallen.

Naturwissenschaftliche Gesellschaft.

Bericht, 1890—91.

Sidney.

Royal Society of New South Wales.

Journal and Proceedings. Vol. XXVI, 1892.

Exchanges 1892.

Stavanger.

Stavanger Museum.

Aarsberetning 1892.

Stockholm.

Kgl. Svenska Vetenskaps Akademien.

Handlingar. Bd. 24, 1890—91.

Bihang. Bd. 17, 18.

Öfversigt. 1892, no. 9, 10; 1893, no. 1—7.

Meteorologiska Iakttagelser. Bd. 29, 1887.

P. G. Rosén, Projet de mesure d'un arc du méridien de 4° 20' an Spitzberg.

**Sveriges Geologiska Undersökning.*

Geologiska Föreningen.

Förhandlinger. Bd. 15, 1893.

Entomologiska Föreningen.

Entomologisk Tidskrift. Årg. 13.

Kgl. Vitterhets Historie o. Antiquitets Akademien.

Månadsblad. 1891.

Antiquarisk Tidsskrift för Sverige, Del 11, Häft. 5.

Stuttgart.

Verein für vaterländische Naturkunde in Württemberg.

Jahreshefte, Jahrg. 1—46, 49.

Tokio.

**The Imperial University (Teikoku Daigaku).*

Toronto.

Canadian Institute.

Proceedings. Vol. III, P. 1, 2.

Annual Report. 5, 1892—93.

Trondhjem.

Kgl. norske Videnskabers Selskab.

Skrifter 1891.

Fiskerimuseet.

Norsk Fiskeritidende 1893, H. 1—4.

Årsberetning for 1892.

Upsala.

Universitetet.

Inbjudningsskrifter 1893.

Redogörelse 1892—93.

1 akademisk afhandling.

Vetenskaps Societeten.

Nova Aata, Vol. XV, I.

Washington, D. C.

Smithsonian Institution.

Report 1890.

U. S. National Museum.

Bulletin. No· 39 A—G, No. 40.

Proceedings, Vol. XIV, 1891.

Report, 1890.

U. S. Departement of Agriculture.

The Hawks and owls of the U. S.

North American Fauna, No. 7.

The Death Valley Expedition. Part II.

Div. of ornithol. a. mammal. Bull. no. 4.

**U. S. Geological Survey.*

Wien.

K. K. Naturhistorisches Hof-Museum.

Annalen Bd. VII, no. 3, 4, Bd. VIII, no. 1, 2.

Zoologisch-botanische Gesellschaft.

Verhandlungen Bd. 42, no. 3, 4; Bd. 43, no. 1, 2.

**K. K. geographische Gesellschaft.*

Ornithologischer Verein.

„Die Schwalbe“, Jahrg. XVI, no. 24; XVII, no. 1—11.

Wiesbaden.

Nassauischer Verein für Naturkunde.

Jahrbuch. 46. 1893.

Zürich.

Naturforschende Gesellschaft.

Vierteljahrschrift. Jahrg. 37. H. 3, 4; 38, H. 1, 2.

Nordenfjeldske Kunstindustriudstilling 1893.

Katalog og Tillægskatalog.

Amtmanden i Finmarkens Amt.

Finmarkens Amtsformandskabs Forhandlinger 1892.

Fru Hanna Sæberhagen, Tromsø.

Ludvig Holbergs Geographie, I, Kjøbenhavn 1759.

M. Foslie, Konservator, Trondhjem.

Ueber eine neue Laminaria aus West-Afrika.

Victor Madsen, Statsgeolog, Kjøbenhavn.

Scandinavian Boulders at Cromer.

J. W. Scollick.

On the making of gelatin casts.

Dr. O. Janson.

Versuch einer Uebersicht über die Rotatorien-Familie der Philodineen, Bremen 1893.

Eadweard Muybridge.

Zoopraxography, University of Pennsylvania 1893.

T. Mellard Reade.

The drift beds of the Moel Tryfaen area of the North Wales Coast, Liverpool 1893.

G. Lagerheim.

15 zoologiske, fysiske, etc. afhandlinger af E. Edlund, K. Chydenius, A. J. Ångström, C. M. Lindqvist, C. W. S. Aurivillius, G. Adlerz, K. Fristedt, A. Wirén, Chr. Sommerfelt, E. Nystrøm.

Extrakt

af Tromsø Museums Regnskab for 1893.

Indtægt:

1.	Beholdning ifølge forrige Aars Regnskab:			
	a. Restancer	Kr. 520.00		
	b. Indestaaende i Sparebanken	„ 74.03		
	hos Kassereren . . .	„ 2,617.76	Kr.	3,211.79
2.	Bidrag for 1893:			
	Hs. Maj. Kongen	Kr. 200.00		
	Tromsø Amtskommune	„ 300,00		
	Nordlands Do.	„ 100.00		
	Finmarkens Do.	„ 120.00		
	Tromsø Samlag for Brændevinshandel .	„ 1200.00		
	Medlemskontingent	„ 292.00		
	Entrepenge af Reisende	„ 253.65	„	2,465.65
3.	Statstilskud for Budgetaaret 1893—94		„	5,600.00
4.	Kirkesanger Nikolaisen (Afdrag)		„	36.00
5.	Indkommet ved Salg af en Bundskrabe		„	15.00
6.	Do. - „ af Aarshefter		„	7.00
7.	Indvundne Renter		„	2.71
			Kr.	11,338.15

Udgift:

1.	Den historisk-antikvariske Samling . .		Kr.	54.35
2.	De naturhistoriske Samlinger		„	510.35
3.	Reiseudgifter		„	315.00
4.	Bibliotheket		„	127.31
5.	Lønninger:			
	Konservatorer	Kr. 4305.55		
	Oldsamlingens Bestyrer .	„ 60.00		
	Præparant	„ 200.00		
	Tilsynsmænd	„ 91.20	„	4,656.75
6.	Aarsberetning og Aarshefter		„	782.10
7.	Husleie		„	1300.00
8.	Assurancepræmie		„	150.00
9.	Forskjellige Udgifter, incl. Porto og Vask		„	295,81
			Kr.	8,191.67
10.	Beholdning 31/12 93.			
	Restancer	Kr. 539.00		
	Indestaaende i Sparebanken	„ 76.74		
	Do. hos Kassereren	„ 2,530.74	„	3,146.48
			Kr.	11,338.15

Tromsø den 4de April 1895.

J. Killengreen. ***Boye Strøm.*** ***J. Qvigstad.***

A. Moursund. ***K. Gleditsch.***

Tromsø Museums

Aarsberetning

for

1894.

Tromsø.
G. Kjeldseths Bogtr.
1896.

Tromsø Museums

Aarsberetning

for

1894.

Tromsø.
G. Kjeldseths Bogtr.
1896.

Museet aabnedes for Almenheden som sædvanlig i Begyndelsen af Marts. Paa Grund af Indflytningen i den nye Bygning var man imidlertid nødt til at lukke Samlingerne tidligere end vanligt, nemlig allerede i Begyndelsen af September, medens tidligere Aabningstiden stedse var bleven udstrukket til Begyndelsen af November Maaned. Det var nemlig af Betydning at kunne foretage Indflytningen og Ordningen i den nye Bygning mest mulig ved Dagslys, og vovede man derfor ikke at udskyde Paabegyndelsen af dette omfattende Arbeide længere end til Begyndelsen af September.

Samlingerne var saaledes aabnede for Almenheden kun 30 Søn- og Helligdage, mod tidligere 37 á 38 Dage. De Besøgendes Antal har herunder udgjort 4598, der fordeler sig paa de forskjellige Maaneder saaledes: Marts 278, April 798, Mai 701, Juni 631, Juli 1406, August 530, September 254. Det største Antal paa en Aabningsdag har været 593, det mindste 36. Det gjennemsnitlige Antal paa hver Aabningsdag har været 153.

Udenfor de almindelige Aabningsdage kan Besøget anslaaes til omkring 450.

Oldsamlingens Bestyrer, Klasselærer Nicolaissen foretog med Bidrag af Museet arkæologiske Undersøgelser i Tromsø Amt. De undersøgte Gravhauger, der dels tilhøre ældre Jernalder, dels det nærmest paafølgende Tidsrum, ligge paa Gaarden Skatvig i Tranø Sogn samt paa Helø i Bjarkø og paa Øisten i Hillesø Sogne. De ved Udgravningerne fremkomne Oldsager, der ere indlemmede i Museets Samling, vil findes beskrevne under Afdelingen „Oldsamlingen". Blandt disse fremhæves særlig et ældre Jernaldersfund paa Helø, bestaaende af flere interessante og vel vedligeholdte Gjenstande; ligeledes et smukt Exemplar af en Stenøx fra den almindelige Stenalder. Forøvrigt vil, som sædvanlig, Resultatet af disse Undersøgelser blive trykt i Aarsberetningen fra „Foreningen til norske Fortidsmindesmærkers Bevaring".

Konservator Schneider foretog i Aaret ikke nogen Reise. I Løbet af Vaaren og Forsommeren var han som Sekretær ved Komitéen for Stiftsudstillingen helt optaget af det Arbeide, som var forbundet med denne Stilling, og senere hindrede et alvorligt og længere Sygdomsforfald ham fra at udføre flere planlagte Excursioner i Tromsø Omegn.

Konservator Dr. Lagerheim foretog med Bidrag af Museet i Løbet af Sommeren flere kortere Exkursioner i Tromsø Omegn og til Ramfjorden, fornemmelig i algologiske og mykologiske Øiemed, men ogsaa for at komplettere J. M. Normans „Florula Tromsøensis". Under disse Udflugter lykkedes det at finde følgende 19 for Tromsø Flora nye Karplanter:

Actæa spicata L. Høines ved Ramfjorden.

Thalictrum flavum L. Mellem Sandviken og Ramfjordnes.

Drosera obovata M. & K. Tromsøen, paa en Myr ved Vandledningens Bassin og ved Teglværket i Tromsdalen.

Stellaria borealis Big. Tromsøen ved Præstvandet; Ramfjordnæs.

Sedum annuum L. Ramfjordnes.

Ribes rubrum L. Ramfjordnes.

Haloscias scoticum Fr. Storstennes og Ramfjordnes.

Cirsium arvense Scop. Tromsøen, ved Stranden i Byens nordre Del.

Pingvicula vulgaris L. b *bicolor* Nordst., Tromsøen i Nærheden af Kirkegaarden.

Utricularia minor L. Tromsøen, i en Grøft paa Øens nordre Del; i et lidet Vand paa Ramfjordnes.

Ajuga pyramidalis L. Høines ved Ramfjordnes.

Polygonum convolvulus L. Ramfjordnes.

Betula alpestris Fr. Tromsøen, paa en Myr ved Vandledningens Bassin.

Convallaria verticillata L. Ramfjordnes.

Juncus Gerardi Lois. Storstennes.

Carex glareosa Wg. Storstennes.

— *loliacea* L. Tromsdalen.

— *caninum* L. Ramfjordnes.

Cystopteris montana Bernh. Fløifjeldets vestre Skraaning.

Under Forsommeren indsamledes et meget rigt Materiale af alle i Tromsø Omegn forekommende Former af den variable Slægt *Eqvisetum* (Kjerringrok), hvis arktiske Former er meget lidet kjendte. Samlingen er sendt en Specialist Prof. Chr. Luerssen i Kønigsberg til Bearbeidelse, Eftersommeren benyttedes for en væsentlig Del til Indsamling af det størst mulige Antal af Tromsøens Birkeformer. Det righoldige Materiale, som sikkert udgjør en enestaaende Samling af arktiske *Betula*-former, er bleven gjennemgaaet og tildels bestemt af Lektor D. J. Lindeberg i Alingsås, som bearbeider denne Slægt for den nye Udgave af Hartmans Flora.

Som Følge af den ualmindelig tidlige Vaar kunde

Konservator begynde sine sedvanlige algologiske Exkursjoner i Tromsø Omegn allerede i April. Algevegetationen var under Forsommeren særdeles rig, og det lykkedes at opdage to nye Algeslegter, hvis Morfologi og Udviklingshistorie er udførligt behandlede i to Afhandlinger, hvoraf den ene er trykt i Museets Aarshefte 17, den anden i Kristiania Videnskabsselskabs Forhandlinger for 1894.

Museets Bibliothek har ved sine Bytteforbindelser erholdt den sædvanlige Tilvæxt. Derhos er 17 nye Forbindelser tilkomne, ligesom der til Haandbibliotheket blev anskaffet enkelte Værker og Subskriptionen paa 2 Tidsskrifter blev fortsat.

Aarshefte XVII var ved Aarets Udgang under Trykning. Det indeholder:

G. Lagerheim:	Studien über arktische Cryptogamen I Ueber die Entwickelung von Tetraedron Kütz und Euastropsis Lagerh., eine neue Gattung der Hydrodictyaceen. Med en Planche.
—:—	Uredineæ Herbarii Eliæ Friis.
J. Sparre Schneider:	Humlerne og deres Forhold til Floraen i det arktiske Norge.

Arbeidet med Opførelsen af den nye Musebygning, der for Aaret 1893 afsluttedes i November Maaned, blev gjenoptaget udpaa Vaaren, saasnart Aarstiden tillod det. Som paaregnet, blev Bygningen i det Væsentlige færdig i Juni Maaned, saaledes at den kunde stilles til Disposition for den Udstilling for Stiftet, der aabnedes 1ste Juli. Som Udstillingslokale blev Bygningen benyttet i Maanederne Juli og August. Enkelte Arbeider blev derpaa udførte, hvorefter Byggearbeidet blev afsluttet i Oktober og Bygningen overleveret af Entreprenøren til Bestyrelsen. Samlingerne blev fra September Maaned og udover Høsten overflyttede fra det gamle Lokale. Konservatorerne saavel som Oldsamlingens Bestyrer vare gjennem hele den sidste Del af Aaret fuldt beskjæftigede med Samlingernes Ordning og Opstilling i det nye Lokale.

Med Hensyn til de enkelte Afdelingers Virksomhed meddeles følgende Oversigter, afgivne af vedkommende Samlingsbestyrere.

A. De historisk-antikvariske Samlinger.

a. Den lappiske (finske) Afdeling.

Afdelingens Bestyrer har under en Reise i Salten indkjøbt en Del lappiske Beklædningsgjenstande m. m. i Folden og Tysfjorden. Da de derboende Lapper særlig i Klædedragt afvige fra Nordlapperne, vil det være en Opgave for Museet at faa ogsaa disse Lappers Beklædnings- og Brugsgjenstande fyldigst muligt repræsenterede i Samlingen. I Sydvaranger er indkjøbt en større Model af en skoltelappisk Fiskerbaad med Tilbehør.

b. Oldsamlingen.

Denne Samling har i Aarets Løb havt følgende Tilvext:

1. Spydspids af graa Skifer, 12 cm. lang, 3.4 cm. bred. Størst Lighed med NO 86, men med kortere Tange og uden spidse Modhager. Paa den ene Side gaar den ophøiede Midtrand opover til Tangen, men er meget svag over Spydets bredeste Parti; denne Side er glatsleben fra Midtranden mod Eggene. Paa Spydets anden Side optager Midtranden kun Halvdelen af Bladets Længde, Resten uden

Midtrand og mindre glat. Opgives funden i Ofoten og tilhører arktisk Stenalder (1030). Gave af Konservator Schneider.

2. Kniv af Skifer, nærmest lig Typen NO 57, men med ret Eg og et Blad, der i Forhold til Skaftet er langt smalere end hos nysnævnte Grundtype. Kniven er yderst liden, kun 5.5 cm. fra Eg til Haandtagets Ende og kun 4 cm. bred over Eggen, 2 over Haandtaget. Den ene Sides halve Plade samt den andens Eg er glatslebne, den øvrige Flade ujevn og ru. Funden paa samme Sted som No. 690 — Afbild. Fig. 4 i Aarsb. fra „Foreningen til norske Fortidsmindesmerkers Bevaring" for 1886 — paa Gaarden Hundstad i Kvedfjord. Tilhører arktisk Stenalder (1031). Gave fra Ingebrigt Knutsen Hundstad.

3. Øks af Jern, nærmest lig Montelius' „Svenska Fornsaker" 263. Indkommen fra en Gaard i Malangen; nærmere Fundomstændigheder ukjendte (1032).

4. a. Urtepotteformet Lerurne af Typen NO 370. Farven udvendig graasort, indvendig sort, 12 cm. høi, 16.5 cm. Tvermaal øverst; stod næsten hel i Gravkammeret, men blev efter Optagningen brækket i flere Stykker, der nu er sammenlimede; kun nogle Smaastykker ved Bunden mangler. Ornamenteringen lig ovennævnte Grundtypes, men noget rigere; nedenfor den øverste Kant er der saaledes to Baand, hvert dannet af tre horizontale Linjer. Baandenes Mellemrum er fyldt med Skraalinjer; endvidere er Urnens ene Sides Ornamentering noget afvigende, idet den ikke som Hovedtypens bestaar af vertikale, men af horizontale Linjer. Mellemrummene mellem disse Linjebaand fyldes overalt af Zikzaklinjer (1033).

b. Liden Remspænde af Bronce, ringformet og med

Naal, 2.6 cm. i Tvermaal; Naalen har bøiet Spids, dens Ende er bøiet rundt Spændens Ring (1034).

c. Brudstykker af en Skjoldbule samt et Par forrustede Jernstumper, maaske Dele af et Knivblad (1035).

d. Skjoldhaandtag af Jern, ligt NO 222, 17 cm. langt (1036).

e. Øks af Jern, hele Eggen bortrustet; kun Skafthullet, der er rundt og udadbøiet, samt Partiet nedenfor dette er tilbage. Denne Del er næsten rund og helt ulig de almindelig forekommende Former (1037).

No. 1030—37 er fundne paa Stangnes i Tranø Præstegj. i den østligste Gravhaug paa Nøsthaugen — omtalt i Aarsb. fra Foreningen til norske Fortidsmindesmerkers Bevaring" f. 1887, S. 14. Haugen var rund og havde muret Kammer med Dækheller, ovenpaa disse Sand, der igjen var dækket af Heller. I Kammeret Ben af ubrændt Lig, ved hvis Hoved Urnen stod. Fundet tilhører ældre Jernalder.

5. 14 Perler af blaat og grønt Glas, den største tøndeformet, 2.3 cm. lang, 1.2 cm. i Tvermaal. Rundt Perlen, 1 decim. fra hinanden gaar to parallele, hvide Linjer, Mellemrummet fyldes af to hvide Bølgelinjer om sort og rødt Feldt. Den næststørste har blaa Baand med hvide Slyngninger, en er spiralformet (1038).

6. Underpladen af en dobbelt Skaalspænde af Bronce, Halvdelen borttæret, samt Brudstykker af en Broncegjenstand og af Jern (1039). Funden sammen med forr. Nr. og Ben af ubrændt Lig paa Helø i Bjarkø. Tilhører yngre Jernalder.

7. Hvæssesten af hvidgraa Kvarts, 10 cm. lang, 3.5 cm. bred, med Fure paa den ene Side samt i Enderne (1040). F. sammen med forr. Nr.

8. Underpladen af en Skaalspænde af Bronce, 8.5 cm. lang, 6.5 cm. bred samt Overpladen af en do., hvoraf imidlertid Halvdelen er borte, begge af Bronce (1041).

9. 13 Glasperler, hvoraf de to Mosaik — af disse sidste kun den ene hel — 1.5 cm. lang, 13 cm. i diam. Perlerne er af blaa, rød og hvid Farve, 1 er stangformet (1042).

10. Broncesmykke, 2 cm. langt, ligt Foden af en Svømmefugl og fæstet til en knyttet Broncetraad, samt Rester af Tøi, gjennemtrukket af Rust (1043).

11. Rester af et Par Knivblade samt en hel Del rustne Jernstumper (1044). F. sammen med de tre forrige Numere og med Ben af ubrændt Lig i Gravhaug paa Helø i Bjarkø. Yngre Jernalder.

12. Jernstumper, deriblandt Spidser af dobbelteggede Knivblade (1045).

13. Haandsneldhjul af Klebersten, 4 cm. i Tvermaal og med ophøiede Sideflader. F. sammen med forr. Nr. og ubrændt Lig i samme Gravhaug som No. 1041—44, men i en anden Grav (1046). Haugen indeholdt to Begravelser. Tilhører yngre Jernalder.

14. a. Urtepotteformet Lerurne, 13.5 cm. høi, 14.5 cm. i Tvermaal, lig Typen NO 370, men Kanten svagere udadbøiet og afvigende Ornamentering, som nedenfor Halsen bestaar af fire rundt Urnen løbende parallele Linjer, og nedenfor dette Linjebaand fire nedadgaaende Skraalinjer, der omtrent paa Urnens Midte skjæres af fire opadgaaende Skraalinjer, hvorved rhombeformede Figurer fremkommer, der fyldes af smaa indtrykte Fordybninger af langagtig Form. Urnens ene Side er ved en Spræk skilt fra Bunden, hvis halve Del er fyldt med Karforingskit, der ogsaa har tjent til at fæste et fra Siden løsnet Stykke til Bunden. Urnen var fyldt med Sand og lidt Trækul (1047).

b. 4 Broncebeslag til et Belte, det ene af Form som Rembeslaget hos Monselius 427, men uden Ornamenter, har ved 5 Broncestifter været fæstet til Læderet og er 5 cm. langt. Det andet og tredie ligt Fig. 8 c. S. 279 i „Antiqvarisk Tidsskrift för Sverige“ 1869, men har ingen Arm ved Buen, medens Pladen ved dennes anden Ende har indgravede Linjer langs Yderkanten; saavel Buens Ende som Pladen har ved Broncenagler været fæstede til Læderet. Det fjerde Beslag nærmest lig 429 b. hos Mont., men med de to Arme nedadbøiede og disse forlængede til begge Sider og med Broncenagler i Yderkanterne (1048).

c. Stykke af en Beltespænde af Bronce samt en liden Ring af sammeslags Metal (1049).

d. Beltesten, der har været omgivet af et Jernbaand, hvoraf kun en liden Rest er tilbage, lig NO 155, 12.5 cm. lang, 3.5 cm. bred paa Midten og af hvidgraa Kvarts. En Fjerdedel af Stenens ene Sideflade er ved et Slags Kit fæstet til den øvrige Del (1050).

e. Benkam med vinkelbøiet Ryg, lig Fig. 13 i Aarsb. fra „Foreningen til norske Fortidsmindesmerkers Bevaring“ f. 1886; den bestaar af 5 Stykker, der ved Jernstifter er fæstede til to Tverskinner af Ben, som er prydede med Linjeornament og Cirkler. Midt paa Kammens Ryg er fæstet en Broncering i Bøile. Tinderne har været beskyttede ved et Futeral af Ben med samme Slags Ornament som Kammen, hvis Længde er 11 cm. (1051).

f. Pincet af Bronce med Ring af samme Metal, 6.5 cm. lang, ornamenteret med Tverlinjer ved Bøilen og paa Midten (1052).

g. Øreske(?) af Bronce med rundt Blad: har ikke som de almindelig forekommende Ring eller Hul i den øverste Ende, men tre smaa Broncestifter, hvormed den formentlig har været fæstet til en Rem, Længde 5.5 cm. (1053).

h. Lidet Broncebeslag, ved Jernnagler fæstet til en Trægjenstand, hvoraf endnu Rester er tilbage (1054).

i. 2 Pile af Jern samt Halvdelen af en tredje, 12.5 cm. lange, samtlige med Fal til Træskaft lig No. 213 (1055).

j. Enegget Knivblad samt Brudstykke af et Jernredskab (1056). F. sammen med 1047—55 i Gravhaug med muret Kammer, hvori Skelettet af ubrændt Lig. Urnen stod ved Fødderne, Beltebeslaget, Beltestenen, Pincetten, Øreskeen og Kammen ved Beltestedet, en Pil ved Skulderen, den anden samt Knivbladet ved Hovedet. Fundet tilhører ældre Jernalder og fremkom ved Udgravninger paa Helø i Bjarkø Sogn af Oldsamlingens Bestyrer. Fundene 1038—46 er ligeledes fremkomne ved Udgravninger paa den samme Undersøgelsesreise.

15. Kleberstens Haandsneldhjul, f. i en Ager paa Gaarden Helø, 37 cm. i Tvermaal og ligt NO 436. Gave fra Madame Trine Ernstsen Helø (1057).

16. Stenøks af en graahvid, haard, med sort isprengt Stenart, fint sleben og med Skafthul paa Midten. Ligner Typen No. 31, men er meget større — 15.5 cm. lang, 6.5 i Tvermaal gjennem Skafthullet; Eggen, der er meget sløv, er ikke buet som hos Grundtypen, men tver; Siderne om Skafthullet heller ikke flade, men egdannede; Krumningen sterkere; Eggens modsatte Spids er heller ikke opadbøiet, men slebet saaledes, at Øksen ender i en but Spids. F. i en Ager paa Flatø i Bjarkø og tilhører skandinavisk Stenalder (1058).

17. Pil med Blad og Fal, 10.5 cm. lang, lig NO 335, men med spidsere Od og Glødeskal, 1 Syl samt nogle rustne Jernstumper, fundne i Gravhaug sammen med Ben

af brændt Lig paa Skatvik i Tranø Præstegj. (1059). Yngre Jernalder.

18. Beslag af forsølvet Jern, f. sammen med Ben af ubrændt Lig paa Skatvik i Tranø (1060).

19. Stykke af en Jernhank, f. i Gravhaug sammen med Menneskeben paa Øisten i Hillesø Sogn (1061).

20. Kastespyd, 17,5 cm. langt, lig NO 525, men med kun én Modhage. F. sammen med Menneskeben i en Gravhaug paa ovennævnte Gaard og tilhører yngre Jernalder (1062).

Om Fundomstændigheder for Numrene 1038—62 se „Undersøgelser i Tromsø Amt“ i Aarsb. fra „Foreningen t. n. Fortidsmindesm. Bevaring“ f. 1894, hvor en mere detaljeret Beskrivelse er optaget.

21. 3 Stykker af et Sverdblad med Indrehjalt, fundne sammen med en Hein paa Gustad i Malnæs Sogn, Bø Præstegj. (1063).

22. a. Øks af Jern, lig NO 560, 15 cm. bred over Eggen, 21 cm. lang (1065).

b. Ringnaal af Bronce, Naalen bøiet om Ringen og 13 cm. lang, Ringen 2 cm. i Tvermaal, lig NO 682, men Naalen smalere og Ringen glat (1066).

c. Brudstykke af en Skjoldbule (1067).

d. Pil af Jern, 10 cm. lang, lig NO 551, sammenrustet med Brudstykke af et Jernredskab. 3 Pile uden Fal eller Tange med bredt Blad (1068).

e. Lidet Knivblad af Jern, 9.5 cm. langt (1069).

f. Sverdblad med Indre- og Ydrehjalt, brækket i fem Stykker, sandsynligvis før Nedlægningen, Mellemkavlen ligeledes brækket, 80 cm. langt. Indrehjaltet 12 cm., Ydrehjaltet 7 cm. langt. Et Stykke Læder hidrører formentlig fra Sverdets Balg (1070).

1065—70 er fundne sammen med Skelettet af et Menneske i Grav med muret Kammer paa Lille Tamsø i Kistrand i Finmarken og tilhører yngre Jernalder.

23. Kastespydspids med Fal, lig NO 530, Fal og Blad, hver 12 cm. langt, Bladets største Bredde 3 cm. F. i en Sandbakke paa Fjære i Kjærringø Præstegj. og indsendt som Gave fra Oscar Sakariasen, Fjære. Tilhører yngre Jernalder (1071).

Samlingen, der for Tiden tæller 1071 Numere, er i Aarets Løb forøget med 41 Numere.

* * *

Gjennem en Sømand Stenersen af Tromsø, der overvintrede paa Østgrønland Vinteren 1893—94, erhvervede Museet, dels ved Kjøb, dels som Gave, forskjellige Gjenstande fra den nordligste Eskimokoloni i denne Egn (Angmagsalik), saasom en Harpun med Sælskindsblære, et Fyrtøi („Ilddril"), et Kastetræ m. m.

B. Den naturhistoriske Afdeling.

a. De zoologiske Samlinger.

Af Pattedyr er ved Kjøb erhvervet et vakkert Skind af Jerv, endel Hoveder med Horn af Vildren fra Spitsbergen, 2 Kranier af Isbjørn samt en meget stor Hanhvalros i fuld monteret Stand. Da man før besad en Hun og 2 Unger samt en god Samling Kranier af Hvalros, er dette Dyr nu tilfredsstillende repræsenteret i vor Samling.

Af Fugle har Tilvæksten været ganske ubetydelig, da Samlingen af arktiske Fugle nu er temmelig komplet, og de fleste Arter haves i et tilstrækkeligt Antal Eksemplarer. Den interessanteste Tilvækst inden denne Afdeling er en ren Albino af Langvi *(Uria troile)* skudt paa Andenæs 10de December og skjænket af John Olsen sammesteds. Til Ægsamlingen er ved Kjøb erhvervet et Kuld røde Æg af den almindelige Blaamaase *(Larus argentatus)* fra Musvær.

Af Fiske har intet specielt været anskaffet, da man først efter Omflytningen til det nye Lokale vil paabegynde Fornyelsen af den arktiske Fiskesamling. Som Gave er indsendt flere Eksplr. af Sølvkveite *(Trachypterus)*, Laksestørje *(Lampris)*, Marulke *(Lophius)* og Lyster *(Lamna cornubica)*, hvilke imidlertid ikke er bleven benyttede, derimod er en stor, ved Alteidet fanget Sværdfisk, *(Xiphias)* bleven præpareret for senere Udstopning.

Hvad Samlingen af Evertebrater angaar, da har der af disse ikke været foretaget de sædvanlige Samlinger, da Konservator Schneider dels ved et længere Sygdomsforfald, dels ved sit Hverv som Sekretær ved Udstillingen var forhindret fra at foretage Exkursjoner; derimod er der saavel ved Gaver som ved Bytteforbindelser tilflydt denne Afdeling meget værdifuldt Materiale. Mollusker og Amphipoder fra Middelhavet har man modtaget af Professor Della Valle i Modena; større Samlinger af Lepidoptera, fornemmelig alpine Arter, er indsendte i Bytte tra O. Habich i Wien, Dr. Staudinger i Dresden og Dr. Hinneberg i Potsdam, Coleoptera fra de østerrigske Alper er erhvervet gjennem J. Birnbacher i Wien. Kand. H. Kiær i Kristiania, der har Museets Materiale af arktiske Bladhvepse til Bearbeidelse for Aarsheftet, har sendt et Antal Tenthredinider fra det sydlige Norge, ligesom Distriktslæge A. Wessel i Sydvaranger har skjænket Museet endel Sommerfugle fra sit Distrikt. Ishavsskipper Nils Johnsen har ogsaa iaar med sædvanlig Liberalitet som

Gave overladt Museet en vel konserveret og særdeles interessant Samling af lavere Sødyr fra Hvidehavet og Spitsbergens Nordvestkyst, for en større Del bestaaende af Arter, som hidtil fattedes i Samlingen.

Vor i Berlin bosiddende Landsmand, den bekjendte Reisende Kaptein Adrian Jacobsen har som Gave indsendt til Museet en meget stor Samling omfattende flere Hundrede No., dels lavere Sødyr, fornemmelig pragtfulde Konkylier, som Giveren har medbragt fra Alaska og det indiske Hav. Denne værdifulde Gave var saa meget mere kjærkommen for Museet, som man i det nye Lokale har fundet Rum ogsaa for et exotisk Kabinet, hvor de Besøgende fra vore egne Distrikter kan faa lære at kjende ogsaa lidt af fremmede Landes Frembringelser, og blandt disse vil da Sagerne fra Kaptein Jacobsen indtage en fremragende Plads.

b. Den botaniske Afdeling.

Denne Afdeling er forøget med en meget værdifuld Samling Havsalger fra Grønland, skjænket af det botaniske Museum i Kjøbenhavn. Den øvrige Tilvæxt bestaar af Planter, samlede af Konservator i Omegnen af Tromsø.

c. Den mineralogiske og geologiske Afdeling.

Denne Afdeling har modtaget et Antal Bergartprøver fra Østgrønland, skjænkede af Sømand Stenerseu af Tromsø, ligesom der efter Udstillingen er bleven overladt Museet Prøver af Marmor, Ertser, Brynestene og Skiferheller fra forskjellige Lokaliteter inden Stiftet.

Fortegnelse

over Museets literære Bytteforbindelser og de til Museets Bibliothek i 1894 indkomne Skrifter,

Rien n'a été reçu en 1894 des sociétés désignées par*

Augsburg.

Naturhistorischer Verein.

Bericht 31.

Bergen.

Bergens Museum.

Aarsberetning for 1892.

Aarbog for 1892.

Naturen, 18. Aarg. 1894.

Berlin,

Central-Bureau der internat. Erdmessung.

Verhandlungen 1894.

Botanischer Verein der Provinz Brandenburg.

Verhandlungen. Jahrg. 17–22, 24–35.

Register über die Verhandlungen. Bd. 1—30.

Friedländer & Sohn.

Naturæ Novitates. 1894, n. 1—8.

Bericht über die Verlagsthätigkeit. XXVII, XXIX.

Bonn.

Naturhist. Verein d. preuss. Rheinländer etc.

Verhandlungen. 50. Jahrg. 1893, 2; 51. Jahrg. 1894, 1.

Boston, Mass.

The American Academy of Arts and Sciences.

Proceedings. New Ser. Vol. XXVIII.

Boston Society of Natural History.

Proceedings. Vol. XXVI, n. 1.

Braunschweig.

**Herzog. naturhistorisches Museum.*

Bremen.

Naturwissenschaftlicher Verein.

Abhandlungen Bd. I—V, XIII, H. 1.

**Geographische Gesellschaft.*

Breslau.

Schlesische Gesellschaft f. vaterl. Cultur.

71 Jahresbericht, Jahrg. 1894.

Bridgefort, Con.

**Scientific Society.*

Brisbane.

**Queensland Museum.*

Bruxelles.

**Société Royale malacologique de Belgique.*

Seciété entomologique de Belgique.

Annales, 37.

Société belge de Microscopie.

Bulletin. T. XX.

Annales. T. XVII, n. 2.

Société géologique de Belgique.

Annales. T. XX.

Budapest.

**K. M. Természettudományi Társulat.*

Hungarian National Museum.

Természetrajzi Füzetek. Vol. XVI, n. 3, 4: XVII, n. 1, 2.

Ungarische Centralbureau für ornithologische Beobachtungen.

Aquila 1894, n. 1, 2.

Buenos Aires.

**Sr. D. Florentino Ameghino.*

**Museo de Productos Argentinos.*

Cambridge, Mass.

Museum of Comparative Zoology, at Harrard College.

Bulletin. Vol. XV, n. 2—10.

Annual Report. 1892—93.

Cassel.

Verein für Naturkunde.

Bericht XXXIX.

Chemnitz.

Naturwissenschaftliche Gesellschaft.

Bericht 12.

Cherbourg.

**Société nationale des Sciences naturelles et mathématiques.*

Chur.

Naturforschende Gesellschaft Graubündens.

Jahresbericht. Neue Folge. XXXVII.

Córdoba (Rep. Argentina).

Academia nacional de ciencias.

Boletin. T. XII, XIII.

Danzig.

Naturforschende Gesellschaft.

Schriften. N. F„ Bd. VIII, H. 3, 4.

Davenport, Jowa.

Academy of Natural Sciences.

Proceedings, Vol V, n. 2.

Dorpat.

Naturforschende Gesellschaft.

Sitzungsberichte, Bd. X, H. 2.

Dresden.

Naturwiss. Gesellschaft Isis.

Sitzungsberichte u. Abh. 1893.

Edinburgh.

Royal Society.

Proceedings, Vol. XIX.

Geological Society.

Transactions, Vol. VII, p. 1.

Elberfeld.

**Naturwissenschaftlicher Verein.*

Emden.

Naturforschende Gesellschaft.

Jahresbericht, 1892—93.

Frankfurt a. M.

Senckenbergische naturforschende Gesellschaft.

Bericht. 1894.

Frankfurt a. O.

Naturwissenschaftlicher Verein.

Helios, 11 Jahrg., n. 6—12; 12 Jahrg., n. 1—6.

Societatum litteræ, 7 Jahrg. n. 8—12; 8 Jahrg. n. 1—5, 7—9.

Freiburg i. B.

Naturforschende Gesellschaft.

Berichte VIII.

Giessen.

**Oberhessische Gesellschaft f. Natur u Heilkunde.*

Graz.

Naturwiss. Verein fur Steiermark.

Mittheilungen 1891—93.

Greifswald.

Naturwiss. Verein f. Neu-Vorpommern und Rügen.

Mittheilungen.: 25.

Groningen.

**Naturkundig Genootschap.*

Güstrow.

Verein der Freunde der Naturgeschichte in Mecklenburg.

Archiv. Jahrg. 47.

Görlitz.

**Naturforschende Gesellschaft.*

Göteborg.

K. Vetenskaps och Vitterhets Samhället.

Handlingar. H. 26—29.

Halifax, N. S.

Nova Scotian Institute of Natural Science.

Proceedings and Transactions, Ser. 2, Vol. I, n. 2, 3.

Halle a. S.

K. Leopoldinisch-Carolinische Akademie d. Naturforscher.

Leopoldina, 1893, H. 29.

Naturwissenschaftlicher Verein für Sachsen und Thüringen.

Zeitschrift. Bd. 66, 67, n. 1, 2.

Hamburg.

Naturwissenschaftlicher Verein.

Verhandlungen. 3 Folge, I, 1893.

**Naturhistorisches Museum.*

Helsingfors.

**Universitetet.*

Vetenskaps-Societeten.

Öfersigt, Vol. XXXIV, XXXV.

Observations meteorologiques 1881—88, 1892.

Bidrag till kännedomen om Finlands natur och folk, H. 48. 51—53.

**Societas pro Fauna et Flora Fennica.*

**Geologiska Kommissionen.*

Sällskapet för Finlands Geografi.

Fennia 9, 11.

Geografiska Föreningen.

Vetenskapliga meddelanden I, 1892—93.

Houghton, Mich.

Michigan Mining School.

Report 1890—92.

Catalogue 1892—94.

Iglo.

Ungarischer Karpathen-Verein.

Jahrbuch. XXI.

Kiel.

**Naturwissenschaftlicher Verein für Schleswig-Holstein.*

**Kommission zur wissenschaftlichen Untersuchung der deutschen Meere.*

Kiew.

**Société des Naturalistes.*

Kjøbenhavn.

Kgl. Danske Videnskabernes Selskab.

Oversigt 1893, n. 2, 3; 1894, n. 1.

**Ministerium for Kirke- og Undervisningsvæsenet.*

Naturhistorisk Forening.

Videnskabelige Meddelelser. 1893.

Botanisk Forening.

Botanisk Tidsskrift. Bd. 19, n. 1, 2.

Medlemsliste.

Königsberg.

Physikalisch-ökonomische Gesellschaft.

Schriften. Jahrg. 34.

Krakow.

Académie des Sciences.

Bulletin international 1893, nov.—déc.; 1894, janv.—oct.

Kristiania.

Universitetsbiblioteket.

Aarbog 1892.

Aarsberetning for 1893.

G. Storm. Otte brudst. af den ældste saga om Olaf den Hellige.

E. A. Thomle, Dombog for 1580.

Videnskabsselskabet.

Forhandlinger 1893.

Kgl. Selskab for Norges Vel.

Tidskrift for det Norske Landbrug 1894, n. 2—7.

Nordhavsexpeditionen.

Ophiuridea.

Kommissionen for den europæiske Gradmaaling.

Vandstandsobservationer, H. V.

Statssekretariatet.

Norsk Lovtidende 1894.

Lausanne.

Société vaudoise d. Sciences naturelles.

Bulletin, Vol. XXIX, n. 113, 114.

Leiden.

Nederlandsche dierkundige Vereeniging.

Tijdskrift, Ser. 2, Deel IV, Afl. 2, 3.

Leipzig.

K. Sächsische Gesellsch. d. Wissenschaften.

Berichte mathem.-phys. Classe 1893, VII—IX, 1894, I.

Lille.

Revue Biologique du Nord de la France.

Année 6, n. 11, 12; 7, n. 1, 2.

Lisboa.

**Academia Real das Sciencias.*

London.

Royal Society.

Proceedings. Vol 54, n. 328—330; 55; 56, n. 336—339.

Linnean Society.

Zoological Journal. Vol. XXIV, no. 157, 158.

**Zoological Society.*

British Museum.

Crombie, British Lichens I.

Lund.

Universitetet.

Acta. Bd. 29.

Lübeck.

**Naturhistorisches Museum.*

Madison, Wis.

**Academy of Sciences, Arts and Letters.*

Madras.

Government Museum.

Bulletin 1, 2.

Manchester.

**Manchester Museum, Owens College.*

Marburg.

Gesellschaft zur Beförderung der gesammten Naturwissenschaften.

Sitzungsberichte 1893.

Meriden, Conn.

Meriden Scientific Association.

Transactions, Vol. V.

Milwaukee, Wis.

Public Museum.

Annual Report. 1893.

Montreal.

Royal Society of Canada.

Proceedings and Transactions, Vol. X, XI.

**Natural History Society of Montreal.*

Moscou.

Société Imperiale des Naturalistes.

Bulletin 1893, n. 4; 1894, n. 1, 2.

Napoli.

**Società Africana d' Italia.*

Neuchâtel.

**Société des Sciences Naturelles.*

New Haven, Conn.

**Connecticut Academy of Arts and Sciences.*

New-York.

New York Academy of Sciences.

Annals. Vol. VII, n. 6—12; VIII, n. 1—4.

Nürnberg.

Naturhistorisches Gesellschaftt

Abhandlungen, Bd. X., H. 2.

Osnabrück.

**Naturwissenschaftlicher Verein.*

Ottawa.

**Geolog. a. Natur. Hist. Society of Canada.*

Paris.

Société zoologique de France.

Bulletin. T. 17, n. 8; 18, n. 1—6.

Le Naturaliste.

1893, n. 163; 1894, n. 164—181.

Feuilles des jeunes Nataralistes.

1894, n. 279—290.

Philadelphia. Pa.

Academy of Natural Sciences.

Proceedings, 1893, n. 2, 3: 1894, n. 1.

Pisa.

Società Toscana de Scienze Naturali.

Atti Processi verbali. Vol. VIII, lugl. 1893; IX, gen.—mag.

Porto.

Annaes de Sciencias naturaes.

Anno I, n. 1, 2.

Prag.

K. Böhmische Gesellschaft d. Wissenschaften.

Sitzungsberichte, 1893.

Jahresbericht, 1893.

Riga.

**Naturforscher Verein.*

Rochester, N. Y.

Rochester Academy of Sciences.

Proceedings, Vol. II, n. 2.

Salem, Mass.

Essex Institute.

Bulletin. Vol. 25, n. 7, 12: 26, n. 1—3.

San Francisco.

California Academy of Sciences.

Occasional Papers, IV.
Proceedings, Voll. III, n. 2.

St. Gallen.

Naturwissenschaftliche Geselsschaft.
Bericht, 1891—92.

St. Louis, Miss.

Academy of Science.
Transactions, Vol. VI, n. 2—17.

Sidney.

Royal Society of New South Wales.
Journal and Prooceedings. Vol. XXVII, 1893.

Stavanger.

**Stavanger Museum.*

Stockholm.

Kgl. Svenska Vetenskaps Akademien.
Handlingar, Bd. 25.
Bihang. Bd. 19.
Öfversigt. 1893, n. 8—10; 1894, n. 1—7.
Meteorologiska Iakttagelser. Bd. 31, 39.
Lefnadsteckningar, Bd. 3, n. 2.

Sveriges Geologiska Undersökning.
Afhandlingar och uppsatser, Ser. C., n. 112, 116—124, 126—134
Systematisk forteckning 1862—93.

Geologiska Föreningen.
Förhandlinger. Bd. 15, 1893, n. 154; 16, 1894, n. 155—159.

Entomologiska Föreningen
Entomologisk Tidsskrift. Årg. 14.

**Kgl. Vitterhets Historie o. Antiquitets Akademien.*

Stuttgart.

Verein für vaterländische Naturkunde in Württemberg.
Jahreshefte, Jahrg. 50.

Tokio.

The Imperial University (Teikoku Daigaku).
Calendar 1892—93.

Toronto.

Canadian Institute.
Proceedings. Vol. IV, n. 1.
Annual Report. 1893—94.

Trondhjem.

Kgl. norske Videnskabers Selskab.

Skrifter 1892.

Fiskerimuseet.

Årsberetning for 1893.

Tufts Colege, Mass.

Tufts College Studies.

N. I—III.

Upsala.

Universitetet.

6 akademiske afhandlinger.

Vetenskaps Societeten.

Nova Acta, Vol. XVI.

Washington, D. C.

Smithsonian Institution.

Report 1891—92.

U. S. National Museum.

Bulletin. No. 43—46.

Proceedings, Vol XV, XVI.

Report, 1891.

5 scientifical papers.

**U. S. Departement of Agriculture.*

U. S. Geological Survey.

Annual Report 1889—90, o. 1, 2.

Wien.

K. K. Naturhistorisches Hof-Museum.

Annalen Bd. VIII, n. 3, 4.

Naturwissenschaftlicher Verein.

Mittheilungen 1893—94.

Zoologisch-botanische Gesellschaft.

Verhandlungen Bd. 43, n. 3. 4; Bd. 44, n. 1, 2.

K. K. geographische Gesellschaft.

Mittheilungen, Bd. XXXVI.

Ornithologischer Verein.

„Die Schwalbe". Jahrg. XVIII, n. 1—8, 10, 11.

Wiesbaden.

Nassauischer Verein für Naturkunde.

Jahrbuch. 47.

Zürich.

Naturforschende Gesellschaft.

Vierteljahrschrift. Jahrg. 28, n. 3, 4; 39, n. 1, 2.

Amtmanden i Finmarkens Amt.

Finmarkens Amtsformandskabs Forhandlinger 1893.

M. Foslie, Konservator, Trondhjem.

New or critical Norwegian Algæ.

I. M. Norman, Forstmester, Larvik.

Floræ arcticæ Norvegiæ species et formæ nonnullæ novæ.

Extrakt

af Tromsø Museums Regnskab for 1894.

Indtægt.

1.	Beholdning ifølge forrige Aars Regnskab:			
	a. Restancer	Kr.	539.00	
	b. Indestaaende i Sparebanken . .	„	76.74	
	c. do. hos Kassereren . .	„	2,530.74	Kr. 3,146.48
2.	Bidrag for 1894:			
	Tromsø Amtskommune	Kr.	300.00	
	Nordlands do.	„	100.00	
	Finmarkens do.	„	120.00	
	Tromsø Samlag for Brændevinshandel	„	1,400.00	
	Medlemskontingent	„	229.00	
	Entrepenge af Reisende	„	114.29	„ 2,263.29 [1])
3.	Statstilskud for Budgetaaret 1894—95			„ 5,040.00 [2])
4.	Kirkesanger Nikolaisen (Afdrag)			„ 36.00
5.	Indvundne Renter i Sparebanken			„ 49.81
				Kr. 10,535.58

---

[1]) Af Kong Oscar den 2dens Legats Rentefond er derhos erholdt et Bidrag for 1894 af Kr. 160.00, hvilket Beløb blev hævet i 1895 og saaledes indtaget i Regnskabet for dette Aar.

[2]) Den resterende Del af det for Terminen 1894—95 bevilgede Statstilskud, der udgjorde Kr. 5600.00, blev hævet i 1895 med Kr. 560.00, der er indtaget i Regnskabet for sidstnævnte Aar.

Udgift:

1.	Den historisk-antikvariske Samling .	Kr.	93.90
2.	De naturhistoriske Samlinger . . .	„	611.99
3.	Reiseudgifter	„	112.00
4.	Bibliotheket	„	151.22
5.	Lønninger:		
	Konservatorer . . . Kr. 4000.00		
	Oldsamlingens Bestyrer „ 60.00		
	Præparant . . . . . „ 200.00		
	Tilsynsmænd . . . . „ 85.80	„	4,345.80
6.	Aarsberetning og Aarshefte . . .	„	528,89
7.	Husleie	„	1,300.00
8.	Assurancepræmie for Samlingerne .	„	150.00
9.	Eiendomsskat og Brandkontingent for Bygningen	„	45.80
10.	Brænde	„	25.67
11.	Forskjellige Udgifter incl. Porto og Vask	„	232.31
		Kr.	7,602.58
12.	Beholdning 31/12 94:		
	Restancer . . . . . . Kr. 160.00		
	Indest. i Sparebanken . „ 1,026.55		
	do. hos Kassereren „ 1,146.45	„	2,933.00
		Kr.	10,535.58

Tromsø den 30te November 1895.

J. Killengreen. ***Boye Strøm.*** ***J. Qvigstad.***

A. Moursund. ***K. Gleditsch.***

Tromsø Museums

Aarsberetning

for

1895.

Tromsø.
G. Kjeldseths Bogtrykkeri.
1897.

Tromsø Museums

Aarsberetning

for

1895.

Tromsø.
G. Kjeldseths Bogtrykkeri.
1897.

Som omtalt i Aarsberetningen for 1894 var saavel Konservatorerne som Oldsamlingens Bestyrer gjennem den sidste Del af Aaret fuldt beskjæftigede med Indflytning og Ordning af Samlingerne i det nye Lokale.

Dette Arbeide blev nu fortsat i 1895. Indflytningen i Lokalet tilendebragtes i Februar Maaned, og med Ordningen naaede man saa langt, at alle Samlinger med Undtagelse af Skeletsamlingen kunde aabnes for Almenheden ved Udgangen af Marts.

Aaret har saaledes været et Mærkeaar i Museets Historie, idet Museet kunde aabne sine Samlinger i et eget rummeligt, vel indrettet og heldigt beliggende Lokale.

Museets Lokaler aabnedes for Almenheden med en enkel Høitidelighed. Søndag den 31te Marts samledes Bestyrelsen med Museets indenbys Medlemmer, Kommunens Ordfører og Pressens Repræsentanter i Bibliotheksalen, hvor Bestyrelsens Formand, Skoledirektør Killengreen, gav en Oversigt over Museets Tilblivelse og Historie i følgende Tale:

„Naar vi idag er kommen saa langt, at Museets Samlinger kan aabnes i dets egen Bygning, er man naaet frem til en Mærkedag i Museets Udvikling. Dagen er en Mærkedag i Forhold til den Tid, som er hengaaet siden Museets Oprettelse; thi paa den er naaet et Maal, for hvis Opnaaelse saameget Arbeide er blevet nedlagt gjennem en lang forudgaaende Aarrække, og mod hvilket saamangt et

Ønske og saamangen Forhaabning har været rettet. Men Dagen er ogsaa en Mærkedag i Forhold til Fremtiden; thi til Indflytningen i den nye Bygning knytte vi Haabet om, at de heldige Forhold, hvorunder nu Samlingerne kan fremstilles for Almenheden, og hvorunder Museets Arbeidere kan gjøre sin Gjerning, vil bidrage til at styrke Museets Virksomhed og opretholde inden Almenheden Interessen for den.

Bestyrelsen har da troet, at denne Mærkedag ikke burde gaa hen, uden at de Bidragsydere, der danne Museets Generalforsamling, Ordføreren i vor Kommune, som har skjænket den Tomt, hvorpaa Bygningen staar, samt Pressens Repræsentanter mødtes i det nye Lokale, for at lade Mindet om Museets Udvikling fra den ringe Begyndelse til det nuværende Trin drage i korte Træk forbi vor Erindring, til taknemlig Ihukommelse af den Interesse og Velvilje, stor og rig, der i Aarenes Løb er vist vort Museum fra mange Hold og i forskjellige Retninger.

Tanken om at oprette et Museum for Tromsø Stift vaktes under Forberedelserne til den Udstilling, som blev afholdt paa Tromsø i 1870. Uagtet denne Tanke fandt Gjenklang inden vore Egne, medførte dog forskjellige Omstændigheder, at der hengik nogen Tid, førend den blev virkeliggjort. Imidlertid arbeidede Komiteen for nævnte Udstilling for Sagen i flere Retninger, saaledes ved at indsamle Bidrag til et vordende Museum. Og den 16de Oktober 1872 samledes de Bidragsydende til et Møde paa Tromsø Raadhus, hvor Oprettelse af Tromsø Museum besluttedes, og en Bestyrelse af 7 Medlemmer valgtes.

Den 16de Oktober 1872 er saaledes at betragte som Museets Stiftelsesdag. En Hovedsag for den nyvalgte Bestyrelse var først og fremst at udarbeide Udkast til Love for Museet. Udkastet blev fremlagt og vedtaget i en Generalforsamling den 25de Februar 1874, og dermed var en fast Ordning givet for Museets Arbeide og Virksomhed.

Lovene aabnes med en Bestemmelse, der angiver Museets Hovedøiemed. Dette er at tilveiebringe og stadigen forøge en Samling af etnographiske Gjenstande, Oldsager og Naturalier, fornemmelig forsaavidt de skrive sig fra de arktiske Egne. Derhos tilveiebringes et Tilbehør af de til dette Hovedøiemed passende videnskabelige Apparater.

Det er et arktisk Museum, som saaledes blev oprettet paa Tromsø, hvis Maal skulde være at tilveiebringe Samlinger, som kunde tjene til at udvide vort Kjendskab til det Levesæt og Udviklingstrin, som Beboerne af de arktiske Egne have indtaget i Fortid og indtager i Nutid, samt bidrage til at belyse den Natur, hvorunder vi leve og virke.

Dette Hovedøiemed, at Museet skulde virke som et arktisk Museum, har ogsaa været den ledende Tanke ved Udviklingen af vort Museums Samlinger. Og fra dette Synspunkt maa ogsaa Gjerningen bedømmes. Vi har ikke næret nogen Tanke om at kunne istandbringe Samlinger, der i Omfang og Righoldighed skulde kunne sammenstilles med de større Byers Samlinger inden vort Fædreland, og end mindre med Udlandets; men vi har haabet at kunne istandbringe Samlinger, der skulde kunne udvide Kjendskabet til disse Egne og dermed vække Kjærlighed og Interesse for de arktiske Egne, der ere saa sparsomt udstyrede i mange Henseender, og hvor Livsvilkaarene falde tunge og besværlige, men hvor dog en stor Del af vort Lands Befolkning har sit Hjem og søger sin Ernæring. Og naar Aar efter Aar Tusinder og atter Tusinder har besøgt disse Samlinger jevnt og stadigt, nære vi Haabet om, at mangen en Spire til forøget Interesse for og Kjærlighed til disse Egne kan være nedlagt.

En særegen Betydning har Museet ogsaa havt derved, at det har mindet Befolkningen om, at mangen Gjenstand fra Fortiden, som ellers vilde have været hjemfalden Forglemmelse og Tilintetgjørelse, vilde finde sin gode Plads i Museets Samlinger, og hermed tjene til at fremkalde hos Befolkningen Sands for at bevare disse Gjenstande.

Ved Siden af denne Virksomhed af mere praktisk Natur har det derhos staaet fra Begyndelsen som et Øiemed, der ikke maatte forglemmes, at Museet havde en videnskabelig Opgave at løse. Ogsaa denne bør begrændses til de arktiske Egne og med denne Begrændsning har Museet evnet at yde og vil visselig evne ogsaa i Fremtiden at yde mangt betydningsfuldt Bidrag. Denne Gren af sin Virksomhed har Museet løst ved fra Aaret 1878 at udgive et Aarshefte af videnskabeligt Indhold, og ved at lade anstille arkæologiske Undersøgelser, hvis Resultater ere indtagne i de af Selskabet for „Norske Fortidsmindesmerkers Bevaring“ udgivne Beretninger.

Grundlaget for Museets Samlinger dannedes dels ved forskjellige Erhvervelser af Gjenstande fra Udstillingen, saaledes for en ikke ringe Del den lappiske Afdeling, dels ved Gaver, som allerede i de første Aar indløb rigelig fra Stiftets forskjellige Egne, dels ved Indkjøb.

Som før nævnt, kunde man allerede i 1872 indkalde en Samling af Bidragsydende. De Midler, som saaledes indkom, anvendtes væsentlig til Anskaffelse af de fornødne Udstillingsskabe og Montrer, men ogsaa til Indkjøb for Samlingerne.

Museet raadede saaledes ved sin Oprettelse over Samlinger, der egnede sig til at aabnes for Almenheden, saasnart de var ordnede og opstillede.

Sommeren 1873 var man hermed kommet saa vidt, at der var Adgang til Samlingen for Enhver, der ønskede det og derom henvendte sig til et af Bestyrelsens Medlemmer. Denne Adgang blev benyttet af flere, ikke alene af Byens Indvaanere, men ogsaa af Fremmede.

Særlig fremholder Bestyrelsen i sin Beretning for nævnte Aar, at Hs. Majestæt Kongen under sit Ophold her paa sin Reise i Nordland og Finmarken besøgte Museets Samlinger, et Besøg, der var saa meget mere kjærkomment, som Hs. Majestæt altid har vist Sagen sin deltagende Interesse og paa forskjellige Maader ydet den sin Støtte.

Regelmæssige Aabningsdage kom dog først igang i 1874, og fra den Tid har Samlingerne stedse været holdt aabne for Almenheden en Gang ugentlig i den første Del af Aaret.

Fra Begyndelsen af havde Museet kun en for dets Virksomhed ansat Funktionær, nemlig en Præparant. Iøvrigt udførtes de forefaldende Arbeider ved de forskjellige Dele af Samlingerne af Mænd, der af Interesse for Sagen nedlagde et stort Arbeide for Museets Udvikling.

Men Samlingerne skjød en rask og rig Væxt. Museets Virksomhed udvidedes derhos, idet det kom i Forbindelse med en Række videnskabelige Selskaber og Instituter i fremmede Lande. I Medfør af denne Udvikling blev det et Krav, som gjorde sig gjældende med stigende Styrke, at faa ansat en Konservator, der kunde blive en væsentlig Bærer af Museets Virksomhed.

I 1877 ansattes den første Konservator, som fremdeles indehar denne Stilling.

Det næste Skridt i Udviklingen skede i 1885, da den anden Konservatorpost blev oprettet og besat.

Samtidig fik ogsaa den antikvariske Afdeling en fast lønnet Bestyrer.

Der er saaledes nu i Virksomhed ved Museet 3 lønnede Funktionærer.

Denne Udvikling har selvfølgelig ogsaa afmærket sig i et stadig stigende Budget. Fra et Budget i 1876 paa henved Kr. 5000.00 er man nu kommet frem til et Budget for næste Budgetaar af Kr. 8300.00.

Ved Museets Oprettelse blev Lokale for Samlingerne leiet i den herværende Baptistmenigheds Forsamlingshus. Lokalet betegnes af Bestyrelsen i Beretningen for 1883 som særdeles hensigtsmæssigt, ligesom Leien rimelig.

Under Samlingens Vext fik man Lokalet udvidet dels ved Tillæg af et Par Værelser, som Huseieren oprindelig havde forbeholdt sig til eget Brug, dels og det væsentlig ved Paabygningen af Husets Loftetage, som derefter blev indredet for Museet.

Nu var alt det Rum i Bygningen, som kunde anvendes for Museet, taget i Brug. Men under Udviklingens Gang blev ogsaa det udvidede Lokale for trangt. Værdifulde Gjenstande kunde ikke opstilles af Mangel paa Plads, saa at man ikke havde anden Udvei end at magazinere Gjenstande, der i fortrinlig Grad egnede sig for Udstilling.

Maatte allerede disse Forholde vække Tanken om Nødvendigheden af at faa et eget større Lokale for Museet, saa virkede derhos et andet Hensyn sterkt i samme Retning, nemlig Hensynet til, at de kostbare Samlinger bleve opbevarede i en Træbygning midt inde i en tæt bebygget Træby.

Tanken om at faa til Museets Brug en Stenbygning af saadan Størrelse, at den ikke blot tilfredsstillede det øieblikkelige Behov, men gav Rum for en fremtidig Udvikling, opstod saaledes allerede i 1886, og begyndte Bestyrelsen paa den Tid at virke for Realisationen af denne Tanke ved at samle Bidrag til et Byggefond.

Ved Imødekommen fra mange Hold er denne Tanke nu realiseret. Den nye Bygning, der efter vort Skjøn tilfredsstiller de Fordringer, som kan stilles til den, staar nu færdig.

Det hele Byggearbeide har medført en samlet Udgift af 70,200 Kr., heri indbefattet Udgifter ved Flytningen og ved Tomtens Erhvervelse (Mageskiftet). Hertil kommer Værdien af selve Tomten, der er skjænket af Tromsø Kommune.

Idet vi forlader det leiede Lokale, vil vi ikke glemme at udtale den Erkjendelse, at vi som Leieboere havde en velvillig Huseier, der stedse med Imødekommenhed og Beredvillighed behandlede sin Leieboer.

Denne Stund opfordrer Museets Vedkommende til efter det korte Blik, som vi har kastet paa Museets Udvikling, at udtale med Tak sin Erkjendelse af den Interesse, som fra forskjellige Hold er vist. Stort er Antallet af dem, som gjennem talrige Gaver til Samlingerne har støttet Museets Udvikling og gjennem Bidrag til Byggefondet ydet en god Hjælp til Byggesagens Fremme. Tromsø Kommune har givet en værdifuld Tomt og overtaget Garantien for Bygningens forsvarlige Vedligeholdelse. Tromsø Samlag og Sparebank har i Aarenes Løb støttet saavel Museets Virksomhed som Byggefondet ved betragtelige Bidrag og paa anden Maade. Stiftets 3 Amtsformandskaber har stedse ladet Museet tilflyde væsentlige Bidrag. Og Regjering og Storthing har med velvillig Imødekommen behandlet de mange Andragender om forøgede aarlige Bidrag til Museets Virksomhed og det store Andragende om Bidrag til den nye Bygning.

I denne Erkjendelse og med Ønsket om, at de Forhaabninger om Held og Trivsel for Museets Virksomhed, som vi knytte til Indflytningen i den nye Bygning, maa gaa i Opfyldelse, aabne vi vore Samlinger for Almenheden, og indbyder Bestyrelsen særlig de Tilstedeværende til at tage Samlingerne i Øiesyn. Vi vil herved udtrykkelig udtale, at Mangelen af et større Samlingsrum har hindret os i at udstede en almindelig Indbydelse til at være tilstede i denne Stund.

Med disse Ord være Bygningen taget i Brug for sit Øiemed og Samlingerne aabnede for Almenheden".

Efter Talen begav man sig ind i Samlingssalene, der nu ogsaa aabnedes for Almenheden, der aflagde et talrigt Besøg; ikke færre end 572 Personer besaa Samlingerne denne Dag.

Samlingerne holdtes aabne for Almenheden 34 Søn- og Helligdage i Timerne Kl. 12½ til 3 Eftermiddag eller omtrent det samme Antal Dage som vanlig. Vistnok aabnedes Samlingerne noget senere end tidligere paa Grund af Indflytningen og Ordningen, men paa den anden Side blev Aabningstiden udrykket til Søndag den 24de November mod tidligere Udgangen af Oktober. De Besøgendes Antal har herunder udgjort 7006, der fordeler sig paa de forskjellige Maaneder saaledes: Marts 572, April 852, Mai 835, Juni 836, Juli 954, August 872, September 945, Oktober 764, November 376. Det største Antal paa en Aabningsdag har været 572, det mindste 17. Det gjennemsnitlige Antal paa en Aabningsdag har været 206. Søgningen har saaledes været god. De heldige Rum og Lysforholde i den nye Bygning lader Samlingerne komme ganske anderledes til sin Ret end i det tidligere Lokale, og det er umiskjendeligt, at de Besøgende finde sig i langt høiere Grad tilfredsstillede ved at betragte Samlingerne, saaledes som de nu fremtræde.

Udenfor de almindelige Aabningsdage kan Besøget anslaaes til omkring 800.

Oldsamlingens Bestyrer Klasselærer Nikolaisen foretog med Bidrag af Museet arkæologiske Undersøgelser i Tromsø Amt. Der foretoges herunder Udgravninger paa Gaardene Østnæs i Bjarkø Prestegjæld, samt paa Bedstebostad, Varmedal og Vaskin paa Grytøen i Trondenæs. Herved fremkom flere Gjenstande fra ældre og yngre Jernalder, der ere nærmere omtalte under Oldsamlingens Forøgelse. Paa Reisen erhvervedes ogsaa flere Gjenstande, tilhørende den arktiske Stenalder. En fuldstændigere Beretning om Undersøgelsernes Resultater er meddelt i Aarsberetningen for 1895 fra „Foreningen til norske Fortidsmindesmerkers Bevaring“.

Conservator Schneider foretog fra Slutningen af Juni Maaned til Midten af August en Reise til Balsfjorden og derfra til de øvre Dele af Maalselvdalen, væsentlig i entomologiske Øiemed. Veiret var gunstigt, men Sommeren var temmelig insektfattig. Udbyttet af Coleoptera var imidlertid ganske rigt, ligesom der inden de andre Insektgrupper gjordes Fund af større Interesse. Det uheldige Veir udover Høsten hindrede ham i at gjenoptage de i de sidste tre Somre afbrudte Dybvandsundersøgelser i Tromsøsundet. Til Reiser i Balsfjorden og Maalselven havde Conservatoren et Stipendium af Prof. Rathkes Legat.

Conservator Lagerheim har med Bidrag af Museet og et Stipendium af Professor Rathkes Legat foretaget Reiser i Omegnen af Tromsø samt til Alten og Kvænangen. Ved Ekskursioner i Omegnen af Tromsø afsluttede Conservatoren sine Undersøgelser over denne Trakts Parasitsopflora, hvorom nærmere Meddelelse vil blive publiceret i et følgende Aarshefte. Reisen til Alten og Kvænangen foretoges i algologisk og mykologisk Øiemed. Udbyttet var tilfredsstillende.

Museets Bibliothek har ved sine Bytteforbindelser erholdt den sædvanlige Tilvækst, derhos er nogle nye Forbindelser tilkomne, ligesom der til Haandbibliotheket blev anskaffet enkelte Værker.

Trykning af Aarshefte XVIII var ved Aarets Udgang paabegyndt. Det indeholder:

Sparre Schneider:	Sydvarangers entomologiske Fauna, 2det Bidrag. Lepidoptera	. Pag.	1— 93
Arthur Krause:	Nudibranchiaten von Tromsø	„	94—100
Sparre Schneider:	Fortsatte Bidrag til Kundskaben om Tromsøsundets Molluskfauna	„	101—106
Otto Ekstam:	Einige blütenbiologiske Beobachtungen auf Novaja Semlja	„	107 –198

Conservator Lagerheim blev i Aarets Løb ansat som Professor ved Høiskolen i Stockholm og forlod Museet i Begyndelsen af December.

Med Hensyn til de enkelte Afdelinger meddeles følgende Oversigter.

A. De historisk-antikvariske Samlinger.

a. Den lappiske (finske) Afdeling.

Denne Afdeling har i Aarets Løb ikke modtaget nogen nævneværdig Forøgelse.

b. Oldsamlingen.

Denne Samling har i Aarets Løb havt følgende Tilvæxt.

1. Halvt tildannet Kniv af Skifer, 18 cm. lang, 4 cm. bred, uden Haandtag og kun delvis sleben; ukjendt Findested. Arktisk Stenalder. (1072).

2. Mariabillede, udskaaret i Ek, 91 cm. høit, med kronet Hoved og folderig Klædning. Det lokkede Haar falder løst nedover Skuldre og Bryst; Ryggen er hul. Haaret har været forgyldt, og Klæderne malede hvide og blaa; saavel Forgyldning som Maling er for det meste bortslidt. Den høire Haand mangler, i den venstre en Tiara (Pavekrone), udskaaret i Ek. Billedet er fra Middelalderen og har tidligere tilhørt Tranø Kirke (1073).

3. Øks af Sten, lig Montelius's „Svenska Jernsaker“ 15; Tversnittet næsten rundt, 15,5 cm. lang, 4 cm. bred over Eggen. Funden ved Grøftegravning paa Lødingen og givet af Telegrafinspektør Lie. Tilhører Stenalderen (1074).

4. Hulmeisel af Skifer af Typen Ryghs „Norske Oldsager“ 25. 22 cm. lang. Kun den ene Fladside samt Hulningen ved Eggen er glatsleben; forøvrigt er Meiselens Overflade og Eg ru og kun halvt tildannet. Tilhører arktisk Stenalder. Findested og Giver som forrige Nr. (1075).

5. Haandsneldhjul af Klebersten, 3,5 cm. i Tvermaal, 2 cm. høit og med flade Sider; funden i en Ager paa Lekangen i Tranø S. Yngre Jernalder (1076).

6. Kar af Klebersten, 5 cm. høit og 5 cm. i Tvermaal. Størst Lighed med Nr. 17 i Aarsber. fra Foreningen til norske Fortidsmindesmerkers Bevaring for 1892, men med glatte Sider og udbuet Baand paa Midten. Findested som fr. Nr. Tilhører muligens Middelalderen (1077).

7. Hulmeisel af graa Flint, 14 cm. lang, 3,5 cm. bred over Eggen, der er tvert afskaaren, 2 cm. over den øverste Ende. Tversnittet er firkantet; Hulningen samt den ene Bredside er glatsleben, den øvrige Overflade usleben. Lig NO 21. Fundet paa Gruslaget under Muldjord paa Gaarden Berg i Tromsøsundet og er saaledes det nordligste Fund af Flinteredskaber, som er kjendt hertillands. Tilhører Stenalderen og indkommen som Gave fra H. P. Berg. (1078).

8. Spyd med Fal, lig NO 522, men noget bredere Blad og uden Damascering, 35 cm. langt, største Bredde 5,5 cm. Fundet i Jorden paa Strandaa i Kjærringø S. og tilhører yngre Jernalder. Gave fra Nils Hofliksen Strandaa (1079).

9. Spydspids af grøn Skifer; smukt sleben med ophøiet Midtrand og spids Tange, men uden Modhager. Paa den ene Side fortsættes ikke Midtranden helt ud til Odden, der er noget but. Længde 16,3 cm., største Bredde 2.7 cm. Funden i Jord, som blev opbrudt til Ager paa Elgsnæs i Trondenes og tilh. arkt. Stenalder (1080 a).

10. Hvæssesten af rød Skifer, nærmest lig fig. 40 hos Aspelin; Enderne og Smalsiderne afrundede, 17,5 cm. lang, 4,5 bred. F. sammen med fr. Nr. og tilhører samme Tidsalder. Aspelins Grundtype er funden i Rovaniemi i det nordlige Finland (1080 b).

11. Mynt af Kobber fra Keiser Augustus's Tid. Aversen har Indskriften: M Agrippa cos III, Reversen Bogstaverne S, C og imellem disse Krigsguden. For længere Tid siden indkommet som Gave fra Lensmand Strøm Trondenes (1081).

12. Liden Øks af blaagraa Skifer, 6,5 cm. lang, 3,5 cm. bred over Eggen, lig NO 14, men Eggen sleben paa begge Sider (1082).

13. Hulmeisel af graa Skifer, 7 cm. lang, jevn Bredde 3 cm. Saavel Bred- som Smalsiderne er glatslebne (1083).

14. Lidet Bryne, 8,5 cm. langt, fundet nær begge forannævnte Nummere samt en Skiferkniv ved Oprydning paa Bjørnstad paa Gaarden For i Trondenes. Kniven tog Finderen, de øvrige tre Gjenstande, der tilhører arkt. Stenalder, er indkommen som Gave fra Skomager Eriksen Bjørnstad (1084).

15. Odden af et Skiferspyd, 6,5 cm. langt, funden paa Varmedal i Trondenes og givet af Edias Johnsen. Arkt. Stenalder (1085).

16. Kniv af Skifer, 12,7 cm. lang, største Bredde 3 cm. Nærmest lig NO 55, men har ikke som denne Fremspring ved Haandtaget. Fundet i Jorden paa Vaskin i Trondenes og tilhører arkt. Stenalder. Gave fra Jakob Johannesen Vaskin (1086).

17. Fladsidet Haandsneldhjul af Klebersten, 3.8 cm. i Tvermaal, lig NO 434, men har foruden Hullet til Tenen tillige ved Siden af dette et mindre Hul til Traaden. Funden i en Ager paa Lundenes i Trondenes og givet af Henrik Arnesen. Yngre Jernalder (1087).

18. Kljaasten (Vævtyngde) af Glimmerskifer, 11 cm. i Tvermaal med smukke Udtungninger, fundne i Kanten af en langagtig Forhøining paa Gaarden Bedstebostad i Trondenes (1088).

19. Naal af Ben, 13 cm. lang, Øiet henimod Midten. Funden i Gravhaug sammen med brændte og ubrændte Ben paa Flatø i Bjarkø (1089).

20. Stykke (hul Fod) af et Lerkar, en Klinksøm, et Par Spiger samt en liden Hein, fundne i Gravhaug paa Flatø i Bjarkø sammen med Ben af ubrændt Lig samt tre Stykker ubearbeidede Hvalben (1090).

21. Halvdelen af et Haandsneldhjul af Sten, ligt NO 170 (1091).

22. Naal af Bronce, 6,5 cm. lang, rundt om den gaar paralelle Linjer; har muligens tilhørt en Spænde (1092).

23. Større Brudstykker af en Urne af brændt Ler, 14 cm. i Tvermaal, lig NO 370, men med rigere Ornamentering, der bestaar af Linjebaand nedenfor den udoverbøiede Kant; nedenfor disse et Baand af korte Skraastreger. Siderne inddelte i Feldter ved vertikale Linjer som paa nævnte Grundtype, men hverandet Feldt er fyldt med horizontale, de øvrige med Zikzaklinjer. Funden sammen med de to foregaaende Nummere i Gravhaug med Kammer, muret af svære Stenblokke paa Østnes i Bjarkø. Ældre Jernalder (1093).

24. Celt af Jern, sterkt fortæret af Rust; dens nuværende Længde 10 cm. Har oprindelig været lig NO 157; kun Falen og lidt af Bladet er tilbage (1094).

25. Brudstykker af 2 Spyd med Modhager af Typen NO. 210 (1095).

26. Knivblad med Skaft samt en Hvæssesten af hvidgraa Kvarts (1096).

27. Talrige Brudstykker af sterkt forrustede Jernredskaber (1097).

28. Beltesten af hvid Kvarts, smukt sleben, 11,50 cm. lang, 3 em. bred, 3 cm. tyk med udhuggen Fure rundt Smalsider og Spidser (1098).

Nr. 1094—98 er fundne i Gravhaug paa Bedstebostad i Trondenes og tilhører ældre Jernalder.

29. Brudstykker af en urtepotteformet Lerurne; Ornamenteringen nærmest lig Nr. 16 Pl. IV i Aarsber. fra Foreningen til norske Fortidsmindesmerkers Bevaring f. 1874, dog noget rigere, idet Linjebaandene saavel om Hal-

sen som den nedre Del af Siderne er fyldte med smaa opretstaaende Streger; Feldtet mellem disse Partier har rudeformede Ornamenter (1099).

30. Celt af Jern med lukket Fal; Partiet paa Eggen opover er noget bredere end NO 151; Længde 15 cm.; Bredde over Eggen 5,5 cm. (1100).

31. Liden Pincet af Bronce, 5,5 cm. lang, brækket i Bøilen, samt to Stykker af et Knivblad (1101).

Nr. 1099—1101 er fundne i en Gravhaug paa Vaskin i Trondenes sammen med Ben af ubrændt Lig og tilhører ældre Jernalder.

Samtlige Gjenstande Nr. 1082—1101 er fremkomne dels ved Udgravninger, dels ved Indsamlinger paa en Undersøgelsesreise, foretaget af Oldsamlingens Bestyrer i 1895. Udførligere Beskrivelse, saavel om Fund som om Fornlevninger, optegnet paa nævnte Reise, vil blive trykt i Aarsberetningen fra „Foreningen til norske Fortidsmindesmerkers Bevaring“ for 1895.

32. Sverdblad af Jern, 38 cm. langt, Haandtag og vel ogsaa en Del af Bladet mangler, endel af Eggen er ogsaa bortrustet, ligt NO 490 (1102).

33. Øks af Jern, 18,5 cm. lang fra Eg til Hammer, 6 cm. bred over Eggen; nærmest lig NO 556, men smalere under Skafthullet, der paa den ene Side er sterkt sammenbøiet, ligesom Hammeren er smalere (1103).

34. Ljaablad, 37 cm. langt, ligt NO 386, men med bredere Od og svagere Krumning (1104).

35. Liden Paalstav af Jern med lukket Fal; saavel af Eggen som Falen er Dele bortrusted, det tilbageværende er kun 9 cm. langt. Den adskiller sig fra almindelig kjendte Former derved, at der igjennem Bladet tæt nedenfor Falen er stemplet et rundt Hul (1105).

Nr. 1102-5 er fundne sammen med Skelettet af ubrændt Menneskelig samt af en Hund paa Gaarden Kvalnes i Borge i Lofoten. Ingen Gravhaug dækkede Liget; muligens har tidligere været en saadan, som i Tidens Løb er bleven bortryddet. Paa Gaarden er flere Gravhauger. (Se Aarsber. fra Foreningen til norske Fortidsmindesmerkers Bevaring for 1884, s. 10). Fundet tilhører yngre Jernalder og er indkommen som Gave til Museet fra Finderen Leonhard Knutsen, Kvalnes Borge.

, 36. Enegget Sverd af Typen NO 491, brækket nedenfor Indrehjaltet; det har intet ydre Hjalt, og den trekantede Knap er fæstet til Mellemkavlen, hvis Længde er 9,5 cm. Bladets forreste Del mangler, det tilbageværende er 49 cm. langt, og Længden fra Knappens Top til det forreste af Bladet er nu 67 cm., største Bredde henved 6 cm. (1106).

37. Stridsøks med temmelig bred Eg af Typen NO 560. Skafthullet er borttæret af Rust, ligesaa en Del af Eggen, der er 16 cm. bred. Funden sammen med fr. Nr. paa Indmarken paa Gaarden Liland i Vaagens Sogn i Lofoten. Der var ingen Gravhaug over Sagerne, som laa mellem lidt Aske paa en stor jordfast Sten under et 40 cm. dybt Jordlag, og tilhører yngre Jernalder (1107).

Oldsamlingen er i Aarets Løb forøget med 36 Nr. og udgjør nu ialt 1107 Nummere.

B. Den naturhistoriske Afdeling.

a. De zoologiske Samlinger.

Til Pattedyr-Afdelingen er kun tilkommen et Foster af Hvidfisk, samt 4 Hoveder med paasiddende Horn af Vildren fra Spitsbergen.

Af Fugle er udstoppet en Ismaase (*Larus eburneus*) fra Medfjord i Senjen, en stor Blaamaase (*Larus glaucus*) samt en almindelig Graamaase (*L. argentatus*). Desuden er som Gave indsendt diverse Eksplr., som imidlertid ikke er bleven benyttede, af disse maa mærkes en Vandhøne (*Rallus aqvaticus*), som desværre var i en for Præparation utjenlig Stand.

Af Fiske har Museet erhvervet et Eksplr. af den mærkelige lille pelagiske *Argyropelecus olfersii* funden i Fjæren udenfor Kvaløen ved Tromsø, samt et Do. af den meget sjeldne Sølvflyndre (*Pterycombus brama*) fanget i Nordreisen. Dette Stykke blev afhændet til et udenlandsk Museum, da det ikke var i ganske god Stand, og Museet før er i Besiddelse af et meget vakkert Eksplr.

Hvad de lavere Dyr angaar, da har særlig Insektsamlingen erholdt større Tilvækst end i noget tidligere Aar. Til den arktiske Afdeling af samme er Materiale indsamlet af Konservator Schneider dels i Omegnen af Tromsø, dels paa en med offentligt Stipendium foretagen Reise til de øvre Partier af Maalselvdalen og Bunden af Balsfjorden. Af de her fundne Sommerfugle, for hvilke Aaret forresten ikke var gunstigt, kan fremhæves et Eksplr. af den for Norges Fauna nye *Botys lienigialis*, samt *Sesia scoliaeformis*, der tidligere kun i etpar Eksplr. var kjendt fra det sydlige Norge. Blandt de i stort Antal indsamlede Humler kan nævnes talrige Eksplr. af en Snyltehumle, der synes at tilhøre den hidtil kun lidet kjendte *Psithyrus lissonurus* Thoms., ligesom det i Tromsdalen lykkedes at finde et Eksplr. af en Bladhveps, der tilhører en ny og eiendommelig Slægt, og som af Hr. H. Kiær, der for Aarsheftet bearbeider Museets Samling af arktiske Bladhvepse, er bleven benævnt *Ischyrocerœa noctisolis*. Blandt det indsamlede Materiale af *Coleoptera* findes ogsaa flere interessante og for Samlingen nye Arter, som imidlertid delvis endnu ikke er bleven bestemte.

Størst har Tilvæksten været til den palæarktiske Samling af *Macro-Lepidoptera,* der nu er opstillet og ordnet i sin Helhed og optager 8 Skab med tilsammen 146 Skuffer. Foruden en ved Kjøb gjennem Statsentomolog Schøyen erhvervet Samling har Museet i Bytte for arktisk Materiale modtaget Forsendelser fra Dr. Staudinger i Dresden, H. Kreye i Hannover, H. Brasch i Potsdam samt O. Stertz i Breslau, hovedsagelig indeholdende for Samlingen nye og tildels meget sjeldne Arter, navnlig fra de nye russiske Territorier i Central-Asien. Ogsaa til en almindelig Samling af *Micro-Lepidoptera* har man nu faaet et Grundlag i c. 120 overordentlig smukt præparerede Arter af Smaasommerfugle fra Nord-Tyskland gjennem Dr. Hinneberg i Potsdam.

Til den palæarktiske Samling af *Coleoptera,* hvis Opstilling først senere vil blive paabegyndt, er indløbet Forsendelser fra J. Birnbacher, Dr. Späth og Dr. Luze i Wien, F. Strasser i München, W. Sharp i Ledsham og Prof. Sahlberg i Helsingfors, tilsammen vistnok c. 1000 Arter, hovedsagelig alpine Former. Af megen Interesse er ogsaa en liden Samling Insekter, som af Herrerne Pearson, Slater og Feilden medbragtes fra den murmanske Kyst og Øen Kolgujew og velvilligt overlodes Museet.

Af marine *Evertebrater* er heller ikke iaar gjort Indsamlinger inden Stiftet, derimod har Ishavsskipper Nils Johnsen med sædvanlig Liberalitet tilstillet Museet en hel Mængde Sødyr fra Nordvest-Spitsbergen, deriblandt adskilligt, som ikke før var repræsenteret i Samlingerne.

Til den exotiske Afdeling er skjænket en Slange og nogle Fiske fra Cuba.

b. Den botaniske Afdeling.

De botaniske Samlinger er blevne forøgede med de af Konservatoren i Trakten om Tromsø og i Alten gjorte Samlinger af Alger og Soppe. Den rige Høst af interessante *Betula*-former, som Konservatoren gjorde Sommeren 1894, blev sendt til Lektor Lindeberg i Alingsås, og er i Aaret komne tilbage delvis bestemte.

c. Den mineralogiske og geologiske Afdeling.

Til denne Afdeling er indkommet et Stykke forstenet Træ fra Spitsbergen samt nogle Stykker eiendommeligt Kul fundne i en Torvmyr i Laksefjord.

Fortegnelse
over Museets literære Bytteforbindelser og de til Museets Bibliothek i 1895 indkomne Skrifter.

Rien n'a été reçu en 1895 des sociétés désignées par *

Augsburg.

*Naturhistorischer Verein.

Bergen.

Selskabet for de norske Fiskeriers Fremme.

Aarsberetning 1895.

Fiskeritidende 1894. 3.

Bergens Museum.

Aarsberetning for 1893.

Aarbog for 1893.

Naturen 19. Aarg. 1895.

F. Nansen & G. Guldberg: On the development of the whale, 1.

Vestlandske Kunstindustri-Museum.
Beretning for 1894.

Berlin.

Central-Bureau der internat. Erdmessung.
Verhandlungen 1894, in Insbruck, 5—12 Septbr.

Botanischer Verein der Provinz Brandenburg.
Verhandlungen. Jahrg. 36.

Friedländer & Sohn.
Naturæ Novitates. 1895.
Bericht über die Verlagsthätigkeit.

Bonn.

Naturhist. Verein d. preuss. Rheinländer etc.
Verhandlungen. 51. Jahrg. 1894, 2, 52. Jahrg., 1.

Boston, Mass.

The American Academy of Arts and Sciences.
Proceedings. New Ser. Vol. XXI—XXII.

Boston Society of Natural History.
Proceedings. Vol. XXVI, part II—V.

Braunschweig.

**Herzog. naturhistorisches Museum.*

Bremen.

Naturwissenschaftlicher Verein.
Abhandlungen Bd. XIII, H. 2, Bd. XIV, H. 1.

Geographische Gesellschaft.
Deutsche geogr. Blätter, Bd. 16, Heft. 4; Bd. 17 H. 1—4; Bd. 18, H. 1—3.

Breslau.

Schlesische Gesellschaft f. vaterl. Cultur.
72 Jahresbericht, Jahrg. 1895.
Ergänzungsheft.

Bridgeport, Con.

**Scientific Society.*

Brisbane.

**Queensland Museum.*

Bruxelles.

Société Royale malacologique de Belgique.
Annales. F. XXVII.
Proces verbaux, T. XXII—XXIII, 1893—94.

Société entomologique de Belgique.

Annales 38.

Société belge de Microscopie.

Bulletin. 1894—95, n. 1—10, 1895—96, 1—4.

Annales. T. XVIII n. 2, T. XIX, n. 1.

Société géologique de Belgique.

Annales. T. XXI.

Budapest.

K. M. Természettudományi Társulat.

Mathem. u. naturwis. Berichte, Bd. X—XII.

Hungarian National Museum.

Természetrajzi Füzetek. Vol. XVII, n. 3, 4, V. XVIII, n. 1—4.

Daday, Die anat. Verhältnisse d. Cyprois dispar.

Ungarische Centralbureau für ornithologische Beobachtungen.

Aquila 1894, n, 3, 4.

Buenos Aires.

**Sr. D. Florentino Ameghino.*

**Museò de Productos Argentinos.*

Cambridge, Mass.

Museum of Comparative Zoology. at Harvord College.

Bulletin. Vol. XV, n. 11—12, Vol. XVI.

Annual Report. 1893—94, 1894—95.

Cassel.

Verein für Naturkunde.

Bericht XL.

Chemnitz.

**Naturwissenschaftliche Gesellshaft.*

Cherbourg.

**Société nationale des Sciences naturelles et mathématiqus.*

Chur.

Naturforschende Gesellschaft Graubündens.

Jahresbericht. Neue Folge. XXXVIII.

Beilage.

Cordoba (Rep. Argentina).

Academia nacional de ciencias.

Boletin. T. XIV. entr. 1, 2.

Danzig.

**Naturforschende Gesellschaft.*

Davenport, Jowa.

**Academy of Natural Sciences.*

Dorpat.

Naturforschende Gesellschaft.

Sitzungsberichte, Bd. X, H. 3.

Dresden.

Naturwiss. Gesellschaft Isis.

Sitzungsberichte u. Abh. 1894, Juli—Decbr., 1895, Janr.—Juli.

Verein für Erdkunde.

Jahresbericht III—XXIV.

6 forskjell. Afhandlinger.

Edinburgh.

**Royal Society.*

Geological Society.

Transactions, Vol. AII, p. 2.

Elberfeld.

**Naturwissenschaftlicher Verein.*

Emden.

Naturforschende Gesellschaft.

Jahresbericht, 1893—94.

Frankfurt a. M.

Senckenbergische naturforschende Gesellschaft.

Bericht. 1895.

Frankfurt a. O.

Naturwissenschaftlicher Verein.

Helios, 12 Jahrg., n. 7—12, 13 Jahrg. n. 1—6.

Societatum litteræ, 8 Jahrg. n. 10—12, 9 Jahrg. n. 1—9.

Freiburg i. B.

Naturforschende Gesellschaft.

Berichte IX, 1—3.

Giessen.

Oberhessische Gesellschaft f. Natur u. Heilkunde.

Bericht. 30.

Graz.

**Naturwiss. Verein fur Steiermark.*

Greifswald.

Naturwiss. Verein f. Neu-Vorpommeren und Rügen.

Mittheilungen. 26.

Groningen.

Naturkundig Genootschap.

Verschlag 1893—94.

Güstrow.

Verein der Freunde der Naturgeschichte in Mecklenburg.

Archiv. Jahrg. 48.

Görlitz.

**Naturforschende Gesellschaft.*

Göteborg.

K· Vetenskaps och Vitterhets Samhället.

Handlingar. H. 30.

Halifax, N. S.

Nova Scotian Institute of Natural Science.

Proceedings and Transactions, Ser. 2, Vol. I, n. 4.

Halle a. S.

K. Leopoldinisch-Carolinische Akademie d. Naturforscher.

Leopoldina, 1894. H. 30.

**Naturwissenschaftlicher Verein für Sachsen und Thüringen.*

Hamburg.

Naturwissenschaftlicher Verein.

Verhandlungen. 1894.

Abhandlungen, Bd. XIII.

Naturhistorisches Museum.

Jahrbuch XI. Beiheft.

Dr. A. Voller, Das Grundwasser in Hamburg, 2.

Helsingfors.

**Universitetet.*

Vetenskaps-Societeten.

Öfversigt, 1893—94.

Acta, Tom. XIX—XX.

Observations meteorologiques 1889—90, 1893.

Bidrag til kännedomen om Finlands natur och folk, H. 54—56.

**Societas pro Fauna et Flora Fennica.*

Geologiska Kommissionen.
Beskrifvelse til Kartbladen 25—26.
**Sällskapet för Finlands Geografi.*
**Geografiska Föreningen.*

Houghton, Mich.

Michigan Mining School.
Prospectus of electr. Studies.

Iglo.

**Ungarischer Karpathen-Verein.*

Kiel.

Naturwissenschaftlicher Verein für Schleswig-Holstein.
Schriften, Bd. X, n. 2.
Kommission zur wissenschaftlichen Untersuchung der deutschen Meere.
Ergebnisse d. Beobachtungen, Jahrg. 1893, H. 1—12.
Wissenschaftliche Meeresuntersuchungen, n. F. Bd. I, H. I.

Kiew.

Société des Naturalistes.
Mémoires, T. XIII, 1—2, T. XIV, 1.

Kjobenhavn.

Kgl. Danske Videnskabernes Selskab.
Oversigt 1894, n. 2, 3, 1895, n. 1—4.
**Ministerium for Kirke- og Undervisningsvæsenet.*
Naturhistorisk Forening.
Videnskabelige Meddelelser. 1894.
Botanisk Forening.
Botanisk Tidsskrift. Bd. 19, n. 3.
Medlemsliste.
Danske biologiske Station.
Beretning IV, 1893.

Königsberg.

Physikalisch-ökonomischе Gesellschaft.
Schriften. Jahrg. 35.

Krakow.

Académie des Sciences.
Bulletin international 1895, janr.—decbr.
Comptes rendus, 1894, novbr.—decbr.

Kristiania.

Universitetsbiblio theket.

Aarbog 1893, Hefte 2.

Aarsberetning for 1893—94.

Videnskabsselskabet.

Forhandlinger 1894.

Skrifter 1893—94.

Kgl. Selskab for Norges Vel.

Tidsskrift for det Norske Landbrug 1894, n. 8, 1895, 1—8.

Kirkedepartementet.

Nyt Magasin for Naturvidensk.

Archiv f. Mathematik og Naturvidenskab.

Huitfeldt-Kaas, Nils Stubs Optegnelsesbøger, 2 Hefte.

— Norske Regnskaber og Jordebøger, Bd. 2., Hft. 2.

S. Bugge, Norges Indskrifter med de ældre Runer, Hft. 3.

L. Daae & Huitfeldt-Kaas, Biskop Nils Glostrups Visitatser.

G. Storm, Historisk-topografiske Skrifter om Norge etc.

**Nordhavsexpeditionen.*

Kommissionen for den europæiske Gradmaaling.

O. E. Schødtz: Resultate der im 1893 ausgef. Pendel Beobachtungen.

— Resultate der im 1894 ausgef. astronom. Beobachtungen.

Statssekretariatet.

Norsk Lovtidende 1895.

Lausanne.

Société vaudoise d. Sciences naturelles.

Bulletin, Vol. XXX, n. 115—118.

Leiden,

Nederlandsche dierkundige Vereeniging.

Tijdskrift, Ser. 2, Deel IV, Afl. 4.

Leipzig.

K. Sächsische Gesellsch. d. Wissenschaften.

Berichte mathem.-phys. Classe, 1894. II—IV, 1895, I—III.

Lille.

Revue Biologique du Nord de la France.

Année 7, n. 3—9.

Lisboa.

**Academia Real das Sciencias.*

London.

Royal Society.

Proceedings. Vol. 57, n. 340—45; V· 58, n. 346—352.

Linnean Society.

Proceedings. May 1895.

Zoological Journal. Vol. XXV, no. 159—61.

List 1894—95.

**Zoological Society.*

British Museum.

Lister, A. Monograph of the Mycetozoa.

Lund.

Universitetet.

Acta. Bd. 30.

Lübeck.

Naturhistorisches Museum.

Mittheilungen, 2te Reihe, Heft 7—8.

Madison, Wis.

**Academy of Sciences, Arts and Letters.*

Madras.

Government Museum.

Bulletin 3.

Manchester.

Manchester Museum, Owens College.

Report 1890–94. — Catalogue of the Library. — Handy Guide to the Museum.

Marburg.

**Gesellschaft zur Beförderung der gesammten Naturwissenschaften.*

Meriden, Conn.

Meriden Scientific Association.

Transactions, Vol. VII.

Milwaukee, Vis.

Public Museum.

Annual Report. 1894.

Montreal.

Royal Society of Canada.

Proceedings and Transactions, Vol. XII.

Summary of original Articles.

**Natural History Society of Montreal.*

Moscou.

Société Imperiale des Naturalistes.

Bulletin 1894, n. 3, 4, 1895, n. 1—3.

Napoli.

Società Africana g' Italia.

Boletino an. XII, n. 1—2, 7—12, an. XIII, n. 1—12.

Neuchâtel.

**Société des Sciences Naturelles.*

New Haven, Conn.

Connecticut Academy of Arts and Sciences.

Transactions, Vol. IX, part 2.

New-York.

New York Academy of Sciences.

Annals. Vol. VII, Index XIII, n. 5—12.

Transactions, Vol. XIII, 1892—93, Vol. XIV, 1894—95.

Nürnberg.

Naturhistorische Gesellschaft.

Abhandlungen, Bd. X., H. 3.

Osnabrück.

Naturwissenschaftlicher Verein.

Jahresbericht 10, 1893 & 94.

Ottawa.

**Geolog. a. Natur. Hist. Society of Canada.*

Paris.

Museum d' Historic naturelle.

Bulletin, année 1895, n. 1, 3, 6—8.

Société zoologique de France.

Bulletin. T. 19.

**Le Naturaliste.*

Feuilles des jeunes Naturalistes.

Année 25, n. 291—301, an. 26, n. 302—303.

Philadelphia, Pa.

Academy of Natural Sciences.

Proceedings, 1894, n. 2—3, 1895, n. 1—2.

Pisa.

Società Toscana de Scienze Naturali.

Atti Processi verbali. Vol. IX, lugl.—novbr. 1894, genn.—marzo 1895.

Porto.

**Annaes de Sciencias naturaes,*

Prag.

K. Böhmische Gesellschaft d. Wissenschaften.

Sitzungsberichte, 1894.

Jahresbericht, 1894.

Riga.

Naturforscher Verein.

Korrespondenzblatt, 37.

Festschrift 1895.

Rochester, N. Y.

Rochester Academy of Scienses.

Proceedings, Vol. II, n. 3 & 4.

Salem, Mass.

Essex Institute.

Bulletin. Vol. 26, n. 4—6.

San Francisco.

California Academy of Sciences.

Proceedings, Vol. IV, n. 1—2. Vol. V. n. 1.

St. Gallen.

Naturwissenschaftliche Gesellschaft.

Bericht, 1892—93.

St. Louis, Miss.

Academy of Science.

Transactions, Vol. VI, n. 18, Vol. VII, n. 1—3.

Sidney.

Royal Society of New South Wales.

Journal and Prooceedings. Vol. XXVIII 1894.

Stavanger.

Stavanger Museum.

Aarsberetning for 1894.

Stockholm.

Kgl. Svenska Vetenskaps Akademien.

Handlingar. Bd. 26.

Bihang. Bd. 20.

Öfversigt. 1894, n. 9—10, 1895 n. 1—6.

Meteorologiska Iakttagelser. Bd. 32.

H. Theel, Sveriges zoologiska Hafstation.

**Sveriges Geologiska Undersökning.*

Geologiska Föreningen.

Förhandlinger. Bd. 16, 1894, Heft. 6—7, Bd. 17. H. 1—5.

Entomologiska Föreningen.

Entomologisk Tidskrift. Arg. 15 & 16.

Kgl. Vitterhets Historie o. Antiquitets Akademien.

Antiqvarisk Tidsskrift, 13, n. 1; 14. n. 2—3; 15, n. 2, 5, n. 4

Stuttgart.

Verein für vaterländische Naturkunde in Württemberg.

Jahreshefte, Jahrg. 51.

Tokio.

The Imperial University (Teigoku Daigaku).

Calendar 1893—94, 1894—95.

Toronto.

**Canadian Institute,*

Trondhjem.

Kgl. norske Videnskabers Selskab.

Skrifter 1893.

Fiskerimuseet.

Aarsberetning 1894.

Tufts Colege, Mass.

Tufts College.

Studies N. IV.

Upsala.

Universitetet.

Redogörelse 1893—94.

**Vetenskaps Societeten.*

Washington, D. C.

Smithsonian Institution.

Report 1892—93.

U. S. National Museum.
Bulletin. No. 47—48.
Proceedings. Vol. XVII.
Report 1893.
U. S. Departement of Agriculture.
North American Fauna, n. 8.
U. S. Geological Survey.
Annual Report 1890—91, p. 1, 2; 1891—92, p. 1—5; 1892—93, p. 1—2.

Wien.
K. K. Naturhistorisches Hof-Museum.
Annalen Bd. IX, n. 1—4.
**Naturwissenschaftlicher Verein.*
Zoologisch-botanische Gesellschaft.
Verhandlungen Bd. 44, n. 3—4; Bd. 45, n. 1—10.
K. K. geographische Gesellschaft.
Mittheilungen, Bd. XXXVII.
Ornithologischer Verein.
„Die Schwalbe", Jahrg. XVIII, n. 12, Jahrg. XIX, n. 1—12.

Wiesbaden.
**Nassauischer Verein für Naturkunde.*

Zürich.
Naturforschende Gesellschaft.
Vierteljahrschrift. Jahrg. 39, n. 3—4, Jahrg. 40, n. 1—2.

Amtmanden i Finmarkens Amt.
Finmarkens Amtsformandskabs Forhandlinger 1895.
M. Foslie, Konservator, Trondhjem.
New or critical Lithothamnia.
The Norw. Forms of Lithothamnion.
I. M. Norman, Forstmester, Larvik.
Norges arktiske Flora. I—II.
A. Badourcau, Paris.
Etude sur le soulévement actuel de la Scandinavie.
Charles Janet, Paris.
6 entomologiske og 1 geolog. Afhandling.
Stefan Stefanson.
Fra Islands Växtrige, II.

Extrakt

af Tromsø Museums Regnskab for 1895.

Indtægt:

1.	Beholdning ifølge forrige Aars Regnskab:		
	a. Restancer . . . . Kr.	160.00	
	b. Indestaaende i Sparebanken . . . „	1,626.55	
	c. do. hos Kassereren . . . „	1,146.45	Kr. 2,933.00
2.	a. Bidrag for 1894 af Kong Oscar den 2dens Legats Rentefond . . . . Kr.	160.00	
	b. Restbidrag af Statstilskud for Terminen 1894—95 . . . . . . „	560.00	„ 720.00
3.	Bidrag for 1895:		
	Af Kong Oscar den 2dens Legats Rentefond . . . . Kr.	139.22	
	Tromsø Amtskommune . . . . . „	300.00	
	Nordlands do. . . . . . „	100.00	
	Finmarkens do. . . . . . „	120.00	
	Tromsø Samlag for Brændevinshandel „	1,400.00	
	Medlemskontingent . . . . „	309.00	
	Entrepenge af Reisende . . . . . . „	368.63	„ 2,736.85
4.	Statstilskud for Budgetaaret 1895—96 . . . . . . „		4,465.00*)
5.	Husleie af Kommunebibliotheket . . . . „		83.33
6.	For solgte Aarshefter . . . . „		10.00
7.	Indvundne Renter i Sparebanken . . . . „		49.83
			Kr. 10,998.01

Udgift:

1.	De historisk antikvariske Samlinger		Kr. 11.43
2.	De naturhistoriske Samlinger		„ 856.56
3.	Reiseudgifter		„ 100.00
4.	Bibliotheket		„ 152.94
5.	Lønninger:		
	Conservatorer . . . . Kr.	3,833.33	
	Præparanten for 1ste Halvaar . . . „	100.00	
	Transp. Kr.	3933.33	Kr. 1,120.93

*) Den resterende Del af det for Budgetaaret 1895—96 bevilgede Statstilskud, der udgjorde Kr. 5600.00, blev hævet i 1896 med Kr. 1135.00, der er indtaget i Regnskabet for sidstnævnte Aar.

	Transp.	Kr. 3933.33	Kr.	1,120.93
	Oldsamlingens Bestyrer	„ 180.00		
	Tilsynsmænd	„ 60.00		
	Vagtmester	„ 285.00	„	4,458.33
6.	Aarsberetning og Aarshefter		„	457.83
7.	Assurancepræmie for Samlingerne		„	50.00
8.	Husleie for 1 Maaned, Eiendomsskat, Brandkontingent, Renter & Afdrag, Vedligeholdelse		„	1,365.90
9.	Lys & Brænde		„	220.75
10.	Forskjellige Udgifter, inclusive Porto		„	354.42
			Kr.	8,028.16
11.	Udslettede Restanser paa Medlemskontingent		„	10.00
12.	Beholdning 31/12 1895:			
	Restancer	Kr. 50.00		
	Indestaaende i Sparebanken	„ 1,676.38		
	Do. hos Kassereren	„ 1,233.47	„	2,959.85
			Kr.	10,998.01

Tromsø den 31te December 1895.

J. Killengreen. *Strøm.* *J. Qvigstad.*

K. Gleditsch. *A. Moursund.*

Tromsø Museums

Aarsberetning

for

1896.

Tromsø.
G. Kjeldseths Bogtrykkeri.
1897.

Tromsø Museums

Aarsberetning

for

1896.

Tromsø.
G. Kjeldseths Bogtrykkeri.
1897.

Museet har været aabent for Almenheden 42 Søn- og Helligdage i Timerne Kl. 12½—3 Eftermiddag fra 1ste Marts til 29de November. De Besøgendes Antal har herunder udgjort 6488, der fordeler sig paa de forskjellige Maaneder saaledes: Marts 380, April 713, Mai 903, Juni 1118, Juli 651, August 1139, September 718, Oktober 678, November 188. Det største Antal paa en Aabningsdag har været 613, det mindste 5. Det gjennemsnitlige Antal Besøgende paa hver Aabningsdag har været 154.

Udenfor de almindelige Aabningsdage kan Besøget anslaaes til omkring 800.

Oldsamlingens Bestyrer, Klasselærer Nicolaisen, foretog med Bidrag af Museet og med Stipendium af de til videnskabelige Reiser og Undersøgelser i Fædrelandet bevilgede Midler arkæologiske Undersøgelser i Steigens Præstegjæld. Udgravninger foretoges paa Skogø mellem Gaarden Hammer og Lillesæter samt paa Øerne ved Brunes og paa Laskestad og Vaag. Flere interessante Gjenstande, især fra den ældre Jernalder, blev fundne og indlemmede i Museets Samlinger. Beretning om disse Undersøgelser og Fund indsendtes til det akademiske Collegium og er trykt i Aarsberetningen for Foreningen til norske Fortidsmindesmærkers Bevaring for 1896. Oldsamlingen har derved faaet en forholdsvis rig Tilvæxt fra et Tidsrum, der tidligere kun var svagt repræsenteret.

Konservator Schneider foretog i Mai og Juni to kortere Excursioner i entomologisk Øiemed til de nedre Partier af Maalselven og til Omgivelserne af Harstad. I Tiden fra 21de Juni og til Udgangen af September Maaned foretog han med to Stipendier, nemlig fra Bergens Museum til Undersøgelse af Insektfaunaen i Omegnen af denne By og fra Universitetet til Besøg af de norske zoologiske Museer og til Studium af den alpine Insektfauna, en Reise til Bergen, Sogn, Stavanger og Christiania.

Som anført i Aarsberetningen for 1895 forlod Konservator Dr. Lagerheim Museet i December d. A., idet han var ansat som Professor ved Høiskolen i Stockholm. Som hans Eftermand blev ansat Cand. philos. O. Bidenkap, der overtog sin Stilling som Anden-Konservator Vaaren 1896. I Løbet af Sommeren anstillede han jevnlig Undersøgelser i Tromsø Omegn og foretog Skrabninger i Tromsøsundet, hvorunder Materiale af alle Slags blev indsamlet for at complettere Museets egne Samlinger og forat skaffe Byttemateriale til andre Museer. Han foretog derhos Reiser til Fuglø, Jægervand, Kjosen, Lyngseidet og Kaafjord i Lyngen, forat studere disse Trakters Fauna, ligesom der paa enkelte af disse Steder blev foretaget Skrabninger.

Trykningen af Aarshefte XVIII, der blev paabegyndt ved Udgangen af 1895, fortsattes i Aarets Løb. Som Følge af, at Correkturlæsningen for en Del af Indholdet maatte foregaa i Stockholm, tog Trykningen usædvanlig lang Tid og afsluttedes først i 1897. Imidlertid udarbeidedes i Løbet af 1896 Manuskript til Aarshefte XIX. Indholdet af Aarshefte XVIII er angivet i Aarsberetningen for 1895.

Museets Bibliothek erholdt ved sine Bytteforbindelser den sædvanlige Tilvæxt. Derhos er nogle nye Forbindelser tilkomne, ligesom der til Haandbibliotheket blev anskaffet enkelte Værker, og Subscriptionen paa et Par Tidsskrifter fortsat.

Tromsø Sparebanks Forstanderskab bevilgede i Aaret af Bankens Overskud for 1895 Kr. 2000.00 til Amortisation af Museets Pantegjæld til Banken. Denne udgjorde oprindelig Kr. 23,000.00, men var ved denne Bevilgning og ved ordinære Afdrag à Kr. 230.00 gaaet ved Aarets Udgang ned til Kr. 20,540.00.

Med Hensyn til de enkelte Afdelinger meddeles følgende Oversigter.

A. De historisk-antikvariske Samlinger.

a. Den lappiske (finske) Afdeling.

Denne Afdeling er bleven forøget ved Indkjøb af flere Gjenstande, navnlig Beklædningsgjenstande fra Salangen, Sørfjorden og Juckasjärvi, saasom Kofter, Bælter, Komagbaand.

b. Oldsamlingen.

Denne Afdeling har i Aarets Løb faaet følgende Tilvæxt:

1. Spydspids af sort Skifer med Tange og Modhager af Typen NO*) 86. Den forreste Del er afbrækket, det gjenværende Stykkes Længde 10 cm., største Bredde 4,5. Har skarpt slebne Sider og ophøiet Midtrand. Funden i Bunden af en 63 cm. dyb Torvmyr i Dybfjord i Sortland. Arktisk Stenalder (1108).

2. Sænkesten af Klebersten, 25 cm. lang, rundt Tversnit og hul i den ene Ende til Snoren. F. M. 1.50 under Strandens Flade ved Murarbeide til en Brygge paa Andenæs og givet af Handelsmand J. Kiil sammesteds (1109).

3. a) Øks af Typen NO. 561 med Afsats tvertover Bladet og Fliger over Skafthullet, hvori Rester af Træskaf-

*) NO ɔ: Norske Oldsager af Hr. Professor Rygh.

tet. Eggens Bredde 16 cm., Længde fra Hammer til Eg 20 cm. Den ene Side af Skafthullet er beskadiget (1110).

b) Spydblad med ophøiet Midtrand nærmest lig NO. 520, men noget smalere og kortere; det øverste af Falen mangler. Rundt Partiet mellem Fal og Blad gaar ligeløbende indgravede Linjer som paa Spydet NO 529, Odden er afbrækket; den samlede Længde af Fal og Blad er nu 33,5 cm., største Bredde 4.5 cm. (1111). Fundet sammen med forr. Nr. ved Pløining paa Gaarden Bolla i Ibestad og tilhører yngre Jernalder.

4. Haandsneldhjul af Klebersten, halvkugleformet, 3,5 cm. i Tvermaal, 2 cm. tyk. F. i en Ager paa Lekangen i Tranø og tilhører formentlig yngre Jernalder. Paa Gaarden er tidligere fundet Oldsager saavel fra ældre som yngre Jernalder. Sammenlign Aarsber. fra Foreningen til Norske Fortidsmindesmerkers Bevaring f. 1892, S. 101 (1112).

5. a) Haandsneldhjul af Klebersten, 4 cm. i Tvermaal, 1 cm. tykt, ligt NO 334 (1113).

b) Liden Sænkesten af Klebersten med Hul i begge Ender og med et indskaaret Kors paa den ene Side, 12 cm. lang (1114).

c) Sænkesten af Glimmerskifer med Hul og indhuggen Fure for Snoren, 16 cm. lang (1115).

d) Brudstykker af flade Stene med riflede Sider samt et Brudstykke af et Kleberstenskar. F. sammen med de tre foregaaende Numere i Jorden paa Gaarden Blokken i Sortland og tilhører formentlig yngre Jernalder (1116).

6. a) Korsformet Bøilespænde af Bronce, 10 cm. lang og endende i et Dyrehoved, brækket i fire Stykker. Lig Nr. 6 i Undsets „Fra Norges ældre Jernalder". Alle tre Knopper er konvekse paa Forsiden; Bagstykkets Knop er hul, de andre to flade paa Bagsiden. Naalen mangler (1117).

b) Bøilespænde af Bronce, 14 cm. lang, korsformet med tre Knopper og endende i et Dyrehoved. Knopperne runde og hule paa Bagsiden. Rundt Overstykkets Knop to indgravede Linjer, rundt Armene en Bøile og Forstykke lig Nr. NO 249, dog uden anden Forziring end Baandet over Bøilen og den triangelformede Fordybning paa Forstykket. Med Undtagelse af Hovedets forreste Del vel vedligeholdt (1118).

c) Bøilespænde af Bronce, 12,5 cm. lang, brækket over Bøilen, der er delvis fortæret. Den ligner NO 252, har som denne tre Knopper og ender i et lignende Dyrehoved; Bøilens Ornamentik kan ikke bestemmes, da en Del af denne mangler. Knoppernes Bagside er hule (1119).

d) Broncespænde, 13,5 cm. lang med tre Knopper og Dyrehoved, hvis yderste Spids er fortæret. Armenes Knopper hule paa Bagsiden, Bagstykkets rund, samtlige forzirede med to paralelle Linjer. Bagstykkets tre Sider ornamenterede med korte indgravede Linjer, Forstykket med en Triangel (1120).

e) Tøistump, 6 cm. lang, 4 cm. bred, gjennemtrængt af Rust og Oxyd, funden sammen med ovennævnte Spænder, der har havt Naale af Jern; saavel disse som Naaleskederne mangler (1121). F. sammen med (1117—20 i Gravhaug paa Skogøen mellem Hammer og Lillesæter paa Engeløen i Steigen og tilhører ældre Jernalder.

7. a) Stor korsformet Broncespænde, 16 cm. lang og vel vedligeholdt; den ender i et Dyrehoved og ligner nærmest Typen NO 249, men Hovedets Øren er længere, og den har Arme med runde Knopper, der tilligemed Bagstykket nærmest er lig Typen NO 252; Bøilen er ikke udtunget som paa sidstnævnte Type. Ornamenteringen bestaar i

smaa koncentriske Ringe samt indgravede korte Linjer, der danner to Triangler paa Forstykket. Bøilen er tæt ovenfor For- og Bagstykke prydet med korte Tverlinjer og Punkter; det sidste Slags Forziringer gaar ogsaa rundt Knopper, Øine og Hovedets Midtparti. Naaleskeden er tilbage, men Naalen der har været af Jern mangler. Bagstykkets Knop er hul paa Bagsiden (1122).

b) Korsformet Bøilespænde af Bronce, 14,2 cm. lang og smukt ornamenteret med punkterede Linjebaand over Knopper, Bøile og Forstykke, det sidste forziret med to Triangler omtrent som paa NO. 249, men uden koncentriske Ringe paa Pladen. Af samme Type som fr. Nr., men med enkelte Afvigelser. Naalen er af Jern og Naaleskeden smykket med fem Linjebaand (1123).

c) Bøilespænde af Bronce, 7,5 cm. lang, Arme og Bagstykke lig NO 253, Bøilen derimod ikke udtunget, men af jevn Bredde, og Forstykket korsformet med kløverbladformet Afslutning; Knopperne runde fortil, flade paa Bagsiden. To dybe Furer langs efter Bøilen, Naalen spiralformet og af Jern (1124).

d) Bøilespænde af Bronce, Form og Størrelse som fr. Nr., men For- og Bagstykke smykkede med indgravede Punkter og rundt disse en Ring; Naal og Skede mangler (1125).

e) To Smykkenaale af Bronce, 5 og 4,5 cm. lange, Stammen rund, Hovedet Fugleform, lig Fig. 8 i Aarsb. f. 1878 (1126).

f) Kniv med Træskaft og Bronceholk; Bladet brækket og 6,3 cm. langt og meget spidst, største Bredde 1,5 cm., Skaftet 10 cm langt (1127).

g) Kam af Ben med Dobbeltskinner, de sidste ornamenterede med Linjer, Punkter og Ringe. Kun Halvdelen af Skinnerne og 2 af Tindestykkerne er tilbage (1128).

h) Urtepotteformet Lerurne, brækket i flere Stykker, der dog, paa et Par Smaastykker nær, fandtes. Tilhører Typen NO 376 og 13 cm. høi, 15 cm. i Diam. Nedenfor Halsen ornamenteret med en Fure, og nedenfor samt ovenfor denne to paralelt løbende Linjer. Nedenfor disse 15 Felter, skilte ved en vertikal Fure og tre Længdelinjer. Felterne slutter øverst med Figurer, der dannes af fire korte Linjer, som skjærer hverandre parvis, og lignende Figurer fylder ogsaa Felterne (1129).

i) Ringspænde af Bronce, med Naal af samme Metal, som er bøiet om Ringen, der er hul paa Undersiden, svagt hvælvet paa Oversiden, der har korte indgravede Streger. Diam. 3,5 cm. (1130). F. sammen med 1122—29 i Gravhaug paa Skogøen og tilhører ældre Jernalder.

8. a) Bøileformet Broncespænde med Arme og tre Knopper, 13 cm. lang. Den er brækket nedenfor Bøilen, og den ene Arm med tilhørende Knop mangler. Ligner nærmest Typen NO 252, men Bøilen er ikke udtunget, og Forstykket med Dyrehovedet er smalere, nærmest lig NO 249. Knopperne runde, For- og Bagstykke forzirede med korte Streger og smaa Ringe (1131).

b) Bøilespænde af Bronce, 12 cm. lang af Form som forr. Nr. og brækket nedenfor Bøilen; saavel Forstykke som Hoved er meget beskadiget (1132).

c) Liden Bøilespænde af Bronce, 6,5 cm. lang. Den har ikke Arme og Knopper, men kun et lidet trekantet Bagstykke, hvortil en Naal af Jern har været fæstet. Bøile og Forstykke meget smale (1133).

d) Haandsneldhjul af poleret Klebersten, 3,5 cm. i Diam., ligt NO 170 (1134).

e) Urtepotteformet Lerurne, brækket i mange Stykker, hvoraf de fleste tilstede, saa at den ligesom Nr. 1129 har kunnet restaureres. Lig NO 376, 13 cm. høi, 16 cm. i Diam. To cm. fra Overkanten et Baand af smaa Fordybninger, saa et Linjebaand af fire Linjer, derpaa et Baand af indgravede Fordybninger, og udenfor dette et Baand af to Linjer, mellem hvilke Fordybninger. Nedenfor disse flere Felter af vertikale og horizontale Linjer (1135).

f) Stykke af et Knivskaft af Træ med Rester af en Bronceholk, en liden Broncering samt et lidet Stykke Broncespænde med Naalegjænge og Tøistump (1136).

g) Større Samling Klinksøm og smaa Jernstykker (1137). F. sammen med Nr. 1131—36 paa Skogøen, tilhører ældre Jernalder.

9. a) Bøilespænde af Bronce med Arme, Dyrehoved og Knopper, de sidste hule paa Bagsiden; 9 cm. lang og noget beskadiget (1138).

b) Haandsneldhjul af brændt Ler, 4,5 cm. i Diam. (1139).

c) Nøgle af Jern, brækket i to Stykker, ender i en liden rund Krog; lidet Stykke af et Spyd (1140).

d) Sigdblad, brækket i fem Stykker, 33,5 cm. lang (1141).

e) En Mængde Karforingskit samt nogle smaa Stykker af en Lerurne (1142). F. sammen med Nr. 1138—41 i Gravhaug paa Skogøen og tilhører ældre Jernalder.

10) a) Stykker af et svært Sverdblad og større sammenrustede Jernklumper (1143).

b) Kvartsbryne samt flere Stykker Karforingskit (1144). Findested som fr. Numere.

11. a) Bøilespænde af Bronce, 5,5 cm. lang; For- og Bagstykke lige og uden Arme eller Knopper; af Typen 318 i „Svenska fornsaker“, men uden Grundtypens fremstaaende Punkter paa For- og Bagstykke (1145).

b) Bøilespænde af Bronce med Arme og Knopper, brækket over Bøilen, som er næsten fortæret; den ene Arm mangler. Bagstykkets Knop er hul, Armens rund paa Bagsiden. Det tilbageværende er 9,5 cm. langt (1146).

c) To smaa Øreskeer (?) af Bronce med Huller i den øverste Ende, hvorigjennem en liden Ring, 5 cm. lange og smykkede med Tverlinjer nedenfor Ringhullet. Et Stykke af en Broncering (1147).

d) Brudstykker af to Lerurner; den ene har havt Hank og er gjort af godt brændt Ler. Stykkerne er for faa til af dem at kunne bestemme Størrelse og Form (1148).

e) Større Samling af rustne Jernklumper, hvoriblandt en Paalstav, der dog er sammenrustet med de øvrige Stykker, samt Klinksøm (1149). F. i Gravhaug sammen med 1145—48 paa Skogøen og tilhører ældre Jernalder.

1117—49 er fremkomne ved Udgravninger i Steigen, udførte af Oldsamlingens Bestyrer.

12. a) Øks af ældre Jernalders Form, 17 cm. lang, 5 cm. bred over Eggen, 3 cm. over Skafthullet, lig NO 152, med svag Runding over Skafthullet (1150).

b) Spyd af Jern 24 cm. langt, brækket i to Dele og saa bøiet og fortæret, at Størrelse og Form vanskelig kan bestemmes. Falen mangler (1151). F. sammen med fr. Nr. i Gravhaug paa Vaag i Steigen. En fuldstændigere Beskrivelse om Udgravningerne og Undersøgelserne er indsendt til det akademiske Kollegium og vil formentlig blive trykt i Aarsber. fra Foreningen til norske Fortidsmindesmerkers Bevaring f. 1896.

13. a) Sverdblad af Jern, eneggет; Odden mangler. Det tilbageværende er 64 cm. langt, jevn Bredde 5 cm. Tilhører Typen NO 498 (1152)

b) Celt af Jern, 14,5 cm. lang, 8 cm. bred over Eggen, lig NO 401, men mere udadgaaende Eg (1153).

c) To Par svære Bidselringe med tilhørende Mundbid af Jern, lig NO. 572. Det ene Par Ringe har flade Sider, i det andet Par er Stammen rund (1154).

d. Flere smaa Plader Bronceblik-Belæg til et Sverdhjalt (1159). 1152—54 samt 1159 er fundne i Gravhaug paa Fjetterstadholmen ved Lund i Steigen og tilhører yngre Jernalder.

14. a) Sverdblad 75 cm. langt, jevn Bredde 5 cm., ligt NO 498 og vel vedligeholdt (1155).

b) Spyd, ligt NO 519, med smukke Glødeskal over den største Del af Bladet og vel vedligeholdt. Fal og Blad tilsammen 45,5 cm. langt, største Bredde 6 cm. (1156).

c) Øks af Jern, „kileformet", nærmest lig Typen NO 556, men smalere nedenfor Skafthullet (1157). Fundet sammen med de to forrige Numere i Gravhaug paa Hakvaag paa Engeløen i Steigen og tilhører yngre Jernalder.

15. Bolle af Sten, brækket i mange Stykker, lig NO 729 og 20 cm. i Diam. F. i en Stenrøs paa Aalstad, Engeløen i Steigen (1158).

16. Glatsleben Kile af Sten, formentlig Bryne fra Stenalderen, 12 cm. langt. F. i Jorden paa Melø i Bjarkø (1160).

17. a) Broncebillede af St. Christophorus med Kristusbarnet paa sine Skuldre. Hovedfiguren, der staar paa et Broncefodstykke, som formentlig har været fæstet til en større Plade eller lign., er 14 cm. høi. Den nedre Del af Ansigtet er dækket af Skjæg, Hovedet bøiet lidt fremover og tilhøire. Den venstre Haand støttes med Haandfladen mod Hoften, af den høire er kun Overarmen tilbage; denne er noget fremstrakt, og Haanden har sandsynligvis været støttet til en Stav. Det høire Knæ er bøiet, ved at Foden sættes frem. Figuren er klædt i en kort Kjortel, der ræk-

ker til Knæerne, og bundet om Livet med et smalt Baand eller Reb. Kristusfiguren, der er faststøbt til Hovedfiguren, paa hvis venstre Skulder den støtter sit venstre Knæ, er 6 cm. høi og iført en fodsid Kjortel; begge Armene mangler, og Ansigtet er meget fortæret. Fundet i Jorden paa Bergsdalen i Hoel s. Buksnes Prgjld. i Lofoten og tilhører Middelalderen (1161).

b) Pibe til en Lysestage fæstet til en Ring, alt af Messing (1162).

c) Beslag af Kobber med flade Sider og svag Krumning, 6 cm. langt; gjennem den indre Kant gaar fem runde Huller (1163).

d) Skaalformet Kobbergjenstand med Hul i Midten; ikke ulig en rund Skaalspænde, som det dog neppe har været, 6 cm. i Diam. Den ene Kant mangler (1164).

e) Kleberstensbryne, brækket i tre Stykker. De fire sidstnævnte Gjenstande fundne i Jorden sammen med ovennævnte Christophorusfigur (1165).

18. a) Spydspids af graahvid Lerskifer med Tange, Modhager og ophøiet Midtrand, smukt sleben med skarpe Sider og spids Od. 18,5 cm. lang, største Bredde over Modhagerne 5 cm. med jevnt aftagende Bredde henimod Spidsen. Lig NO 88 og omtrent af samme Længde, men mer end dobbelt saa bred. Funden ved Pløining paa flad Mark paa Lyngseidet (Klokkergaarden) i Lyngen en Plogdybde under Jordfladen (1166).

b) Spydspids af rødbrun, flammet Skifer, smukt slebne Sider, Tange og Modhager, skarpe Egge og ophøiet Midtrand, 11 cm. lang, 4,3 cm. bred over Modhagerne; tilhører Typen NO 86, men bredere. Funden sammen med forr. Nr. og tilhører som dette den arktiske Stenalder. Begge er indsendte som Gave fra Kirkesanger Larsen Lyngen (1167).

19. a) Ambolt af Jern, lig NO 339 af Form og Størrelse; Tversnittet gjennem Spidsen 15,5 cm., Høiden 15 cm. Den er før Nedlægningen brækket over Midten, men begge Stykker er tilstede (1168).

b) Smedetang af Jern, lig NO 390, men uden Afsats paa Armene, 19 cm. lang (1169).

c) Hammer, lig NO 394, 11 cm. lang, 3 cm. bred (1170)

d) Fil, 19 cm. lang, 2 cm. bred (1171).

e) Avl-Sten af Kleber, halvrund Form og flad Underside, 26 cm. lang. Vertikalt og horizontalt Tversnit henholdsvis 9 og 20 cm. over den mod Blæsebælgen vendende Kant, men noget mindre i den Ende, som har vendt mod Essen, og som viser sterk Indvirkning af Ild. Den mod Bælgen vendende Kant er forsiret med 6 indgravede paralelle Linjer, der gaar rundt Stenen, undtagen paa den flade Underside. Hullet for Avlpiben gaar igjennem Stenens hele Længde og er sterkt udvidet for Bælgemundingen (1172).

f) Ljaa af Form som NO 386, men med svagere Krumning, 5,5 cm. lang (1173).

g) Paalstav lig NO 401, men med lukket Fal, 7 cm. bred over Eggen, 16 cm. lang (1174).

h) Ring af Jern, fladsidet, har sandsynligvis været brugt om Paalstavens Skaft (1175).

i) To svære Bidselringe af Jern med en Del af Mundbiddet, Stammen rund og Ringenes Diam. 9 cm. (1176).

j) Flere Stykker rustent Jern, hvoriblandt Brudstykker af en Pil samt af et Par Syle (1177).

k) Lidet Knivskaft af Ben, rundt Enderne indgravet to Linjer, 9,5 cm. langt (1178).

l) Beslag af Ben, 23,5 cm. langt, 4 cm. bredt; Oversiden prydet med flere Paralellinjer. Har formentlig været fæstet til et Træskrin (1179).

m) To Stykker Hvalben, det største 19 cm. langt, begge fladhuggede paa Siderne (1180).

n) 16 halvkugleformede Spillebrikker af Hvalben af Typen NO 474, samtlige med Hul indborede paa Underfladen. Størrelsen er fra 2 til 3 cm. i Diam. Et Par er lidt beskadigede (1181). Samtlige Nr. 1168—87 er funden i en Gravhaug paa Lund i Steigen. Haugen var bygget af Jord og Sten uden Gravkammer, ca. 80 cm. høi og flere Favne i Omkreds. Kraniet samt andre Ben af en storvoksen Mand fandtes sammen med Oldsagerne, der tilhører yngre Jernalder.

20. Arnoldusgylden fra Geldern i Holland. Paa den ene Side Indskriften: „Johannes Baptista“, rundt Helgenen, som staar med Korset i venstre Haand, samt en staaende Løve. Paa den anden med forkortet Indskritt: Dux Arnoldus Geldriæ et Juliæ et comes Zuphaniæ. Arnoldus var Hertug af Geldern 1433—73. Mynten er fundet i Jorden paa Melø i Bjarkø og er sterkt forgyldt Sølv (1182).

21) Spyd fra yngre Jernalder, nærmest NO 518, men meget større: det er nemlig 59,5 cm. langt, dets største Bredde 8 cm. Bladet er fladt uden ophøiet Midtrand, og der mangler lidt af den ene Eg. Ligesom Grundtypen har det Udspring paa Falen, men ingen indtrykte Linjer. Ved Falens øverste Rand ovenfor det ene Udspring var fæstet en femknoppet Bronceknop af 1,5 cm.s Diam. F. i en Rundhaug paa Strønstad i Hadsel (1183).

22. a) Enegget Sverdblad; Od som Haandtag mangler; det tilbageværende er 66 cm. langt, 6 cm. bredt (1184).

b) Øks, brækket over Skafthullet, nærmest lig Tegning Nr. 21 i Aarsbr. fra Foreningen til norske Fortidsmindesmerkers Bevaring for 1889. I hel Tilstand har den antagelig været 20 cm. lang, Bredden over Eggen er 8 cm. (1185).

c) Paalstav af Jern; største Delen af Falen og en Del af Bladet er fortæret af Rust (1186). F. sammen med 1184—85 paa Strønstad i Hadsel — men i anden Grav end 1183 — og tilhører yngre Jernalder. Paa Gaarden er tidligere fundet Oldsager, og en Beltesten fra ældre Jernalder, tilhørende de fundne Gjenstande, er nu i Tromsø Museum. Smlgn. Aarsb. f. 1875, S. 114 og for 1884, S. 2 fra Foreningen til norske Fortidsmindesmerkers Bevaring.

Oldsamlingen er i Aarets Løb forøget med 79 Nr. og udgjør nu ialt 1186 Nummere.

B. Den naturhistoriske Afdeling.

a. De zoologiske Afdelinger.

Samlingen af Pattedyr er kun forøget med et Foster af hvidsnudet Delphin *(Lagenorhynchus albirostris)* fra Lyngen, desuden er et tidligere anskaffet Skind af en voksen Jerv *(Gulo borealis)* bleven udstoppet og udstillet, ligesaa en Unge af Fjeldræv *(Vulpes lagopus)*.

Af Fugle er udstoppet 2 Dalryper *(Lagopus subalpinus)*, en Høkugle *(Strix funerea)*, en Tiur *(Tetrao urogallus)*, en gulbenet Maase *(Larus fuscus)*, en stor Blaamaase *(Larus glaucus)* og en Elfenben-Maase *(Larus eburneus)* medbragte fra Ishavet af „Fram“, en Unge af Svartbag *(L. marinus)*, samt en særdeles vakker lysebrun Varietet af Storskarv *(Phalacrocorax carbo)*, fra Kalfjord ved Tromsø. Opstillet er dertil et Rede med Æg af Linerle *(Motacilla alba)*. En fra Skibotn indsendt Hærfugl *(Upupa epops)* var desværre for gammel til at kunne benyttes.

I Vinterens Løb er de 2 store Væggeskab bleven forlængede og paabyggede, og naar det 3die har undergaaet en lignende Ombygning og nogle Smaaforandringer foretagne i de 3 store fritstaaende Skab, vil maa for lang Tid have den fornødne Plads efter den Maalestok, hvorefter Fuglesamlingen er bleven anlagt.

Til Fiskesamlingen er indkommet et Ekspl. af den sjeldne *Maurolicus borealis* fra Andenes, medens 2 Marulker *(Lophius)* ikke er bleven benyttede.

Samlingen af lavere Sødyr er forøget ved de Indsamlinger, som af Konservator Bidenkap er foretagne i Tromsøsundet og Lyngen. I Løbet af Vaaren er i nye Glas med indslebne Korker paabegyndt Monteringen af det store hidtil magasinerede Materiale af lavere Sødyr fra alle Kanter af Stiftet. Ialt er opstillet etpar Hundrede Glas med Crustaceer og Echinodermer; naar alt er ordnet, vil denne Samling omfatte adskilligt over 1000 No., hvert No. oftest omfattende et større Antal Eksemplarer.

Insektsamlingen har ogsaa i dette Aar modtaget en meget betydelig Tilvækst, saavel ved Indsamlinger, gjorte af Konservatorerne, som ved Bytte. Endelig opstillet og ordnet er nu Samlingen af arktiske Hemiptera, Bladhvepse og Humler, medens Coleopterne og Lepidopterne maa omordnes for at kunne optage de nye Indsamlinger. Til den almindelige europæiske Samling af Insekter er i Bytte modtaget værdifulde Forsendelser fra forskjellige udenlandske Samlere, derhos er ved Kjøb ved to Anledninger erhvervet endel sjeldne Lepidoptera, som hidtil fattedes. Sommerfuglene er bleven indordnede i den færdig opstillede Samling, Ordningen af Coleoptera og det ikke ubetydelige Materiale af Bladhvepse og Humler vil ikke kunne paabegyndes, førend Midler kan afsees til det fornødne Inventar. Ud over disse Grupper har man ikke fundet det tilraadeligt at gaa med den almindelige europæiske Insektsamling, da Præpareringen og Monteringen af Insekter kræver megen Tid, og desuden maa jo de arktiske Elementer i Museet tillægges den væsentligste Betydnig.

I den exotiske Afdeling er opstillet den store Han af Urangutan, som i mange Aar har henligget som Skind. Vor Landsmand i Dresden, Hr. Adrian Jacobsen, har skjænket en vestindisk Havskildpadde, som senere vil blive opstillet, af Dr. H. Reusch har man modtaget to Kjæmpetorbister, Han og Hun, fra Gouadeloupe.

b. Den botaniske Afdeling.

Til denne er af Konservator Foslie i Trondhjem sendt en Typesamling af norske Lithothamnier, yderligere Tilvækst har denne Afdeling ikke modtaget i 1896.

c. Den mineralogisk-geologiske Afdeling.

Disse Samlinger har i Aar erholdt en ganske værdifuld Forøgelse. Vakre Prøver af rød Marmor og amethystfarvet Kvarts er erhvervet fra Maalselven, desuden har man modtaget nogle Fossiler fra Spitsbergen. Af størst Værdi er imidlertid en af Hr. Jernverkseier N. Aall skjænket Samling af sjeldne Mineralier fra hans Feltspatbrud i Nærheden af Næs Jernverk, i et stort Antal Stuffer og tildels i pragtfulde Krystaller. Samlingen indeholder blandt andet: Torit, Monacit, Yttrotitanit, Orthit, Apatit, Euxinit, Rosenkvarts m. fl., de fleste Sager, hvoraf man før kun besad uanselige Stykker. Til Samlingen var ogsaa føiet Prøver af diverse Jernmalme fra Verkets Gruber.

Fortegnelse

over Museets literære Bytteforbindelser og de til Museets Bibliothek i 1896 indkomne Skrifter.

Rien n'a été reçu en 1896 des sociétés désignées par *

Åbo.

Åbo Stads historiska Museum.

Åbo Stads Historia, 1—4.

Augsburg.

Naturwissenschaftlicher Verein.

Bericht. 32.

Bergen.

Selskabet for de norske Fiskeriers Fremme.

Aarsberetning for 1896.

Fiskeritidende 1896.

Bergens Museum.

Aarsberetning for 1894—95.

Aarbog for 1894—95.

Naturen 20. Aarg. 1896.

Vestlandske Kunstindustri-Museum.

Beretning for 1895.

Berlin.

Central-Bureau der internat. Erdmessung.

Verhandlungen 1896.

Botanischer Verein der Provinz Brandenburg.

Verhandlungen. Jahrg. 37.

Friedländer & Sohn.

Naturæ Novitates. 1896.

Bericht über die Verlagsthätigkeit.

Bonn.

Niederrheinische Gesellschaft f. Natur u. Heilkunde.

Sitzungsberichte 1895, 1 & 2, 1896, 1.

Naturhist. Verein d. preuss. Rheinländer etc.

Verhandlungen. 52 Jahrg., 2., 53. Jahrg. 1.

Boston, Mass.

**The American Academy of Arts und Sciences.*

Boston Society of Natural History.

Proceedings 1896.

Braunschweig.

**Herzog. naturhistorisches Museum.*

Bremen.

**Naturwissenschaftlicher Verein.*

Geographische Gesellschaft.

Deutsche geogr. Blätter, Bd. 18, H. 4, Bd. 19, H. 1—3.

Breslau.

Schlesische Gesellschaft f. vaterl. Cultur.

73 Jahresbericht, Jahrg. 1896.

Ergänzungsheft 3. Jahrg. 73.

Bridgeport, Con.

**Scientific Society.*

Brisbane.

**Queensland Museum.*

Bruxelles.

**Société Royale malacologique de Belgique.*

**Société entomologique de Belgique.*

Société belge de Microscopie.

Bulletin. T. XXII, no. 5—10. (Proces verbaux).

Annales. T. XX.

**Société géologique de Belgique.*

Budapest.

K. M. Természettudományi Társulat.

Dr. Handor: Die Characeen.

J. Hagyforky: Ueber die Windrichtung.

Fr. Schaforzek: Die Pyroxen—Andesite des Cserhat.

Hungarian National Museum.

Természetrajzi Füzetek. Vol. IX, H. 1—4.

**Ungarische Centralbureau für ornithologische Beobachtungen.*

Buenos Aires.

**Sr. D. Florentino Ameghino.*

Museo nacional.

Annales T. IV. 1895.

Cambridge, Mass.

Museum of Comparative Zoology at Harvard College.

Bulletin. Vol. XVII, no. 6—7, Vol. XXIX, no. 1—6, Vol. XXX, no. 1.

Cassel.

Verein für Naturkunde.

Bericht XLI, n. 3—4.

Chemnitz.

**Naturwissenschaftliche Gesellschaft.*

Cherbourg.

Société nationale des Sciences naturelles et mathématiques.

Memoires T. XXIX, 1892—95.

Chur.

Naturforschende Gesellschaft Graubündens.

Jahresbericht. Neue Folge. XXXIX.

Chicago.

Academy of Sciences.

Bulletin 1895.

Annual Report 1896.

Cordoba (Rep. Argentina).

Academia nacional de ciencias.

Boletin. T. XIV. entr. 3—4.

Danzig.

Naturforschende Gesellschaft.

Schriften, Bd. IX, Heft. 1.

Davenport, Jowa.

**Academy of Natural Sciences.*

Dorpat.

Naturforschende Gesellschaft.

Sitzungsberichte, Bd. XI, H. 1. 1895.

Dresden.

Africanische Gesellschaft.

Heft 1—5, 1878—79, Bd. II—V 1880—89. Correspondenzblatt 2—33.

Naturwiss. Gesellschaft Isis.

Sitzungsberichte u. Abh.. 1895, Juli Decbr., 1896, Janr.—Juli.

Verein für Erdkunde.
Jahresbericht 25, 1896.
5 forskjell. Afhandlinger.

Edinburgh.
**Royal Society.*
**Geological Society.*

Elberfeld.
Naturwissenschaftlicher Verein.
Jahresbericht. H. 8, 1896.

Emden.
Naturforschende Gesellschaft.
Jahresbericht, 1894—95.

Frankfurt a. M.
Senckenbergische naturforschende Gesellschaft.
Bericht. 1896.

Frankfurt a. O.
Naturwissenschaftlicher Verein.
Helios, 13 Jahrg. n. 7—12.
Societatum litteræ, 9 Jahrg. n. 10—12. 10 Jahrg. n. 1—6.

Freiburg i. B.
**Naturforschende Gesellschaft.*

Giessen.
**Oberhessische Gesellschaft f. Natur u. Heilkunde.*

Graz.
Naturwiss. Verein fur Steiermark.
Mittheilungen 1894 og 95.

Greifswald.
Naturwiss. Verein f. Neu-Vorpommern und Rügen.
Mittheilungen. 27. 1895.

Groningen.
Naturkundig Genootschap.
Verschlag 1895.

Güstrow.
Verein der Freunde der Naturgeschichte in Mecklenburg.
Archiv. Jahrg. 49, Abth. 1 & 2.

Görlitz.
Naturforschende Gesellschaft.
Abhandlungen. Bd. 21.

Göteborg.

K. Vetenskaps och Vitterhets Samhället.

Handlingar. H. 31.

Halifax, N. S.

Nova Scotian Institute of Natural Science.

Proceedings and Transactions, Ser. 2, Vol. II, n. 1.

Halle a. S.

**K. Leopoldinisch-Carolinische Akademie d. Naturforscher.*

Naturwissenschaftlicher Verein für Sachsen und Thüringen.

Zeitschrift. Bd. 68, 5—6 Hft.

Hamburg.

Naturwissenschaftlicher Verein.

Verhandlungen. 1895.

Abhandlungen, Bd. XIV.

Naturhistorisches Museum.

Jahrbuch XII. Beiheft.

Mittheilungen XIII. 1895.

Helsingfors.

**Universitetet.*

Vetenskaps-Societeten.

Förhandlingar, H. 37, 1894—95.

Öfversigt, Vol XXXVII.

Observations meteorologiques 1894 & 95. Suppl. t. 1881—90.

Societas pro Fauna et Flora Fennica.

Acta V. n. 3, VIII—IX, XII.

Meddelanden 18—21.

Sitzungsberichte. 1—4.

Herbarium Mus. Fenn. Ed. 2da, II.

Geologiska Kommissionen.

Beskrifvelse til Kartbladen 27—31.

**Sällskapet för Finlands Geografi.*

Geografiska Föreningen.

Vetenskap. Meddelanden II, 1894—95, III, 1896.

Hougthon, Mich.

**Michigan Mining School.*

Iglo.

Ungarischer Karpathen-Verein.

Jahrbuch XXII. 1895, XXIII, 1896.

Kiel.

**Naturwissenschaftlicher Verein für Schleswig-Holstein.*

Kommission zur wissenschaftlichen Untersuchung der deutschen Meere.

Wissenschaftl. Meeresuntersuchungen, n. F. Bd. 1, H. II, Bd. II, H. 1. Abth. 1.

Kiew.

**Société des Naturalistes.*

Kjøbenhavn.

Kgl. Danske Videnskabernes Selskab.

Oversigt 1896 n. 1—3, 5.

**Ministerium for Kirke- og Undervisningsvæsenet.*

Naturhistorisk Forening.

Videnskabelige Meddelelser. 1895.

Botanisk Forening.

Botanisk Tidsskrift. Bd. 20, n. 1—3.

Medlemsliste.

Danske biologiske Station.

Beretning V, 1894. VI, 1895.

Knin.

Hrvatskoga Starirnarskog Druztva,

Starorvatska Prosvjeta I, II, 1—2.

Königsberg.

Physikalisch-ökonomiscke Gesellschaft.

Schriften. Jahrg. 36.

Krakow.

Académie des Sciences.

Bulletin international 1896, janr.—marz.

Comptes rendus, 1896, janr.—juli.

Kristiania.

Universitetsbiblioteket.

Aarbog 1893. Hefte I. (1896).

Aarsberetning for 1894—95.

Prof. P. O. Schjøtt, samlede phil. Afhandlinger.

Videnskabsselskabet.

Forhandlinger 1895.

Skrifter 1895, 1—2.

Landbrugsdirektoriatet.

Aarsberetning for 1895.

Kgl. Selskab for Norges Vel.

Tidsskrift for det Norske Landbrug 1896, n. 1—7.

Beretning. 1894—95.

Katalog over Landbrugsmuseet paa Bygdø.

Kirkedepartementet.

Carte internationale Geologique. 1ste Hefte.

Nyt Magazin for Naturvidensk.

Archiv f. Mathematik og Naturvidenskab.

Den norske Kildeskriftskommission.

Dombog for 1597.

**Kommissionen for den europæiske Gradmaaling.*

Statssekretariatet.

Norsk Lovtidende 1896.

Norsk Folkemuseum.

Aarsberetning for 1895.

Lausanne.

Société vaudoise d. Sciences naturelles.

Bulletin, Vol. XXX, n. 119—121. Index bibliographique.

Leiden.

Nederlandsche dierkundige Vereeniging.

Tijdskrift, Ser. 2, Deel X, Afl. 1, 3.

Leipzig.

K. Sächsische Gesellsch. d. Wissenschaften.

Berichte mathem.-phys. Classe, 1895, V & VII, 1896, I—III.

Festschrift.

Lille.

Revue Biologique du Nord de la France.

Anné 7, n. 10—12.

Lisboa.

**Academia Real das Sciencias.*

London.

Royal Society.

Proceedings. Vol. 59, n. 353—361, V. 60, n. 362—63.

Linnean Society.

Proceedings. Novbr. 1894—Juni 1895.

Zoological Journal. Vol. XXV, n. 162—64.
List 1894—95.

**Zoological Society.*

British Museum.

Guide to the Mycetozoa.
Catalogue of the Mezozoic Plants I & II.

Lund.

Universitetet.

Acta. Bd. 31.

Lübeck.

**Naturhistorisches Museum.*

Madison, Wis.

**Academy of Sciences, Arts and Letters.*

Madras.

Government Museum.

Bulletin 4. 1896.

Manchester.

Manchester Museum, Owens College.

Report 1895—96. — Catalogue of the Headfield Collection of Shells.

Marburg.

Gesellschaft zur Beförderung der gesammten Naturwissenschaften.

Sitzungsberichte 1894—95.

Meriden, Conn.

**Meriden Scientific Association.*

Milwaukee, Wis.

Public Museum.

Annual Report. 1894—95.

Montevideo.

Museo nacional.

Annales V.

Montreal.

Natural History Society of Montreal.

Canadian Record of Sciences, Vol. 6, n. 8.

Moscou.

Société Imperiale des Naturalistes.

Bulletin 1896, no. 1 & 2.

Nantes.

Société d. Sciences natur. de L'Ouest de la France.

Bulletin, Tom. 5. (1895).

Napoli.

**Società Africana d. Italia.*

Neuchâtel.

**Société des Sciences Naturelles.*

New Haven, Conn.

**Connecticut Academy of Arts and Sciences.*

New-York.

New-York Academy of Sciences.

Memoir I, p. 1.

Transactions, Vol. XIII, 1892—93, Vol. XIX, 1894—95.

Nürnberg.

Naturhistorische Gesellschaft.

Jahresbericht. 1895—96.

Osnabrück.

**Naturwissenschaftlicher Verein.*

Ottawa.

Royal Society of Canada.

Proceedings a. Transactions, 2 Ser., Vol. I.

**Geolog. a. Natur. Hist. Society of Canada.*

Paris.

Museum d' Historie naturelle.

Bulletin, année 1896, n. 1, 4—6.

Société zoologique de France.

Bulletin. T. 20. 1895, 1—10.

**Le Naturaliste.*

Feuilles des jeunes Naturalistes.

Année, 26, 304—314. Catalogue de la Bibliothec.

Revue Biologique.

Année I, no. 10.

Philadelphia, Pa.

Academy of Natural Sciences.

Proceedings, 1896, no. 1.

Pisa.

Società Toscana de Scienze Naturali.

Atti Processi verbali. Vol. IX, mai—lugl. 1895, V. X, p. 1—168.

Porto.

**Annaes de Sciencias naturaes.*

Prag.

K. Böhmische Gesellschaft d. Wissenschaften.

Sitzungsberichte, 1895, n. 1 & 2.

Jahresbericht, 1895.

Regensburg.

Naturwissenschaftlicher Verein.

Berichte 1894—95, Heft. 5.

Riga.

Naturforscher Verein.

Korrespondenzblatt, 38, 1895.

Rochester, N. Y.

Rochester Academy of Scienses.

Proceedings. Vol. III, n. 1.

Salem, Mass.

Essex Institute.

Bulletin. Vol. 26, n. 7—12, V. 27, n. 1—6.

San Francisco.

California Academy of Sciences.

Proceedings Vol. V, n. 2.

St. Gallen.

**Naturwissenschaftliche Gesellschaft.*

St. Louis, Miss.

**Academy of Science.*

St. Petersburg.

Musée zoolog. d. L'Academie imperiale.

Annuaire 1896, n. 3.

Laboratoire biologique.

Bulletin 1896, T. I. u. 1—3.

Sidney.

Royal Society of New South Wales.

Journal and Proceedings. Vol. 29, 1895.

Stavanger.

Stavanger Museum.

Aarsberetning for 1895.

Stockholm.

Kgl. Svenska Vetenskaps Akademien.

Handlingar. Bd. 27.

Bihang. Bd. 21.

Öfversigt. 1895, n. 7—10. 1896, n. 1—7.

Sveriges Geologiska Undersökning.

Afhandlingar, Ser. C, n. 135—159.

Geologiska Föreningen.

Förhandlingar. Bd. 17, H. 7, Bd. 18, H. 1—6.

Entomologiska Föreningen.

Entomologisk Tidskrift. Årg. 17.

Kgl. Vitterhets Historie o. Antiquitets Akademien.

Antiqvarisk Tidsskrift.

Ymer.

Årg. 11, n. 14—16.

Stuttgart.

Verein für vaterländische Naturkunde in Württemberg.

Jahreshefte. Jahrg. 52 (1896).

K. Naturalienkabinet.

Mittheilungen, 1896 n. 1—4.

Tokio.

**The Imperial University (Teigoku Daigaku).*

Toronto.

Canadian Institute.

Transactions, Vol. V, n. 9, p. 1.

Trondhjem.

**Kgl. norske Videnskabers Selskab.*

Trondhjems Fiskeriselskab.

Aarsberetning 1894—95. 1895—96.

Fiskerimuseet.

Aarsberetning 1895.

Nordenfjeldske Kunstindustri-Museum.

Aarsberetning for 1895,

Tufts College, Mass

**Tufts College.*

Upsala.

Geological Institution.

Bulletin V. I & II, 1892—95.

Universitetet.

Redogörelse 1894—95.

8 akad. Afhandlinger.

Festskrift. Lefnadsteckning af C. v. Linné.

Vetenskaps Societeten.

Nova acta, V. 15, fasc. 2.

Washington, D. C.

**Smithsonian Institution.*

**U. S. National Museum.*

U. S. Departement of Agriculture.

North American Fauna, n. 10—12.

Bulletin n. 6 & 8.

U. S. Geological Survey.

Annual Report 1894—95, p. 1—4.

Wien.

K. K. Naturhistorisches Hof-Museum.

Annalen Bd. X, n. 1—4.

**Naturwissenschaftlicher Verein.*

Zoologisch-botanische Gesellschaft.

Verhandlungen. Bd. 46, n. 1—7, 9.

**K. K. geographische Gesellschaft.*

Ornithologischer Verein.

„Die Schwalbe", Jahrg. XXX, n. 1—3.

Wiesbaden.

Nassauischer Verein für Naturkunde.

Jahrbuch. 48 & 49.

Zürich.

Naturforschende Gesellschaft.

Vierteljahrschrift. Jahrg. 40, n. 3—4.

Festschrift 1896.

Congrès international de zoologie. Leyde.
Guide zoologique.

Anatomiske Institut, Kristiania.
Katalog over bogsamlingen.

V. Storm, Trondhjem.
Dipterologiske Undersøgelser.

Dr. Eberhard Fraas, Stuttgart.
Die Schwabischen Trias-Saurier.

M. Foslie, Trondhjem,
The reprod. organs in *Turnerella septentrionalis.*

J. Qvigstad, Tromsø.
Dr. Sælan: Öfversigt af Finlands botan. Litteratur.

Extrakt

af Tromsø Museums Regnskab for 1896.

Indtægt:

1.	Beholdning ifølge forrige Aars Regnskab:		
	a. Restancer	Kr. 50.00	
	b. Indestaaende i Sparebanken	„ 1676.38	
	c. Do. hos Kassereren . .	„ 1233.47	
	d. Restbeløbet af Statstilskud for Budgetterminen 1895—96*)	„ 1135.00	Kr. 4,094.85
2.	Bidrag for 1896:		
	Af Kong Oscar den 2dens Legats Rentefond	Kr. 164.59	
	Tromsø Amtskommune	„ 300.00	
	Nordlands do.	„ 100.00	
	Finmarkens do.	„ 120.00	
	Tromsø Samlag for Brændevinshandel . .	„ 1400.00	
	Medlemskontingent	„ 339.00	
	Entrépenge	„ 326.96	„ 2,750.55
		Transp.	Kr. 6,845.40

*) Se Nota til Extrakten for 1895 (Aarsberetning Pag. 33, hvor dette Beløb ikke er medtaget i Beholdningen.

			Transp. Kr.	6,845.40
3.	Statstilskud for Budgetaaret 1896—97		„	6,600.00
4.	For solgte Aarshefter	Kr. 5.00		
	„ — Naturalier	„ 5.00		
	„ — Bundskrabe	„ 5.00	„	15.00
5.	Indvundne Renter i Sparebanken		„	50.28
			Kr.	13,510.68

Udgift

1.	De historisk-antikvariske Samlinger		Kr.	72.22
2.	De naturhistoriske Samlinger		„	1,002.26
3.	Reiseudgifter		„	308.26
4.	Bibliotheket		„	298.44
5.	Lønninger:			
	Conservatorer	Kr. 3,613.87		
	Første Conservator personligt Tillæg for ½ Aar	„ 250.00		
		Kr. 3,863.87		
	Oldsamlingens Bestyrer	„ 200.00		
	Vagtmesteren	„ 240.00		
	Tilsynsmænd	„ 9.00	„	4,312.87
6.	Aarsberetning og Aarshefter		„	503.68
7.	Assurancepræmie for Samlingerne		„	50.00
8.	Eiendomsskat, Brandkontingent, Renter & Afdrag, Vedligeholdelse		„	1,351.46
9.	Lys og Brænde		„	212.60
10.	Den særskilte Bevilgning til Forste-Conservators Reiser		„	250.00
11.	Blandede og tilfældige Udgifter, inclusive Porto		„	240.53
			Kr.	8,602.32
12.	Beholdning 31/12 1896:			
	Restancer	Kr. 79.00		
	Indestaaende i Sparebanken	„ 1,726.66		
	Do. hos Kassereren	„ 3,102.70	„	4,908.36
			Kr.	13,510.68

Tromsø den 31te December 1896.

J. Killengreen. *Boye Strøm.* *A. Moursund.*
K. Gleditsch. *J. Qvigstad.*

Tromsø Museums

Aarsberetning

for

1897.

Tromsø.
G. Kjeldseths Bogtrykkeri.
1898.

Tromsø Museums

Aarsberetning

for

1897.

Tromsø.
G. Kjeldseths Bogtrykkeri.
1898.

Museet har i 1897 været aabent for Almenheden 43 Søn- og Helligdage i Timerne fra 12½—3 Eftermiddag, første Gang 28de Februar, sidste Gang 5te December. De Besøgendes Antal har ialt udgjort 6515, som fordeler sig paa de forskjellige Maaneder saaledes: Februar 106, Marts 199, April 896, Mai 711, Juni 1268, Juli 821, August 904, September 476, Oktober 1031, November 45, December 58. Det største Antal paa en Aabningsdag har været 604 (27de Juni), det mindste 3 (14de November). Det gjennemsnitlige Antal Besøgende hver Aabningsdag har saaledes udgjort 154.

Udenfor den faste Aabningstid har Museet været beseet af omkring 800 Personer, hvoraf antagelig ⅔ har været fremmede Turister.

Bestyreren af Oldsamlingen, O. Nicolaissen, foretog med Stipendium af de til videnskabelige Undersøgelser i Fædrelandet bevilgede Midler samt med Bidrag af Museet arkæologiske Undersøgelser i Nordlands Amt. Der foretoges Udgravninger paa Steigen, Hakvaag og Røsø i Steigen Herred. Herved fremkom flere Gjenstande, saavel fra ældre som fra yngre Jernalder; de er samtlige indlemmede i Museets Samlinger og vil findes beskrevne nedenfor i Afsnittet om Oldsamlingens Tilvækst. En fuldstændigere Beretning om Undersøgelsernes Resultat er indsendt til det akademiske Kollegium og vil senere blive trykt i Aarsberetning fra Foreningen til norske Fortidsmindesmerkers Bevaring.

Konservator Schneider foretog fra 5te til 27de Mai en Reise til Saltdalen og Bodø i entomologiske Øiemed. I

Selskab med anden Konservator besøgtes Maalselvens Dalføre fra 8de til 23de Juni. Fra 7de til 16de Juli opholdt han sig i Svolvær og Sortland, .men denne Reise, som skulde være Sommerens Hovedekskursjon, blev afbrudt af ugunstige Veirforholde, medens de to første Udflugter gav et særdeles tilfredsstillende Udbytte. I Tromsø nærmeste Omegn blev foretaget en hel del kortere Ekskursjoner, deriblandt 4 Gange til Fløifjeldet, alle væsentlig i entomologisk Øiemed. Sommeren var særdelig insektrig, og Indsamlingerne som Følge heraf maaske de righoldigste, som i noget enkelt Aar er bleven tilveiebragte.

Dybvandsundersøgelserne i Tromsøsundet, som i flere Aar har hvilet, er i 1897 bleven gjenoptagne med særligt Hensyn til Crustaceerne, af hvilke en Bearbeidelse i den nærmeste Fremtid vil blive leveret i Museets „Aarshefter“.

Konservator Bidenkap har foretaget Dybvandsundersøgelser i Kaafjord i Lyngen, i Nordreisen og i Skjærvø. Desuden har han, foruden som ovenfor nævnt i Maalselven, ogsaa i Tromsø nærmeste Omegn gjort Indsamlinger af Diptera som Grundlag for en Samling af denne Insektorden, over hvilken der siden 1821 ikke har været gjort Iagttagelser i det arktiske Norge.

I sidste Halvdel af August opholdt Docent Dr. Rawitz fra Berlins Universitet sig i Tromsø for at studere lavere Sødyr og benyttede herunder Museets Arbeidsrum og Samlinger.

Trykningen af Aarshefte XVIII blev fuldført i Sommerens Løb og kom til Uddeling i August. Indholdet findes angivet i Aarsberetningen for 1895. Trykningen af Aarshefte XIX paabegyndtes i November og vil være afsluttet Vaaren 1898.

Museets Bibliothek har ved sine Bytteforbindelser er-

---

holdt den sædvanlige Tilvækst, og enkelte nye Forbindelser er ogsaa iaar tilkomne. Subskiiption paa nogle Tidsskrifter er fortsat, og enkelte naturhistoriske Haandbøger er bleven anskaffed. Forøvrigt er Bibliothekets Annuum medgaaet til Indbinding, hvortil det imidlertid paa langt nær viser sig at være tilstrækkeligt.

Ligesom i det foregaaende Aar har Forstanderskabet for Tromsø Sparebank ogsaa i 1897 bevilget 2000 Kroner til Amortisation af Museets Pantegjæld til Banken, ligesom Renten er bleven nedsat til 3½ %. Pantegjælden, der oprindelig androg til Kr. 23000.00, er ved Aarets Udgang gaaet ned til Kr. 18080.00.

Med Hensyn til de enkelte Afdelinger meddeles følgende Oversigter:

A. De historisk-antikvariske Samlinger.

a. Den lappiske (finske) Afdeling.

Disse Samlinger har i 1897 ikke modtaget nogen ny Gjenstand.

b. Oldsamlingen.

Denne Samling har i Aarets Løb modtaget følgende Tilvækst:

1. Spydspids af graa Skifer med ophøiet Midtrand og Modhager, nærmest lig NO 86, men med jevnere Bredde. Odden er afbrækket; det tilbageværende Stykke, Tangen iberegnet, 8.5 cm. langt, 3,5 cm. bredt over Modhagerne. F. i Jorden paa Saltvik i Ofoten og tilhører arktiske Stenalder. Gave fra Edvard Kristensen Saltvik (1187).

2. Vævspyd af Ben; Haandtaget mangler. Bladet er 47 cm. langt, 5.5 cm. bredt. Paa den ene Side er der ud-

hulet en meget bred Fure. F. i Jorden paa Hundstad i Kvedfjord og tilhører yngre Jernalder (1188).

3. Medaljon i Sølv, Tegn for Kjøbmændenes Ligbærerlaug paa Bragernes. Adv.: „Af Ormenis Spil saa redes du til". Et Skelet. Rev.: „Ihukommelse for Efterkommerne paa Bragernæs Ao 1719". Indsendt fra Universitetets Myntkabinet (1189).

4. Øks af sjelden Form, 14 cm. lang, 10 cm. bred over Eggen, 8 over Skafthullet og temmelig udadgaaende paa Forsiden mod Eggen; under Skafthullet kun 4 cm. bred. Den ligner ikke de kjendte Former fra Oldtiden og tilhører formentlig senere Tidsrum. F. i Jorden paa Kallsletten i Tromsøsundet (1190).

5. Rund Zinkplade fra et Ligkistelaag i Gildeskaal Kirke. Inskriptionen er skrevet med Blæk og for det meste ulæselig. Navn: Adelgunde Christiane fød 1769, død 1887 (1191).

6. Beltesten af hvid Kvarts, smukt sleben med dyb Slidfure paa den ene Side, 11.5 cm. lang, 3.5 cm. bred, lig NO 155, men uden Indfatning. F. i en Myr paa Andøen i Vesteraalen. Ældre Jernalder. Gave fra Ingeniør Grønbæk (1192).

7. Dobbeltring af Sølv, sterkt forgyldt. Har Form af en Spiral med to og en kvart Omgange. Spiralens øverste Ende forestiller Hovedet af en Orm, dens nederste Halen. F. i en Torvmyr paa Bergsfjord, Loppens S. i Finmarken, og givet af Handelsmand Buck i Bergsfjord. Tilhører muligens Middelalderen (1193).

8. Korsformet Broncespænde. Bagstykket er dannet af en næsten firkantet Plade, hvortil er fæstet tre runde Knopper, der har flade Undersider. Rundt Knopperne indgravede Linjer. Af Forstykket er det meste borte.

Spiral af Bronce, Naalen mangler. Det tilbageværende er kun 5.5 cm. langt og 3 cm. bredt over Bagstykket og Sideknopperne. F. i Gravhaug paa Røsø i Steigen og tilhører ældre Jernalder (1194).

9. Benredskab, ligt en Sælepinde, 8 cm. langt, 2 cm. bredt (1195 a).

10. Lidet Beslag af Ben, 5.5 cm. langt, ornamenteret med Tver- og Zikzaklinjer, mellem disse ophøiede Punkter (1195 b).

11. Mange Smaastykker af et eller flere Jernredskaber samt nogle Klinksøm (1196).

12. Korsformet Broncespænde (afbildes i Aarsb. fra Foren. til norske Fortidsmindesmerkers Bevaring f. 1897), 10 cm. lang, med tre runde Knopper fæstede til Bagstykket. Forstykket ender i et Dyrehoved (Hest) med aaben Mund og fremstikkende Tunge; Ørerne ligger bagover mod den sterkt bøiede Hals. Spiral og Naal af Bronce. Bøilen ornamenteret med to Længdefigurer og tæt ved For- og Bagstykke indgravede Tverlinjer (1197).

13. Korsformet Broncespænde, i Størrelse, Form og Ornamentering lig f. Nr. og vel vedligeholdt (1198).

14. Korsformet Broncespænde, 9.3 cm. lang, endende i et Dyrehoved, der nærmest ligner NO 248. Bagstykket er overmaade kort, saa at dets Knop kun er 4 mm. fra Bøilen. Sideknopperne er fæstede til Spiralens Stang og ligesom Bagstykkets Knop af rund Form. Naal og Spiral af Bronce og ret vel vedligeholdt (1199).

15. Korsformet Bøilespænde af Bronce, 8.7 cm. lang. Arme og Bagstykke ender i runde Knopper, Forstykke i et lignende Dyrehoved som Nr. 6 i Dr. Undsets „Fra Norges ældre Jernalder“. Langs Bøilen en dobbelt Fure

adskilt ved smaa ophøiede Punkter. Ved For- og Bagstykke korte Tverlinjer. Spiral og Naal af Bronce (1200).

16. To Smykkenaale af Bronce med liden, fugleformet Knop, lig Fig. 8 i Aarsb. fra Foren. til norske Fortidsmindesmerkers Bevaring f. 1878 og NO 1126 i Tromsø Museum, men Knopperne er mindre. Rundt Midten Parallellinjer (1201).

17. Fire og tyve Perler af Bronce, deraf en dobbelt, hver 0.8 cm. i Diam., 0.4 cm. tyk, samt Perle af hvidt Glas med indgravede Punkter, som formentlig tidligere har været fyldte med Farver (1202).

18. To Perler af Rav, den største 1.6 cm. i Diam., den anden lidt mindre (1203).

19. Liden Ring af Guld, kun 1.3 cm. i Diam. og gjort af en rund Stang. Vegt vel 2 Gram. Har formentlig sammen med de to forannævnte Numere udgjort et lidet Collier (1204).

20. Liden Hein, Brudstykker af et Broncebeslag samt en brukket Pren af Ben og en liden rund Sten af rød Granit, glat og lidt flad paa de to Sider (1205).

1195—1205 er funden ved Udgravning af en Gravhaug paa Røsø i Steigen og tilhører ældre Jernalder. Spænderne har ligget over Ligets Bryst. Omstændeligere Beskrivelse indsendt til det akademiske Kollegium.

21. Kleberstenskjedel med Ører og Bærehadde af Jern. Karret ligt NO 729, men Hanken eller „Øret“ Mont. 654. Bærehadden passer nøiagtig til Karrets Rand og bestaar af en Stang med flade Sider. Størrelsen er 35 cm. i Diam., 16 cm. høi. Det er helt med Undtagelse af et Hul i Bunden, der er tynd og forbrændt og udvendig belagt med et tykt Lag Sod. Det laa hvælvet ved en Side af Graven (1206).

22. Øks, 9.5 cm. bred over, 21 cm. lang, Fliger over Skafthullet, lig NO 555 (1207).

23. Spyd med Fal, 49 cm. langt, deraf Bladet 22, 3 cm. bredt. Uligt de almindelig forekommende Typer deri, at Bladet er kort i Forhold til den hele Længde, og Partiet mellem Blad og Fal ikke har rundt, men rektangulært Tversnit (1208).

24. Remspænde af Jern, meget fortæret af Rust (1209). Fundet sammen med de tre foregaaende Numere i Gravhaug paa Steigen og tilhører yngre Jernalder.

25. Kleberstenskar, brækket i fem Stykker, der har kunnet sættes sammen. Noget af den ene øvre Kant mangler. Lig NO 729, men uden Jernhank (1210).

26. Sigd, brækket i tre Stykker, 15 cm. lang, lig NO 396 i Hækkelen, men Bladet mere krumt (1211 a).

27. En mængde Klinksøm, der laa strøede gjennem hele Haugen, hvori formentlig en liden Baad har været nedsat (1211 b). Fundet sammen med 1210 og 1211 a; tilhører yngre Jernalder. Fra Gravhaug paa Steigen.

28. Stor Mængde Klinksøm, der formentlig hidhører fra en Baad, hvori den Døde har været nedsat, og hvoraf Konturerne endnu kunde sees i Haugens ene Kant i den hvide Sand, som tilligemed Sten havde udgjort Byggematerialet (1212).

29. 16 Spillebrikker af Hvalrostand (?), 3—3.8 cm. i Diam., 2 cm. høi; halvkugleformede, dog afsluttes det øverste Parti i en liden spids Top hos de fleste. Flere er beskadigede. F. sammen med f. Nr. i Gravhaug paa Steigen sammen med Ben af ubrændt Lig og tilhører yngre Jernalder (1213).

30. Kar af Bronce med Sølvbelæg og udoverbrettet Kant, 12 cm. i Diam., 5 cm. høit. Ligt Mont. „Svenska

Fornsaker“ 650. Det har, før det lagdes ned i Haugen, været meget brugt og saa slidt i Bunden, at en Bronceplade er bleven paaklinket udvendig med Broncestifter. For at gjøre Udbedringen tæt er der mellem den oprindelige Bund og den paasatte Plade lagt et Lag Tøi, der er konserveret ved Oxyden og ligner vort almindelige Linlærred. I Karrets ene Side er et lidet Hul, og over dette er den beskadigede Kant bleven paaklinket en liden Bronceplade. Begge de paasatte Plader er ikke forsølvede (1214).

31. Kleberstenskar, brækket i mange Stykker, der dog alle fandtes, ligt NO 729, men uden Hank, 25 cm. i Diam., 8 cm. høit (1215).

32. Stor, ringformet Glasperle, hvoraf et Stykke mangler; lidet Stykke af en Kam, hvis Dobbeltskinner har været fæstede til Tindestykket med Jernnagler; et lidet Stykke af et Broncebeslag, fæstet til Læder og Træ (1216).

33. Liden Sigd brækket i to Stykker, 15 cm. lang (1217).

34. Jernnøgle samt Stykker af et Laas og en Del Klinksøm (1218).

35. En rund, liden rød Sten, glat og med hvælvede Sider samt en „Granat“; begge disse kan dog tilfældigvis være komne ned i Graven (1219). 1214—19 fandtes sammen i Gravhaug paa Steigen og tilhører yngre Jernalder. Samtlige Numere 1194—1219 er fremkomne ved Udgravninger af Samlingens Bestyrer. Beretning herom vil blive trykt i Aarsberetning fra Foreningen til norske Fortidsmindesmerkers Bevaring for 1897.

36. Spydspids af sort Skifer, fint sleben med Modhager og ophøiet Midtrand. Tilhører Typen NO 88, men Bladet bredere i Forhold til Længden og Tangen længere. 15 cm. lang, største Bredde 3 cm. Funden ved Veiarbeide

paa en Husmandsplads under Laskestad Prestegaard i Steigen og tilhører arktisk Stenalder (1220).

37. Rund Kugle af sortbrunt Voks(?), 3.5 cm. i Diam. (1222).

38. Kastespydspids af Jern, det meste af Falen bortrustet. Bladet nærmest ligt NO 529, 16.5 cm. langt, 4.5 cm. bredt. Tilhører ældre Jernalder og fundet sammen med f. Nr. i Gravhaug paa Mjelde i Steigen (1221).

39. Pilespids af Jern, lig NO 547, 12.5 cm. lang, 2 cm. bred. F. i Jorden paa Hakvaag i Steigen (1223). Yngre Jernalder.

40. Øks, lig NO 559 („Skjegøks"), men uden Linjer ved Hammer og Skafthul, 17.5 cm. lang, 9 cm. bred (1224).

41. Fil, 21 cm. lang, 2 cm. bred (1225).

42. Hein, 17 cm. lang, 2.5 cm. bred og temmelig tyndslidt (1226).

43. Lidet cylinderformet Knivskaft af Ben, 8 cm. langt, 1.5 cm. i Diam., ornamenteret med tre Linjebaand af Dobbeltlinjer, mellem disse tre Par dobbelte Skraalinjer, der skjærer hverandre over Midten og slutter i en Ring, i hvis Midte et indgravet Punkt (1227).

44. To kileformede Redskaber af Ben, det længste 14.5 cm. langt, samt tre delvis forarbeidede Benstykker (1228).

45. Tre naaleformede Redskaber af Ben, det længste 14.5 cm. langt, maaske Pilespidser (1229).

46. Pren af Ben (1230).

47. To Pile af Jern, nærmest lig NO 536 og 541, den længste 15 cm. lang (1231).

48. Firkantet Jernstang, 15 cm. lang, et Par Klinksøm samt mange Brudstykker af forrustede ubestemmelige Jernredskaber (1232).

49. Et Stykke Flint samt et Stykke Grafit af rund

Form med flade Sider (1233). Yngre Jernalder. 1224—33 er fundne i en Gravhaug paa Trindø ved Gaarden Tannø i Hammerø sammen med Ben af ubrændt Lig. I samme Gravhaug i 1885 et Sverdblad af yngre Jernalders Form, nu Nr. 702 i Tromsø Museum og beskrevet i Aarsb. f. 1886, S. 1, fra Foren. til norske Fortidsmindesmerkers Bevaring.

50. Hein med Hul igjennem af Formen NO 425 og fint slebne Kanter. Stenen grøn og rødbrun. Længde 7 cm. F. i Jorden paa Nærø i Øksnes (1234).

51. Smukt udskaaret Hæksbret fra en Skibsmodel, der har hængt i Hasvik Kirke. Har 5 rundbuede Aabninger og over disse en Roset, omgivet af tvende Linjer. 23 cm. langt, 10 cm. høit, malet sort og rødt (1235).

Samlingen er i Aarets Løb forøget med 51 Numere og tæller ved Udgangen af 1897 1235 Nr.

B. Den naturhistoriske Afdeling.

a. De zoologiske Samlinger.

Til Samlingen af Pattedyr er anskaffet et Skind af voksen Ringsæl *(Phoca annellata)* fra Spitsbergen. Endel Kranier af Vildren fra Spitsbergen samt 2 Jervkranier og et Isbjørnkranium er bleven rensede og tilligemed den hele øvrige Samling af Kranier monterede paa Platter og etiketterede. Denne Samling er dels anbragt i et eget Skab, dels er der ved Siden af de udstoppede Pattedyr bleven udstillet Kranier af samme.

I Februar paabegyndtes Ommonteringen op Opstillingen af Skeletterne i det store Kjelderrum, som har henligget magasinerede lige siden Flytningen til det nye Lokale. Alle Ben er bleven vaskede i varmt Sodavand og

Sammenføiningerne fornyede, hvorved Skeletterne har vundet særdeles meget i Udseende og Korrekthed. Opstillede er nu Skeletter af Hvalros, Isbjørn, Vaagehval, Næbhval, Hvidfisk, Narhval, Grindhval, Staurhynning og hvidsnudet Springer. De to store Bardehvalskeletter (Blaahval og Seihval), som i ca. 10 Aar har henligget i et Skur i det fri, er bleven bragt ned til Museet og alle Ben af Seihvalen er bleven rensede, saa godt det har ladet sig gjøre med Museets mindre fuldkomne Apparater; dette mindre Skelet vil blive opstillet til Vaaren, Blaahvalen haaber man at faa monteret i 1899.

Fuglesamlingen har erholdt en forholdsvis betydeligere Tilvækst end i de nærmest foregaaende Aar. Af Arter fra Tromsø Stift er udstoppede 2 Hymmere, *(Colymbus adamsi),* deraf den ene i næsten fuld Sommerdragt, en Storskarv *(Phalacrocorax carbo),* en Havelle *(Harelda glacialis),* en ung Sothøne *(Fulica atra)* fra Balsfjord, en Gjøg *(Cuculus canorus),* samt 2 Ungfugle af Ismaase *(Larus eburneus),* som Museet ikke tidligere besad i denne Dragt. Fra Universitetsmuseet har man gjennem Professor Collet modtaget 16 Ekspl., repræsenterende ligesaa mange Arter, fra det sydlige Norge, af hvilke følgende tidligere ikke var repræsenteret i Samlingen: Spetmeise *(Sitta europæa),* Smaaplettet Sumphøne *(Ort. porzana),* Træpiplærke *(Anthus trivialis),* Ryle *(Ægialitis curonicus),* Sandløber *(Calidris arenaria),* Ertsanger *(Sylvia curruca).* Fra Upsala er erhvervet en Skogdue *(Columba oenas),* som ligeledes er ny Art for Samlingen.

For den exotiske Afdeling har man ladet udstoppe nogle Kolibrier og tre andre smaa sydamerikanske Pragtfugle, som i mange Aar har henligget som Skind.

Af Fiske har Tilvæksten været høist ubetydelig. Vistnok er til Museet indsendt flere sjeldnere Arter, som Sølvkveite *(Trachypterus)*, Laksestørje *(Lampris)*, en stor Stør *(Accipenser sturio)* fra Malangen, en *Lycodés esmarki*, men de har ikke været i den Stand, at de har kunnet finde Anvendelse, og opstillet er kun etpar Storsild fra Kalfjorden. Saasnart de bestilte Glas indtræffer, vil Samlingen af Fiske paa Sprit blive ommonteret og delvis fornyet.

Til de udstoppede Fiske, som for en Del har været opstillet uden Beskyttelse mod Støv og anden Molest, er bygget et stort Skab, som dækker helt den ene Tværvæg i Samlingsrummet; det store fritstaaende Skab, som før optog en Del af de udstoppede Fiske, har man saaledes vundet for den exotiske Afdeling, hvor Mangelen paa Inventar var mest følelig.

Samlingen af lavere Dyr har som sædvanlig erholdt den største Forøgelse i nummerisk Henseende. Til den arktiske Insektsamling er af begge Konservatorer indsamlet et stort Materiale i Saltdalen, ved Bodø, i Vesteraalen, Maalselven og Tromsø nærmeste Omegn, og herved er tilkommet et større Antal Arter, som hidtil fattedes i Samlingen; enkelte af dem er ogsaa nye for den arktiske Fauna, som f. eks. 2 i Saltdalen fundne Natsommerfugle: *Agrotis (Pachnobia) rubricosa* og *Hadena gemina*, og blandt Coleopterne, *Amara eurynota*, *Lina cuprea* og en endnu ubestemt stor *Dorytomus*. Fra Distriktslæge A. Wessel i Sydvaranger har Museet ogsaa i Aar modtaget et Antal sjeldnere Arter.

Til den almindelige europæiske Insektsamling er som Bytte modtaget: Coleoptera fra J. Breit i Wien, C. Møller i Skåne, K. Kristenseni Jylland, Dr. Staudinger i Dresden; Lepidoptera fra Dr. Petry i Nordhausen. Desuden er paa fordelagtige Vilkaar erhvervet en Samling meget sjeldne Sommerfugle fra Aug. Hoffmann i Køln, omfattende 117 Arter, hvoraf de 94 er nye for Samlingen. Humler og Bladhvepse er indløbne fra Prof. Dittrich i Breslau og Dr. Graeffe i Triest.

Af lavere Sødyr er som Gave indsendt en Samling fra Handelsmand Buck i Øxfjord, desuden er der af Konservatorerne gjort Indsamlinger i Tromsøsundet, Lyngen, Nordreisen og Skjervø. Fra Prof. G. O. Sars har Museet modtaget en komplet Samling norske Land-Isopoder.

Monteringen af det store Materiale af arktiske Sødyr, som af Mangel paa Glas har ligget magasinerede indtil ifjor, er i Aares Løb bleven fortsat. Echinodermer, Hydroider, endel Mollusker og vel Halvparten af Crustaceerne er bleven færdig til Udstilling, og Resten følger forhaabentlig efter i Løbet af 1898. En Samling Amphipoder fra Middelhavet og endel Crustaceer fra det sydlige Norge er ogsaa bleven monterede. Da de fleste Arter omfatter flere No., vil denne Samling blive delt i en Typesamling, repræsenterende saavidt mulig komplet den arktiske Fauna, Resten vil overgaa til en almindelig Studiesamling. Paa samme Maade vil ogsaa Molluskerne blive anbragte.

I Løbet af Høsten har anden Konservator været beskjæftiget med at ordne og katalogisere den betydelige Samling af europæiske Mollusker. Af Land- og Ferskvandsmollusker tæller den c. 315 Arter, deraf 297 Gastropoder og 18 Bivalver. Marine Mollusker fra de britiske Øer er opstillet for sig, tællende 109 Arter Bivalver og 108 Gastropoder, tilsammen 217 Species, Middelhavssamlingen udviser 70 Bivalver og 134 Gastropoder og

Brachipoder, tils. 204 Arter, den sydnorske (hovedsagelig fra Bergen) tils. 137. Desuden har man endel fra Danmark, Island, Grønland og Newfoundlandsbankerne, som endnu ikke er ordnede. Over den arktiske Samling, som er udstillet i sin Helhed, er endnu ikke Fortegnelse optaget. Dette betimelige Katalogiseringsarbeide vil herefter regelmæssig blive fortsat, efterat de zoologiske Samlinger nu for største Delen har faaet en endelig Ordning.

En stor Samling tropiske Mollusker, flere Hundrede Arter i antagelig et tusinde Eksplr., har Museet modtaget som Gave af vor i Dresden bosiddende Landsmand, Kaptein Adrian Jacobsen, som ogsaa ved flere tidligere Anledninger har vist sin Liberalitet mod Tromsø Museum. Til at udstille denne Samling i sin Helhed vil der f. T. ikke kunne afsees den fornødne Plads, men et Udvalg af de mest karakteristiske Arter vil blive anbragte i 2 Montre, som er bleven ledige ved Omordningen af den europæiske Mollusksamling.

b. Den botaniske Samling

har i 1897 ikke modtaget nogen Forøgelse, og Arbeider i denne Afdeling er ikke foretagne.

c. Den mineralogiske og geologiske Samling.

Denne Afdeling har modtaget forskjellige Plantefossiler fra Spitsbergen og et Stykke Basalt fra Kong Karls Land. Desuden har Handelsmand Buck i Bergsfjord skjænket 2 vakre Zirkonkrystaller fra Stjernerø.

Fortegnelse

over Museets literære Bytteforbindelser og de til Museets Bibliothek i 1897 indkomne Skrifter.

Rien n'a été reçu en 1897 des sociétés désignées par *

Åbo.

**Åbo Stads historiska Museum.*

Augsburg.

**Naturwissenschaftlicher Verein.*

Bergen.

Selskabet for de norske Fiskeriers Fremme.

Aarsberetning for 1896.

Fiskeritidende 1897, 1 & 2 Hefte.

Bergens Museum.

Aarsberetning for 1896.

Aarbog for 1896.

Naturen 21. Aarg. 1897.

G. O. Sars, An Account of the Crustacea. Voll. II. port 1—8.

**Vestlandske Kunstindustri-Museum.*

Beretning for 1896.

Berlin.

**Central-Bureau der internat. Erdmessung.*

Botanischer Verein der Provinz Brandenburg.

Verhandlungen. Jahrg. 38.

Friedländer & Sohn.

Naturæ Novitates 1897.

Bericht über die Verlagsthätigkeit.

Bonn.

Niederrheinische Gesellschaft f. Natur u. Heilkunde.

Sitzungsberichte 1896, 2., 1897, 1.

Naturhist. Verein d. preuss. Rheinländer etc.

Verhandlungen. 53. Jahrg. 2, 54 Jahrg. 1.

Boston, Mass.

The American Academy of Arts and Sciences.

Proceedings Vol. 28, 1—5, Vol. 31, Vol. 32.

Boston Society of Natural History.

Proceedings Vol. 27, Pag. 75—330,

Braunschweig.

Herzog. naturhistorisches Museum.

Bremen.

Naturwissenschaftlicher Verein.

Abhandlungen Bd. 14, H. 2.

Geographische Gesellschaft.

Deutsche geogr. Blätter, Bd. 19, H. 4., Bd. 20, H. 1—3.

Breslau.

**Schlesische Gesellschaft f. vaterl. Cultur.*

Bridgeport, Con.

**Scientific Society.*

Brisbane.

**Queensland Museum.*

Bruxelles.

**Société Royale malacologique de Belgique.*

Société entomologique de Belgique.

Annales, T. 39 & 40.

Société belge de Microscopie.

Bulletin. T. XXIII no. 1—10. (Proces verbaux).

Annales. T. XXI.

Budapest.

**K. M. Természettudományi Társulat.*

**Hungarian National Museum.*

Természetrajzi Füzetek. Vol. XX, H. 1—4.

**Ungarische Centralbureau für ornithologische Beobachtungen.*

Buenos Aires.

**Sr. D. Florentino Ameghino.*

Museo nacional.

Annales. T. V. 1895.

Memoria, An. 1894—96.

Cambrigde, Mass.

Museum of Comparative Zoology at Harvard College.

Bulletin. Vol. XVIII no. 2—3. Vol. XXV, no. 2—6, Vol. XXXI, no. 1—4.

Cassel.

Verein für Naturkunde.

Bericht 42. (1896—97).

Chemnitz.

Naturwissenchaftliche Gesellschaft.

Bericht. 13, ($^{1}/_{7}$ 92—$^{31}/_{12}$ 95).

Cherbourg.

**Société nationale des Sciences naturelles et mathématiques.*

Chur.

Naturforschende Gesellschaft Graubündens.

Jahresbericht. Neue Folge. 40.

Chicago.

Academy of Sciences.

The Lichen Flora of Chicago.

Annual Report 1896.

Cordoba (Rep. Argentina).

Academia nacional de ciencias.

Boletin. T. XV. entr. 1—3.

Danzig.

Naturforschende Gesellschaft.

Schriften, Bd. IX, Heft. 2.

Davenport, Jowa.

Academy of Natural Sciences.

Procendings, Vol. 6 (1889—97).

Dorpat.

Naturforschende Gesellshaft.

Sitzungsberichte, Bd. XI, H. 2, 1896.

Dresden.

Naturwiss. Gesellschaft Isis.

Sitzungsberichte u. Abh. 1896, Juli—Decbr., 1897, Janr.-Juni.

**Verein für Erdkunde.*

Edinburgh.

Royal Society.

Proceedings. Vol. XX (Sessions 1893—95).

**Geological Society.*

Elberfeld.

**Naturwissenschaftlicher Verein.*

Emdeu.

Naturforschende Gesellschaft.

Jahresbericht 81, 1895—96.

Frankfurt a. M.

Senckenbergische naturforschende Gesellschaft.

Helios, 14 Jahrg.

Societatum litteræ, 10 Jahrg. n. 7—12, 11 Jahr. n. 1—6.

Freiburg i. B.

**Naturforschende Gesellschaft.*

Giessen.

Oberhessische Gesellschaft f. Natur u. Heilkunde.

Bericht 31 (1896).

Graz.

Naturwiss. Verein fur Steiermark.

Mittheilungen 1896.

Greifswald.

Naturwiss. Verein f. Neu-Vorpommern und Rügen.

Mittheilungen. 28. 1896.

Groeningen.

Naturkundig Genootschap.

Verschlag 1896.

Güstrow.

Verein der Freunde der Naturgeschichte in Mecklenburg.

Archiv. Jahrg. 50, Abth. 1 & 2, Register.

Görlitz.

**Naturforschende Gesellschaft.*

Göteborg.

K. Vetenskaps och Vitterhets Samhället.

Handlingar. H. 32.

Halifax. N. S.

Nova Scotian Institute of Natural Science.

Proceedings and Transactions, Vol. IX, n. 2.

Halle, a. S.

K. Leopoldinisch-Carolinische Akademie d. Naturforscher.

Nova Acta, Bd. 58—59, 64—65.

Leopoldina, H. 31 & 32.

Naturwissenschaftlicher Verein für Sachsen und Thüringen.

Zeitschrift. Bd. 70, Hefte 1 & 2.

Hamburg.

Naturwissenschaftlicher Verein.

Verhandlungen. 1896.

Abhandlungen, Bd. XV.

**Naturhistorisches Museum.*

Helder.

**Nederlandsche dierk. Vereeniging.*

Helsingfors.

**Universitetet.*

Vetenskaps-Societeten.

Acta, T. 21.

Öfversigt, Vol. 38.

Societas pro Fauna et Flora Fennica.

Acta V. XI.

Meddelanden 22.

**Geologiska Kommissionen.*

**Sällskapet för Finlands Geografi.*

Fennia. Bd. XII & XIII.

**Geografiska Föreningen.*

Industristyrelsen.

Meddelanden, H. 25.

Hougthon, Mich.

Michigan Mining School.

Catalogue 1894—96, Prospectus 1897—98.

Iglo.

**Ungarischer Karpathen-Verein.*

Kiel.

Naturwissenschaftlicher Verein für Schleswig-Holstein.

Schriften, Bd. 11, H. 1.

**Kommission zur wissenschaftlichen Untersuchung der deutschen Meere.*

Vissenschaftl. Meeresuntersuchungen, n. F. Bd. Bd. 2, H. 1. Abth. 2.

Kiew.

**Société des Naturalistes.*

Kjøbenhavn.

Kgl. Danske Videnskabernes Selskab.

Oversigt 1896 n. 6, 1897. no. 1—3.

**Ministerium for Kirke- og Undervisningsvæsenet.*

Naturhistorisk Forening.

Videnskabelige Meddelelser. 1896.

Botanisk Forening.

Botanisk Tidsskrift. Bd. 21, n. 1.

**Danske biologiske Station.*

Knin.

**Hrvatskoga Starirnarskog Druztva.*

Königsberg.

Physikalisch-ökonomische Gesellschaft.

Schriften. Jahrg. 37. (1896).

Krakow.

Académie des Sciences.

Bulletin international 1896, novbr.—decbr., 1897, jan.—octbr.

Kristiania.

Universitetsbibliotheket.

Videnskabsselskabet.

Forhandlinger 1896.

Skrifter 1896.

Landbrugsdirektoriatet.

Aarsberetning for 1896.

Kgl. Selskab for Norges Vel.

Tidsskrift for det Norske Landbrug 1896, n. 8, 1897, n. 1—9, 11.

Indredepartementet.

Aarsber. vedk. Norges Fiskerier 1896, 2det Hefte.

Kirkedepartementet.

Carte internationale Geologique. 2det Hefte.

Nyt Magazin for Naturvidensk.

Den norske Kildeskriftskommission.

Dombog for 1599.

Norske Regnskaber og Jordebøger.

Kommissionen for den europæiske Gradmaaling.

O. E. Schiötz: Pendelbeobachtungen 1894.

Statssekretariatet.

Norsk Lovtidende 1896.

Norsk Folkemuseum.

Aarsberetning for 1896.

Lausanne.

Société vaudoise d. Sciences naturelles.

Bulletin. Vol. 32 n. 122—125. Vol. 33, n. 123—25.

Leipzig.

K. Sächsische Gesellsch. d. Wissenschaften.

Berichte mathem.-phys. Classe, 1896, 4—6, 1897, 1—4.

Sachregister.

Liége.

Société geolog. de Belgique.

Annales, Tom. 12 & 13 (1894—97).

Lille.

**Naturforsch. Gesellschaft.*

**Revue Biologique du Nord de la France.*

Lisboa.

**Academia Real das Sciencias.*

London.

Royal Society.

Proceedings. Vol. 61, V. 62, n. 379—81.

Linnean Society.

Proceedings. Novbr. 1896—Juni 1897.

Zoological Journal. Vol. XXV, n. 165, V. XXVI, n. 166—168.

List 1894—95.

British Museum.

Catalogue of Welwitch s: African Plants.

Lund.

Universitetet.

Acta. Bd. 32.

Festskrift.

Lübeck.

Naturhistorisches Museum.

Mittheilungen, Heft. 10—11.

Madison, Wis.

**Academy of Sciences, Arts and Letters.*

Madras.

Government Museum.

Bulletin. Vol. II, no. 1.

Manchester.

Manchester Museum, Owens College.

Report 1896—97.

Notes from the Museum.

Marburg.

Gesellschaft zur Beförderung der gesammten Naturwissenschaften

Sitzungsberichte 1896.

Meriden, Conn.

**Meriden Scientific Association.*

Milwaukee, Wis.

**Public Museum.*

Montevideo.

Museo nacional.

Annales VI & VII.

Montreal.

Natural History Society of Montreal.

Canadian Record of Sciences, Vol. 7, n. 3 & 4.

Numismat a. antiqv. Society of Montreal.

Journal 3 Ser., Vol. 1, no. 1.

Moscou.

Société Imperiale des Naturalistes.

Bulletin 1896, no. 3 & 4, 1897, no. 1.

Nantes.

**Société d. Sciences natur. d. L'Ouest de la France.*

Napoli.

**Società Africana d. Italia.*

Neuchâtel.

**Société des Sciences Naturelles.*

New Haven, Conn.

**Connecticut Academy of Arts and Sciences.*

New-York.

New-York Academy of Sciences.

Annales V. VIII, VIX, no. 1—12.

Transactions, Vol. XV (1895—96).

Nürnberg.

Naturhistorische Gesellschaft.

Abhandlungen Bd. 10' H. V.

Jahresbericht. 1896.

Osnabrück.

Naturwissenschaftlicher Verein.

Jahresbericht. 11 (1895—96).

Ottawa.

Royal Society of Canada.

Proceedings a. Transactions, 2 Ser., Voi. II, 1896.

**Geolog a. Natur. Hist. Society of Canada.*

Paris.

Museum d' Historie naturelle.

Bulletin, année 1896, 7—8, 1897, n. 1.

Société zoologique de France.

Bulletin. T. 21 (1896).

**Le Naturaliste.*

Feuilles des jeunes Naturalistes.

No. 315-26. Catalogue de la Bibliothec.

**Revue Biologique.*

Philadelphia, Pa.

Academy of Natural Sciences.

Proceedings, 1896, no. 2 a. 3, 1897 p. no. 1.

Pisa.

Societa Toscana de Scienze Naturali.

Atti Processi verbali. Vol. X, p. 169—242.

Porto.

**Anuales de Sciencias naturals.*

Potsdam.

Kön. Geodätisches Institut.

Neumessung d. Grundlin. b. Strehlin, Berlin & Bonn.

Prag.

K. Böhmische Gesellschaft d. Wissenschaften.

Sitzungsberichte, 1896, n. 1 & 2.

Jahresbericht, 1896.

Regensburg.

**Naturwissenschaftlicher Verein.*

Riga

Naturforscher Verein.

Korrespondenzblatt, 39, 1896.

Rochester, N. Y.

**Rochester Academy of Scienses.*

Salem, Mass.

Essex Institute.

Bulletin. Vol. 27, n. 7—12, V. 28, n. 1—6.

San Francisco.

California Academy of Sciences.

Proceedings Vol. VI.

Zoology, V. 1, no. 1—3, Geology V. 1, no. 1, Botany V. 1, no. 1

St. Gallen.

Naturwissenschaftliche Gesellschaft.

Bericht 1894—95.

St. Louis, Miss.

Academy of Science.

Transactions Vol. VII, no. 4—16.

St. Petersburg.

Musée zoolog. d. L'Academie imperiale.

Annuaire 1896, n. 4, 1897, n. 1—3.

Laboratoire biologique.

Bulletin 1896, T. I. n. 4, T. II, n. 1 & 2.

Sidney.

Royal Society of New South Wales.

Journal and Proceedings. Vol. 30, 1896.

Stavanger.

Stavanger Museum.

Aarsberetning for 1896.

Stockholm.

Kgl. Svenska Vetenskaps Akademien.

Handlingar. Bd. 28.

Bihang. Bd. 22.

Öfversigt. 1896, n. 8—10, 1897, n. 1—8.

Meteor. iagtt. Bd. 34.

**Sveriges Geologiska Undersökning.*

Geologiska Föreningen.

Förhandlingar. Bd. 18, H. 7, Bd. 19, H. 1—6.

Entomologiska Föreningen.

Entomologisk Tidsskrift. Årg. 18.

Kgl. Vitterhets Historie o. Antiquitets Akademien.

Antiqvarisk Tidsskrift.

Ymer.

Årg. 17, H. 1—3,

Stuttgart.

Verein für vaterländische Naturkunde in Württemberg.

Jahreshefte. Jahrg. 53 (1897).

K. Naturalienkabinet.

Mittheilungen, 1896 n. 4.

Tokio.

**The Imperial University (Teigoku Daigaku).*

Toronto.

Canadian Institute.

Proceedings 3d. Ser. Vol. 4—7, New Ser. Vol. I, part. 1, no. 1.

Trondhjem.

Kgl. norske Videnskabers Selskab.

Skrifter 1894, 95, 96. Festskrift.

**Trondhjems Fiskeriselskab.*

Fiskerimuseet.

Aarsberetning 1896—97.

Nordenfjeldske Kunstindustri-Museum.

Aarsberetning for 1896.

Tufts College, Mass.

**Tufts College.*

Upsala.

Geological Institution.

Bulletin V, III part. 1, no. 5 (1896).

Universitetet.

Årsskrift 1896, medicin I.

6 akad. Afhandlinger.

Lefnadsteckning af C. v. Linnée, V & VI.

Vetenskaps Societeten.

Nova acta, V. 17, fasc. 1.

Washington, D. C.

Smithsonian Institution.

Report 1894 & 95.

Special Bulletin 1 & 2.

U. S. National Museum.

Bulletin no. 47 & 49.

Proceedings Vol 18.
Report 1894.

U. S. Departement of Agriculture.
North American Fauna, n. 13.
Farmers Bulletin n. 54, Yearbook 1896.

U. S. Geological Survey.
Annual Report Vol. 16, n. 1, Vol. 17, part 3.

Wien.

**K. K. Naturhistorisches Museum.*

**Naturwissenschaftlicher Verein.*

Zoological-botanische Gesellschaft.
Verhandlungen. Bd. 46, n. 10.

K. K. geographische Gesellschaft.
Mittheilungsn. Bd. 39 (1896).

Ornithologischer Verein.
„Die Schwalbe", Jahrg. XXX, n. 4.

Wiesbaden.

Nassauischer Verein für Naturkunde.
Jahrbuch. 50 (1897).

Zürich.

Naturforschende Gesellschaft.
Vierteljahrschrift. Jahrg. 41. Supplement, Bd. 42, H. 1 & 2.

Prof. Lagerheim, Stockholm.
La „Nature" 1876 & 79.
Algæ apvæ exsiccatæ etc.
Über Phæocystis Pouchetè.

Amtmanden i Finmarkens Amt.
Amtsthingets Forhandlinger i 1896.

Konserv. M. Foslie, Trondhjem.
Einige Bemerkungen über Melobesieæ.
On some Lithothamnia.

Filip Jacobsen, Clayoquat.
Sissauch-Dansen.
Indianska Sagor.

K. Rygh, Trondhjem.
Trøndelagen i forhistorisk tid.

Congreso international, Mexico.
Actas de la 11. Reunion 1895.

Konserv. James Grieg, Bergen.
Bukkenfjordens Echinodermer og Mollusker.

Dr. Hagen, Trondhjem.
Schedulæ Bryologicæ.
Norges Bryologi i det 18de aarhundrede.

Sparre Schneider, Tromsø.
Sydvarangers entom. fauna. Lepidoptera.

Extrakt

af Tromsø Museums Regnskab for 1897.

Indtægt:

1.	Beholdning ifølge forrige Aars Regnskab:		
	a. Restancer	Kr. 79.00	
	b. Indestaaende i Sparebanken	„ 1726.68	
	c. Do. hos Kassereren . . .	„ 3102.70	Kr. 4908.36
2.	Bidrag for 1897:		
	Tromsø Amtskommune	Kr. 300.00	
	Nordlands do.	„ 100.00	
	Finmarkens do.	„ 120.00	
	Tromsø Brændevinssamlag	„ 1400.00	
	Af Oscar II's Legat	„ 100.00	
	Medlemskontingent	„ 421.00	
	Entrépenge	„ 347.36	„ 2788.36
3.	Statstilskud for 1897—98		„ 6600.00
4.	Solgte Aarshefter m. v..		„ 24.00
5.	Renter i Sparebanken		„ 60.45
			Kr. 14381.17

Udgift:

1.	De historisk-antiqvariske Samlinger	Kr. 38.20
2.	De naturhistoriske Samlinger	„ 1062.84
		Lateris Kr. 1101.04

	Transp.	Kr.	1101.04
3. Bibliotheket		„	249.24
4. Lønninger:			
Konservatorerne	Kr. 4000.00		
Første Konsorvator, personl. Tillæg	„ 500.00		
Oldsamlingens Bestyrer	„ 200.00		
Vagtmesteren	„ 240.00		
Tilsynsmænd	„ 19.50	„	4959.51
5. Første Konservators Statsstipendium til Reiser:			
Rest for 1896—97	Kr. 250.00		
Af Bev. for 1897—98	„ 275.00	„	525.00
6. Andre Reiseudgitter		„	249.20
7. Aarsberetning og Aarshefter		„	600.91
8. Assurancepræmie for Samlingerne		„	50.00
9. Eiendomsskat 106.21, Brandkontingent 81.36, Afdrag og Renter 1170.93, Bygningens Vedligeholdelse 161.30		„	1519.80
10. Lys og Brænde		„	356.55
11. Diverse Udgifter, inkl. Porto		„	375,46
12. Udslettede Restancer		„	68.00
		Kr.	10054.71
13. Beholdning $^{31}/_{12}$ 1897:			
Restancer	Kr. 45.00		
Indestaaende i Sparebanken	„ 1787.11		
Do. hos Kassereren	„ 2494.35	„	4326.46
		Kr.	14381.17

Tromsø den $\frac{\text{31te December 1897.}}{\text{21de Mai 1898.}}$

Boye Strøm. *A. Moursund.*

K. Gleditsch. *J. Qvigstad.*

Tromsø Museums

Aarsberetning

for

1898.

Tromsø.
J. Kjeldseths Bogtrykkeri.
1899.

Tromsø Museums

Aarsberetning

for

1898.

Tromsø.
J. Kjeldseths Bogtrykkeri.
1899.

Museet har i 1898 været aabent for Publicum 42 Søn- og Helligdage i Timerne fra 12—$2^1/_2$ Eftermiddag, første Gang 6. Marts, sidste Gang 27. November. De Besøgendes Antal har ialt udgjort 7322. Det største Antal paa en Aabningsdag har været 591, det mindste 52. Det gjennemsnitlige Antal Besøgende har saaledes udgjort 174.

Udenfor den faste Aabningstid har Museet været besøgt af omkring 800 Personer, hvoraf antagelig $^2/_3$ har været fremmede Turister.

Oldsamlingens Bestyrer, O. Nicolaissen, foretog med Bidrag af Museet og Stipendium fra „Foreningen til norske Fortidsmindesmerkers Bevaring“ arkæologiske Undersøgelser i Lødingens Prestegjeld, hvor Udgravninger foretoges bl. a. St. paa Gaardene Husstad og Skarstad. Beretning om disse Undersøgelser er indsendt til ovennævnte Forening og vil blive trykt i dens Aarsberetning for 1898.

Konservator Schneider har foruden mindre Ekskursjoner i Tromsø nærmere Omegn foretaget Reiser til Bodø og Saltdalen samt i Maalselven, hovedsagelig i entomologiske Øiemed; senere paa Høsten er foretaget Dybvandsundersøgelser i Tromsøsundet. Det herved indsamlede betydelige Materiale er dels anvendt til Komplettering af Museets Samlinger, dels til Bytte med Museer og Samlere.

Konservator Bidenkap har foretaget Undersøgelser af den marine Evertebratfauna i Lyngenfjord, og Resultaterne er publicerede i 20de Bind af Museets Aarshefter.

Museets Aarshefte 19 forelaa færdigt fra Trykken og kom til Uddeling i Løbet af Sommeren.

Bibliotheket har ved sine Bytteforbindelser erholdt den sædvanlige Tilvækst, og endel nye Forbindelser er tilkomne, ligesom Subskriptionen paa nogle Tidsskrifter er bleven fortsat. Annuet har været anvendt dels til Anskaffelse af nogle Haandbøger, dels til Indbinding.

Forstanderskabet for Tromsø Sparebank har i 1898 bevilget Kr. 1500 til Amortisation af Pantegjælden til Banken, hvilken ved Aarets Udgang udgjorde Kr. 16,120.

Med hensyn til de enkelte afdelinger meddeles følgende oversigter.

A. De historisk-antikvariske Samlinger.

a. Den lappiske (finske) Afdeling.

Disse Samlinger har i 1898 ikke erholdt nogen nye Gjenstande.

b. Oldsamlingen.

Denne Afdeling er i Aarets Løb forøget med 34 Nummere, som beskrives i det følgende:

1. Lidet Haandsneldhjul af Klebersten, kun 3 cm. i diam. Ukjendt Findested (1236).

2. Kopi af en Guldbrakteat, indsendt fra Videnskabsselskabet i Trondhjem. Originalen funden paa Hov paa Jøa i Fosnes, Namdalen. Tilhører den tidligere Middelalder og har Billede af Keiser Constans (?) (1237).

3. To Kopier af Guldbrakteater, fundne paa Søtvedt i Solum, Bratsberg Amt, og indkomne til Samlingen for længere Tid siden. Om Originalerne se Ryghs „Norske Oldsager“ Nr. 290 (1238).

4. Dansk Mynt fra det 15de Aarhundrede, formentlig fra Kristian den 1stes Tid, lig Schive Tab. XIII, 37. Funden i Jorden paa Kjeianes i Malangen (1239).

5. a.) Korsformet Broncespænde, brækket over Bøilen; til Bagstykket er fæstet to runde Knopper; Spiralen er af Jern; Naalen, der mangler, kan af den tilbageværende Stump sees at have været af Bronce. Spændens hele Længde er 8,5 cm. Af Form ligner den Fig. 6 i Undsets

„Fra Norges ældre Jernalder." Ornamenterne er saa medtagne, at de ikke kan bestemmes (1240).

b.) Større Samling Klinksøm, funden sammen med fr. Nr. i Gravhaug paa Skarstad i Lødingen. Ældre Jernalder (1241.)

6. a.) Fingerring af Guld, 2,4 cm. i diam., 7 mm. bred, Vægt 4 Gram. Den er gjort af en flad Stang, hvis ydre Kanter er svagt bøiede indover mod Fingeren, saaledes at den facetterede Overflade bliver svagt hvælvet. Nærmest lig N. O.*) 307 (1242.)

b.) Fingerring af Sølv, 2,1 cm. i diam., 4 mm. bred, Vegt 2 Gram. Den er gjort af en flad Stang, der er glat saavel paa den indre som ydre Side; begge Ringe er uden anden Ornamentik end Facetterne paa Guldringen (1243).

c.) 139 Perler af blaat Glas, desuden en tredobbelt og en firdobbelt af samme Stof og nogle Brudstykker af Perler. Enkelperlerne er tykkest over Midten — 4 mm. — med skarpe Kanter og 1 cm. i diam. 1 Perle er af rød Glasflus (1244).

d.) 45 Perler af Rav samt en Del Brudstykker af Ravperler; flad Over- og Underkant; Tykkelsen forskjellig fra 7 til 2 mm. Farven rødgul (1245).

e.) 2 kugleformede Mosaikperler, begge noget beskadigede, 2 cm. i diam. Farverne i Mosaiken er røde, grønne og blaa. Nogle Stykker Karforingskit og et Stykke Bronceblik (1246).

f.) Haandsneldhjul af poleret Klebersten, 4 cm. i diam., 2,2 cm, tykt, ligt Mont. „Svenska Fornsaker" 271, men uden Ornamentik (1247).

g.) Kam af Ben med Dobbeltskinner, der er paaklinkede med Broncenagler. Skinnerne er ornamenterede med Dobbeltlinjer langs Yderkanten over Midten og en Enkeltlinje

*) NO ɔ: Professor Ryghs „Norske Oldsager".

ved Tinderækken. Flere af Tinderne mangler. I Form lig NO 159. 108 cm. lang, 6,5 cm. bred (1248).

h.) Naal af Ben samt Brudstykker af en do. Det nederste Parti har rundt Tversnit, det øverste er fladt, og noget er borte. 10 cm. lang, 1,2 cm. bred øverst. Brudstykkerne af den anden Naal har kunnet sættes sammen; den ligner den første, men er mindre (1249 a—b).

i.) Naal af Ben, 21 cm. lang og med rundt Tversnit, der er 1,3 cm. paa det tykkeste; Øiet 14 cm. fra Odden. Ligner Naalen 278 i NO, men er tykkere paa Midten. Saavel denne som de to nysnævnte er vist brugte som Smykkenaale eller til at hefte Klæder sammen med (1250).

Nr. 1242—50 er fundne i Gravhaug (Kvindegrav) paa Skarstad i Lødingen og tilhører ældre Jernalder.

7 a.) Talrige Stykker af to Lerurner, den største meget tyk og af Form som NO 354. Den anden er saa istykkerbrækket, at Formen ikke kan bestemmes; den har som Ornament havt nogle indridsede Streger (1251).

b.) Bøilespende af Bronce; har fortil Form af et Dyrehoved og ligner i det hele taget de almindelige af denne Form. Naal og Spiral, som formentlig har været af Jern, er borte. Længde 8 cm. (1252).

c.) Brudstykke af et Haandsneldhjul af brændt Ler (1253). Funden sammen med de to foregaaende Nummere i Gravhaug paa Husstad i Lødingen og tilhører ældre Jernalder.

8. Brudstykker af Lerurne, fundne i to Gravhauger paa ovennævnte Gaard (1254 a—b).

9 a.) Stor Dobbelperle af Bronce, 1,5 cm. i diam. (1255).

b.) Knivblad, brækket i to Stykker, 9 cm. langt, Brudstykker af en Lerurne af rustent Jern (1256)

c.) Et Haandsneldhjul af Klebersten med flade Sider, 5,5 cm. i diam. og 1 cm. tykt, ligt NO 434 (1257).

Funden i samme Gravhaug paa Husstad i Lødingen som de to foregaaende Nummer, men et godt Stykke fra dem. Det tilhører formentlig yngre Jernalder, medens de førstnævnte vel er fra et ældre Tidsrum.

10. Vævlod eller Haandsneldhjul (?) af Klebersten, 3,5 cm. i diam. fladt paa Undersiden, ligt NO 436. F. i Grav paa Svinøen ved Husstad i Lødingen (1258).

11. Brækket Knivblad samt rustne Jernstumper, fundne i Grav sammesteds som fr. Nr. (1259).

12. Knivblad med rund Tange, tils. 16 cm. langt, 2 cm. bredt, ligt NO 407. F. i Grav sammesteds som foreg. (1260).

13. Knivblad, 12 cm. langt, 2,5 cm. bredt, ligt NO 407, men med sterkere Krumning. F. i Grav sammesteds som de tre forrige Nummere og tilhører ligesom disse formentlig yngre Jernalder (1261).

Nr. 1240—61 er fremkomne ved Udgravninger af Samlingens Bestyrer, og de nærmere Fundomstændigheder beskrives i Aarsb. fra Foreningen til norske Fortidsmindes mærkers Bevaring f. 1898.)

14. Haandsneldhjul af poleret Klebersten ligt NO 170, 3,2 cm. i diam., 2 cm. tykt. F. i en Ager paa Kringelen i Sortland og tilhører formentlig ældre Jernalder (1362).

15. Pilespids af brunsort Skifer med ophøiet Midtrand og skarpsleben Eg paa to Sider. 18 cm. lang, men kun 1,1 cm. bred og saaledes temmelig smal i Forhold til Længden. Den har ingen Modhager og den yderste Spids mangler. Den herværende Samling har flere af denne Form, men samtlige er meget kortere. Opfisket for tre Aar siden paa 100 Favnes Dyb i Varangerfjorden i Finmarken, idet et Bunddyr, som havde suget sig fast til Pilen var bleven hængende paa Lineangelen. Gave fra Lærer Akre, Vadsø, og tilhører arktisk Stenalder (1263).

16. Pren af sort Skifer. Nogen lighed med Fig. 1

i Aarsb. fra Foreningen til norske Fortidsmindesmærkers Bevaring, men spidsere og mere afrundet ved Haandtaget; overalt Tversnit. Længde 9,7 cm., største Tversnit 2 cm. Funden ved Jakobselven i Vadsø Pgld. Finderen sagde, at saadanne Stene ofte fandtes i Finland, hvor de gik under Navnet Ukonvaja (Tordenkile.) „Tordenkiler“ kaldte man forresten tidligere flere af Stenalderens Redskaber, som ifølge Folketroen faldt ned i Tordenveir. De Skybrud, som ofte fulgte med Tordenveiret, førte i Regelen Grus og Jord bort, hvorved Stenalderfolkenes Redskaber kom frem i Dagen. Tilhører arkt. Stenalder og Gave fra Lærer Akre, Vadsø (1264).

17. Kniv af graa Skifer, lig NO 56, men med smalere Blad. Skaft og Haandtag 13 cm. langt, Bladet 4 cm. bredt. Fundet i Jorden paa Aarnes i Trondenes og tilhører ark. Stenalder (1265).

18. Brudstykke af et Knivblad af Skifer. Kun Haandtaget og lidt af Bladet er tilbage. Tilhører forrige Type, men er meget mindre. Det tilbageværende er kun 6 cm. langt. Tilhører arkt. Stenalder og funden paa samme Gaard som forrige Nr. Begge Stykker er Gave fra Hans Nilsen Grundvasbotten Trondenes (1266).

19. Spydspids af rødbrun Skifer, nærmest lig Typen 86. Den har ophøiet Midtrand og Tange, men noget korte Modhager, det forreste mangler, og det tilbageværende er 10,5 cm. langt, 4 cm. bredt. F. i en Torvmyr paa Helø i Bjarkø; givet af Sivert Eidnæs, Sundsvold i Bjarkø, og tilhører arktisk Stenalder (1567).

20. Pilespids af sort Skifer, lig NO 83, 7,5 cm. lang, 1,8 cm. bred og fint sleben med Tange, Modhager og ophøiet Midtrand. Funden i Jorden paa Sundsvold i Bjarkø og tilhører arkt. Stenalder (1268).

21. Hulmeisel af Sten, lig NO 23 og Tversnit som den, men noget smalere mod Toppen, 12,5 cm. lang, 2,8

cm. bred over Hulningen. Funden i Jorden paa Hemmingsjord i Sørreisen, Tranø, og tilhører den arktiske Stenalder. Gave fra Søren Eilertsen, Hemmingsjord (1269).

22. Kniv af graa Skifer; Bladet er tveegget, men forresten af Form ligt vore nu brugelige Tolleknivsblade. Mellem Haandtag og Blad er der — vel nærmest et Slags Ornamentik — to Indhak. Blad og Haandtag tils. 17,5 cm. langt, 3 cm. bredt. F. paa Bredvik i Trondenes og tilhører arkt. Stenalder (1270).

23. Pilespids af brungraa, flammet Skifer, næsten bladformet og yderst kort Skafttange. Nogen Lighed med NO 87, men meget bredere i Forhold til Længden. 8 cm. lang, 3 cm. bred over Midten, slebne Sider og uden ophøiet Midtrand. Findested og Tidsalder som fr. No. Gave fra R. Bergersen, Bredvik. (1271).

Oldsamlingen er i Aarets Løb forøget med 34 Nr. og udgjør nu ialt 1271 Nummere.

B. Den naturhistoriske Afdeling.

a. De zoologiske Samlinger.

Til Samlingen af Pattedyr er indkjøbt Skindet af et nær fuldbaaret Foster af Narhval (*Monodon monocerus*), som er blevet heldig udstoppet. Fra Bergens Museums tegner, H. Bucher jnr., er erhvervet en Række særdeles vakre i Akvarel udførte Tegninger af nordiske Bardehvaler, som tilligemed nogle afbildninger af Tandhvaler, der før er i Museets Eie, er bleven anbragte under Glas og Ramme og ophængte i den store Pattedyrsal. Forøvrigt har denne afdeling ikke erholdt nogen Forøgelse.

Til Fuglesamlingen er i dette Aar kun tilkommet faa

Eksemplarer. Udstoppet og udstillet er en Storskarv (*Phalacrocorax carbo*), 2 Teister (*Uria grylle*) i Vaardragt, en Topskarv (*Ph. cormoranus*), en Fossekal (*Cinclus cinclus*), samt en *Rypeorre* (*Lagopus tetricialbus*) fra Manddalen i Lyngen. I Løbet af Vaaren har første Konservator været beskjæftiget med at ometikettere og tildels ommontere den hele Fuglesamling, idet de gamle sortmalede Platter er erstattede med nye brunbeitsede og ferniserede, ligesom der er anskaffet nye trykte Etiketter efter moderne Nomenklatur, hvorved Samlingens Udseende har vundet i en ganske væsentlig Grad. Færdige er nu omtrent 370 Stykker, cirka Halvparten af det hele Antal, idet Museets Fuglesamling kun omfatter norske, særlig arktiske Arter, og paa faa Arter nær er den nu komplet. Saasnart hele Arbeidet er fuldført, vil ny Katalog blive optaget. Til Ægsamlingen er skjænket flere Æg af Ismaase (*Larus eburneus*).

Af Fiske har heller ikke Tilvæksten været stor, men blandt de indsendte Eksemplarer er flere for Samlingen nye sjeldnere Arter. Fra Vardø er indsendt en Graahai (*Galeus vulgaris*), som er bleven udstoppet, ligeledes har man fra Lyngen og Bergsfjord modtaget Ekspl. af Lampret (*Petromyzon marinus*) samt fra Spitsbergen flere endnu ubestemte Smaafisk, som Museet ikke tidligere besad. En yngre Lyster (*Lamna cornubica*) er bleven udstoppet, en indsendt stor Stør (*Accipenser sturio*) har man derimod ikke fundet nogen Anvendelse for.

Samlingen af lavere Dyr har som sædvanlig modtaget den største Forøgelse. Den arktiske Insektsamling har modtaget et stort Antal Ekspl. fra første Konservators Reise til Saltdalen, deriblandt mange for Museet nye Arter, hvoraf blandt *Coleoptera* kan nævnes 4 Arter „Træbukke“ (*Tetrops præusta, Cænoptera minor, Necydalis major, Pachyta marginata*), 1 Pragtbille (*Agrilus viridis*),

3 Bladbiller af Slægten *Cryptocephalus,* 1 Snudebille *(Dorytomus tortrix)* m. fl., af *Lepidoptera* den store Spinder *Cossus cossus,* flere Arter Smaasommerfugle etc., hvoraf ikke faa er nye for den arktiske Fauna. Fra Dr. Wessel i Sydvaranger har man ogsaa iaar modtaget en righoldig Samling af tildels meget sjeldne Sommerfugle fra hans Distrikt.

Til den almindelige europæiske Samling af *Coleoptera, Lepidoptera* og Humler er modtaget Byttesendinger fra J. Birnbacher og J. Breit i Wien, F. Strasser i München, H. Friese i Innsbruck, M. Wiskott i Breslau, A. Petry i Nordhausen, E. Graeffe i Triest m. fl., ligesom ved Kjøb er anskaffet forskjellige sjeldne Arter, som vanskeligt erholdes ved Bytte. Alle Sommerfugle er bleven opstillede, til at begynde Ordningen af de andre Grupper har der endnu ikke været levnet Tid.

Af lavere Sødyr er indsamlet et stort Materiale af Konservatorerne i Lyngen og Tromsøsundet, ligesom man som Gave har faaet et større Antal særdeles vakkert præparerede Ekspl. fra Spitsbergen og deriblandt forskjellige for Museet nye Arter.

En ualmindelig stor og vel bevaret Bægersvamp fra den nordlige Del af Tromsøsundet har faaet Plads i Koral- og Svampskabet, men da dette Skab nu er helt fyldt, har man indtil videre maattet magasinere flere andre store Svampe og enkelte Søtrær.

Til den eksotiske Afdeling er i 1898 ikke anskaffet eller indsendt nogen Gjenstand.

Den naturhistoriske Afdeling har i Aarets Løb modtaget og besvaret ca. 200 Skrivelser.

b Den botaniske Samling

har i 1898 ikke modtaget noget Forøgelse.

c. Den mineralogiske og geologiske Samling.

Til denne er skjænket nogle Plantefossiler fra Spitsbergen samt endel Stene fra Franz Josefs Land.

Fortegnelse

over Museets litterære Bytteforbindelser og de til Museets Bibliothek i 1898 indkomne Skrifter.

Rien n'a été reçu en 1898 de la part des sociétés désignées par *

Åbo.

Åbo Stads historiska Museum.

Utdrag ur Åbo Stads Dombok f. 1637.

Augsburg.

**Naturwissenschaftlicher Verein.*

Bergen.

Selskabet for de norske Fiskeriers Fremme.

Fiskeritidende 1898, 1—4 Hefte.

Bergens Museum.

Aarbog for 1897.

Naturen 22. Aarg. 1898.

G. O. Sars, An Account of the Crustacea. Voll. II. part 9—12.

Vestlandske Kunstindustri-Museum.

Beretning for 1897.

Berlin.

Central-Bureau der internat. Erdmessung.

Bericht üb. d. Stand d. Erforsch. d. Breitenvariation.

**Botanischer Verein der Provinz Brandenburg.*

Friedländer & Sohn.

Naturæ Novitates 1898.

Bericht über die Verlagsthätigkeit.

Bonn.

Niederrheinische Gesellschaft f. Natur u. Heilkunde.

Sitzungsberichte 1897, 2te Hälfte.

Naturhist. Verein d. preuss. Rheinländer etc.

Verhandlungen. 54 Jahrg. 2te Hälfte.

Boston, Mass.

The American Academy of Arts and Sciences.

Proceedings Vol· 32, No. 16—17, Vol. 33, Vol. 34, No. 1—5.

Boston Society of Natural History.

Proceedings Vol. 28, No. 6—12.

Bremen.

Naturwissenchaftlicher Verein.

Abhandlungen Bd. 14 H. 3, Bd. 15.

Geographiske Gesellschaft.

Deutsche geogr. Blätter Bd. 20 H. 4, Bd. 21, H. 1—2.

Breslau.

Schlesische Gesellschaft f. vaterl. Cultur.

Jahresbericht 74 (1896), Ergänzungsheft.

Bridgeport, Con.

Scientific Society.

Brisbane.

Queensland Museum.

Annals No. 4, Ann. Report on Brit. New Guinea $^{1}/_{7}$ 96—$^{30}/_{6}$ 97.

Bruxelles.

Société Royale malacologique de Belgique,

Société entomologique de Belgique.

Société belge de Microscopie.

Bulletin. T. XXIII no. 1—11. T. XXIV (1897—98. (Proces verbaux).

Annales. T. XXII fasc. 1—2.

Budapest.

K. M. Természestudományi Társulat.

Berichte Bd. XIII, 5 Afhandlinger.

Hungarian National Museum.

Természetrajzi Füzetek. Vol. XXI H. 1—4.

Ungarische Centralbureau für ornithologishe Beobachtungen.

Buenos Aires.

Museo nacional.

Buffalo.

Society af Natural Sciences.

Bulletin Vol. V, no. 1—5, Vol. VI, no. 1.

Cambrigde, Mass.

Museum of Comparative Zoology at Harvard College.

Bulletin. Vol. XXXI, no. 5—7, Vol. XXII, no. 1—8, Vol. XXVIII, no. 4—5.

Annual Report 1896—97.

Cassel.

Verein für Naturkunde.

Bericht 43. (1897—98).

Chemnitz.

**Naturwissenschaftliche Gesellschaft.*

Cherbourg.

Société nationale des Sciences naturelles et mathématiques.

Memoires Tome 30 (1896 - 97).

Chur.

Naturforschende Gesellschaft Graubündens.

Jahresbericht. Neue Folge. 41, Beilage.

Chicago.

**Academy of Sciences.*

Cordoba (Rep. Argentina).

Academia nacional de ciencias.

Boletin, T. XV. entr. 4 a.

Danzig.

**Naturforschende Gesellschaft.*

Davenport, Jowa.

**Academy of Natural Sciences.*

Dorpat.

Naturforschende Gesellschaft.

Sitzungsberichte, Bd. XI, H. 3.

Dresden.

Naturwiss. Gesellschaft Isis.

Sitzungsberichte u. Abh. 1897, Juli—Decbr.

**Verein für Erdkunde.*

Edinburgh.

Royal Society.

Proceedings. Vol. XXI (Sessions 1895—95, 1896—97).

Geologial Society.

Transactions Vol. 7, part. 3, Roll of the Society.

Elberfeld.

**Naturwissenschaftlicher Verein.*

Emden.

Naturforschende Gesellschaft.

Jahresbericht 82, 1896—97.

Frankfurt a. O.

Helios Bd. 15.

Societ. litteræ. Bd. 11, no. 7—12, Bd. 12, no. 1—4.

Frankfurt a. M.

**Senckenbergische naturforschende Gesellschaft.*

Freiburg i. B.

Naturforschende Gesellschaft.

Berichte Bd. 10, Heft. 1—3.

Giessen.

**Oberhessische Gesellschaft f. Natur u. Heilkunde.*

Graz.

Naturwiss. Verein fur Steiermark.

Mittheilungen 1897.

Greifswald.

Naturwiss. Verein f. Neu-Vorpommern und Rügen.

Mittheilungen. 29. 1897.

Groeningen.

Naturkundig Genootschap.

Verschlag 1897.

Güstrow.

Verein der Freunde der Naturgeschichte in Mecklenburg.

Archiv Jahrg. 51 og 52 (1897—98).

Görlitz.

Naturforschende Gesellschaft.

Abhandlungen Bd. 22 (1898).

Göteborg.

K. Vetenskaps och Vitterhets Samhället.

Handlingar. Fjärde följden, heft. 1 (1898).

Halifax. N. S.

Nova Scotian Institute of Natural Science.

Proceedings and Transactions, Vol. IX, n. 3.

Halle a. S.

**K. Leopoldinisch-Carolinische Akademie d. Naturforscher.*

Naturwissenschaftlicher Verein für Sachsen und Thüringen.

Zeitschrift. Bd. 70, Hefte 3 og 4. Bd. 71, Heft. 1—3.

Hamburg.

Naturwissenschaftlicher Verein.

Verhandlungen. 1897.

**Naturhistorisches Museum.*

Helder.

Nederlandsche dierk. Vereeniging.

Tijdschrift 2 Ser.. Deel 5, Aflever. 2—4 Deel, 6, Aflev. 1. Catalogus d. Bibliothek.

Helsingfors.

*Universitetet.

Vetenskaps-Societeten.

Acta, T. 22 & 23.

Öfversigt, Vol. 39.

*Societas pro Fauna et Flora Fennica.

Geologiska Kommissionen,

Bulletin, no. 6. Kartblad 31, 32 & 33.

Sällskapet för Finlands Geografi.

Fennia. Bd. XIII.

Geografiska Föreningen.

Meddelanden IV, Tidskr. Aargang 11, no. 3—4.

*Industristyrelsen.

Hougthon, Mich.

*Michigan Mining School.

Iglo.

*Ungarischer Karpathen-Verein.

Kiel.

*Naturwissenschaftlicher Verein für Schleswig-Holstein.

Kommission zur wissenschaftlichen Untersuchung der deutschen Meere.

Wissenschaftl. Meeresuntersuchungen, n. F. Bd. 3.

Kiew.

Société des Naturalistes.

Memoires, Tome 14, H. 2. Tome 15, H. 1—2.

Kjøbenhavn.

Kgl. Danske Videnskabernes Selskab.

Oversigt 1897, no. 4—5, 1898, no. 1—3.

*Ministerium for Kirke- og Undervisningsvæsenet.

Naturhistorisk Forening.

Videnskabelige Meddelelser. 1897.

Botanisk Forening.

Botanisk Tidsskrift. Bd. 21, no. 2—3, Bd. 22, no. 1.

Danske biologiske Station.

Beretning 7 (1896—97).

Knin.

Hrvatskoga Starirnarskog Druztva.

God. IV, Br. 1.

Königsberg.

Physikalisch-ökonomische Gesellschaft.

Schriften. Jahrg. 38 (1897).

Krakow.

Académie des Sciences.

Bulletin international 1897, novbr.—decbr., 1898, janr.—mai.

Rosprawy, T. 10—13.

Kristiania.

Universitetsbibliotheket.

Univ. Aarsberetn. f. 1895—96 & 1896—97, 6 Programmer.

Aarbog 1894—95.

Videnskabsselskabet.

Forhandlinger 1897.

Skrifter 1897.

Landbrugsdirektoriatet.

Aarsberetning for 1897.

Kgl. Selskab for Norges Vel.

Tidsskrift for det Norske Landbrug 1897, n. 12, 1898, n. 1—8.

**Indredepartementet.*

Kirkedepartementet.

Nyt Magazin for Naturvidenskab.

Den norske Kildeskriftskommission.

Statholderskabets Extraprotokol 1642—1652.

Historiske Samlinger, 1 Bd., 1 Hefte.

Presten Søfren Søfrensøns Memorialbog 1564—90 (A. E. Eriksen)

Dombog for 1599, Stavanger Domkapitels Protokol 1571—1630.

Norske Regnskaber og Jordebøger, 3die Bd., 1 Hefte.

**Kommissionen for den europæiske Gradmaaling.*

Statssekretariatet.

Norsk Lovtidende 1897.

Norsk Folkemuseum.

Aarsberetning for 1897.

Lawrence, Kansas.

The Kansas University Qvarterly.

Vol. 1—7.

Lausanne.

Société vaudoise d. Sciences naturelles.

Bulletin Vol, 33 n. 126. Vol. 34, n. 127—28.

Leipzig.

K. Sächsische Gesellsch. d. Wissenschaften.

Berichte mathem. phs. Classe, 1897, 5—6, 1898, 1—4.

Liége.

**Société geolog. de Belgique.*

Lille.

**Revue Biologique du Nord de la France.*

Lisboa.

**Academia Real das Sciencias.*

London.

Royal Society.

Proceedings. Vol. 61, V. 62, n. 382—403. Yearbook 1896—97. 1897—98.

Linnean Society.

Zoological Journal. Vol. XXVI, n. 169—171.

List 1894—95.

British Museum.

Catalogue of Welwitchs. African Plants part 2.

Lund.

Universitetet.

Acta. Bd. 33.

Lübeck.

**Naturhistorisches Museum.*

Lüneburg.

Naturwissenschaftlicher Verein.

Jahreshefte Band 7—14 (1874—98).

Madison, Wis.

**Academy of Sciences, Arts and Letters.*

Madras.

**Government Museum.*

Manchester.

Manchester Museum, Owens College.

Report 1897—98.

Catalogue of the Hadfield Coll.

Marburg.

Gesellschaft zur Beförderung der gesammten Naturwissenschaften.

Sitzungsberichte 1897.

Meriden, Conn.

Meriden Scientific Association.

Transactions Vol. 7 & 8.

Milwaukee, Wis.

Public Museum.

Annual Report 15 ($^{1}/_{9}$ 96—$^{31}/_{8}$ 97).

Montevideo.

Museo nacional.

Annales VIII & IX.

Montreal·

**Natural History Society of Montreal.*

Numismat. a. antiqv. Society of Montreal.

Journal 3 Ser., Vol. 1, no. 2.

Moscou.

Société Imperiale des Naturalistes.

Bulletin 1897, no. 2—4.

Nantes.

**Société d. Sciences natur. d. L'Ouest de la France.*

Napoli.

**Società Africana d. Italia.*

Neuchâtel.

**Société des Sciences Naturelles.*

New Haven, Conn.

**Connecticut Academy of Arts and Sciences.*

New-York,

New-York Academy of Sciences.

Annales Vol. X, Vol. XI, part 1—2.

Transactions, Vol. XVI (1896—97).

Nürnberg.

**Naturhistorische Gesellschaft.*

• **Osnabrück.**

Naturwissenschaftlicher Verein.

Jahresbericht 12 (1897).

Ottawa.

Royal Society of Canada.

Proceedings a Transactions, 2 Ser., Vol. III, 1897.

**Geolog a. Natur. Hist. Society of Canada.*

Paris.

Museum d' Histoire naturelle.

Bulletin, année 1897, n. 2—8.

Société zoologique de France.

Bulletin. T. 22 (1897).

**Le Naturaliste.*

Feuilles des jeunes Naturalistes.
No. 317—36.
**Revue Biologique.*

Philadelphia, Pa.
Academy of Natural Sciences.
Proceedings 1896 p. 2—3, 1897, p. 1—3, 1898 p. 1—2.

Pisa.
Societa Toscana di Scienze Naturali.
Atti Processi verbali. Vol. X, p. 243—293. Vol. XI, p. 1—10.

Porto.
Annales de Sciencias naturaes.
An. V., no. 1—4

Postdam.
**Kön. Geodätisches Institut.*

Prag.
K. Böhmische Gesellschaft d. Wissenschaften.
Sitzungsberichte, 1897, n. 1 & 2.
Jahresbericht, 1897.

Regensburg.
Naturwissenschaftlicher Verein.
Bericht, Heft. 61, 1896—97.

Riga.
Naturforscher Verein.
Korrespondenzblatt, 40 & 41.

Rochester, N. Y.
**Rochester Academy of Sciences.*

Salem, Mass.
Essex Institute.
Bulletin. Vol. 28, n. 7—12, V. 30, n. 1—12.

San Francisco.
California Academy of Sciences.
Proceedings 3 Ser.
Zoology, V. 1, no. 4, Geology V. 1, no. 2—4.

St. Gallen.
Naturwissenschaftliche Gesellschaft.
Bericht 1895—96.

St. Louis, Miss.
Academy of Science.
Transactions Vol. VIII, no. 1—7.
Missouri Botanical Garden, 3d. Annual Report (1892).

St. Petersburg.

Musée zoolog. d. L'Academie imperiale.

Annuaire 1897, n. 4, 1898, n. 1.

Melanges biologiques Tom. I—XIII (1850—1894).

Laboratoire biologique.

Bulletin T. II, n. 4, T. III, n. 1.

Sidney.

Royal Society of New South Wales.

Journal and Proceedings. Vol. 31, 1897.

Stavanger.

Stavanger Museum.

Aarsberetning for 1897.

Stockholm.

Kgl. Svensha Vetenskaps Akademien.

Handlingar. Bd. 29 & 30.

Bihang. Bd. 23.

Öfversigt. 1897, n. 9—10, 1898 (årg. 55), n. 1—6.

Sveriges Geologiska Undersökning.

Afhandlingar. No. 161—175.

Geologiska Föreningen.

Förhandlingar. Bd. 19, H. 7, Bd. 20, H. 1—5.

Entomologiska Föreningen.

Entomologisk Tidsskrift. Årg. 18 (1897).

Kgl. Vitterhets Historie o. Antiquitets Akademien.

Antiqvarisk Tidskrift, 16, no. 4, Månadsblad Årg. 1894.

Ymer.

Årg. 18, H. 1—3.

Stuttgart.

Verein für vaterländische Naturkunde in Württemberg.

Jahreshefte. Jahrg. 54 (1898).

**K. Naturalienkabinet.*

Tokio.

The Imperial University (Teigoku Daigaku).

Calendar 1896—97.

Toronto.

Canadian Institute.

Transactions Vol. V, part 1—2, Supplement.

Troudhjem.

Kgl. norske Videnskabers Selskab.

Skrifter 1897.

**Trondhjems Fiskeriselskab.*

**Fiskerimuseet.*

**Nordenfjeldske Kunstindustri-Museum.*

Tufts College, Mass.

Tufts College.

Studies, no. 5.

Upsala.

Geological Institution.

Bulletin V. III part 1, no. 6.

Universitetet.

Redogörelse f. 1896—97.

Vetenskaps Societeten.

Nova acta, V. 17, fasc. 2.

Washington, D. C.

**Smithsonian Institution.*

U. S. National Museum.

Proceedings Vol. 19.

Report 1895. Directions for coll. Scale Insects.

U. S. Department of Agriculture.

Bulletin n. 9—11. Yearbook 1897.

U. S. Geological Survey.

Annual Report Vol. 17, part 1—2.

Wien.

K. K. Naturhistorisches Hof-Museum.

Annalen Bd. XI, H. 1—4.

**Naturwissenschaftlicher Verein.*

Zoologisch-botanische Gesellschaft.

Verhandlungen. Bd. 17.

K. K. geographische Gesellschaft.

Mittheilungen. Bd. 40 (1897).

**Ornithologischer Verein.*

K. K. Academie d. Wissenschaften.

Sitzungsberichte Bd. 106, no. 1—10, Bd. 107, n. 1—5.

Wiesbaden.

**Nassauischer Verein für Naturkunde.*

Zürich.

Naturforschende Gesellschaft.

Vierteljahrschrift. Jahrg. 42, H. 3—4, J. 43, H. 1—3.

Societas entomologica.
Jahrg. 13, no. 13—17.

Amtmanden i Finmarkens Amt.
Amtsthingets Forhandlinger i 1897.
Konserv. M Foslie, Trondhjem.
Weiteres über Melobesieæ.
Syst. survey of the Lithothamnia.
Professor O. Rygh, Kristiania.
Norske Gaardsnavne.
C. Jensen, Kjøbenhavn.
Mosser fra Østgrønland.
Ingeniør O. Ingstad, Meraker.
Om de amerikanske fiskerier i 1892. Af Dahl og Nielsen.
Konserv. James Grieg, Bergen.
Nogle cetologiske Notiser.
Mesoplodon bidens. Skabninger i Vaagsfjorden og Ulvesund.
Sparre Schneider, Tromsø.
Insektlivet i Jotunheimen.
Kand. Embret Strand, Kristiania.
Enumeratio Hymenopter. Norvegicorum.
Einige Fundorte für Araneiden.

Extrakt

af Tromsø Museums Regnskab for 1898.

Indtægt:

1. Beholdning ifl. forrige Aars Regnskab:			
a. Restancer	Kr.	45.00	
b. Indestaaende i Banken	„	1787.11	
c. — hos Kassereren	„	2494.35	Kr. 4326.46
2. Bidrag for 1898:			
Tromsø Amtskommune	Kr.	300.00	
Nordlands do.	„	100.00	
Finmarkens do.	„	120.00	
Tromsø Brændevinssamlag	„	1400.00	
Lateris	Kr.	1920.00	Kr. 4326.46

	Trp.	Kr. 1920,00	Kr. 4326.46
	Af Oscar II's Legat	„ 100.00	
	Medlemskontingent	„ 457.00	
	Entrépenge	„ 311.77	„ 2788.77
3.	Statstilskud for 1898—99		„ 6600.00
4.	Solgte Aarshefter		„ 44.00
5.	Renter i Sparebanken		„ 57.19
			Kr. 13816.42

Udgifter:

1.	Den historisk-antikvariske Afdeling		Kr. 4.85
2.	De naturhistoriske Samlinger		„ 923.59
3.	Bibliotheket		„ 202.85
4.	Lønninger: Konservatorerne	Kr. 4500.00	
	Oldsamlingens Bestyrer	„ 200.00	
	Vagtmesteren	„ 240.00	
	Tilsynsmænd	„ 17.00	„ 4957.00
5.	Første Konservators Statsstipendium til Reiser:		
	Rest for 1897—98	Kr. 225.00	
	Af Bevilgningen for 1898—99	„ 300.00	„ 525.00
6.	Andre Reiseudgifter		„ 334.83
7.	Aarsberetning og Aarshefter		„ 514.31
8.	Assurancepræmie for Samlingerne		„ 50.00
9.	Eiendomsskat Kr. 113.78, Brandkontingent Kr. 81.36, Afdrag og Renter Kr. 1034,45, Bygningens Vedligeholdelse Kr. 94.01, Forskud paa Opførelse af Gjærde Kr. 100.00		„ 1423.60
10.	Lys og Brænde		„ 222.20
11.	Diverse Udgifter, inkl. Porto		„ 289.31
12.	Udslettede Restancer		„ 35.00
13.	Beholdning 31/12 98:		
	Indestaaende i Sparebanken	Kr. 1844.30	
	— hos Kassereren	„ 2489.58	„ 4333.88
			Kr. 13816.42

Tromsø den $\frac{\text{31te December 1898.}}{\text{30te October 1899.}}$

Boye Strøm. J. Qvigstad. A. Moursund. P. Svendsen.
C. Christensen. K. Gleditsch. A. Aagaard.

www.ingramcontent.com/pod-product-compliance
Lightning Source LLC
LaVergne TN
LVHW061940220826
846091LV00011B/4059

9781249605140